强基层 促健康

——基层医疗卫生机构服务能力提升解析

主　审　李存峰　张宝喜　侯岩芳
主　编　王守强　高冬梅　林　静
副主编　宗延波　杭洪霞　盖建新
王者波　方金国

中国协和医科大学出版社
北　京

图书在版编目（CIP）数据

强基层　促健康：基层医疗卫生机构服务能力提升解析／王守强，高冬梅，林静主编. —北京：中国协和医科大学出版社，2023.9

ISBN 978-7-5679-2235-8

Ⅰ. ①强…　Ⅱ. ①王…②高…③林…　Ⅲ. ①医药卫生组织机构－卫生服务－研究－中国　Ⅳ. ①R197.1

中国国家版本馆CIP数据核字（2023）第138260号

强基层　促健康——基层医疗卫生机构服务能力提升解析

主　　编： 王守强　高冬梅　林　静
责任编辑： 孙雪娇
封面设计： 邱晓俐
责任校对： 张　麓
责任印制： 张　岱

出版发行： 中国协和医科大学出版社
（北京市东城区东单三条9号　邮编100730　电话010-65260431）
网　　址： www.pumcp.com
经　　销： 新华书店总店北京发行所
印　　刷： 小森印刷（北京）有限公司

开　　本： 710mm×1000mm　1/16
印　　张： 23
字　　数： 420千字
版　　次： 2023年9月第1版
印　　次： 2023年9月第1次印刷
定　　价： 89.00元

ISBN 978-7-5679-2235-8

编者名单

主　审　李存峰　张宝喜　侯岩芳

主　编　王守强　高冬梅　林　静

副主编　宗延波　杭洪霞　盖建新　王者波　方金国

编　者　（按姓氏笔画排序）

王天鹏　王守强　王者波　方金国　刘　朋　刘　艳
刘贵辰　刘晓芳　孙青丽　苏曼曼　李玉秋　杨玉杰
林　静　杭洪霞　宗延波　侯岩芳　高冬梅　盖建新
梁　良　董　媛

出版说明

党的二十大报告提出，“推进健康中国建设。人民健康是民族昌盛和国家强盛的重要标志。把保障人民健康放在优先发展的战略位置，完善人民健康促进政策……发展壮大医疗卫生队伍，把工作重点放在农村和社区”。

基层医疗卫生服务机构是我国医疗卫生服务体系的重要组成部分，提升基层医疗卫生服务能力，可以更好地满足人民群众看病就医需求，助力基层医疗卫生机构当好居民健康“守门人”。近年来，国家卫生健康委以县域医共体建设、“优质服务基层行”活动、社区医院建设等为抓手，促进优质医疗资源共享，提升基层医疗卫生服务能力，取得积极进展和成效。基层卫生机构服务能力持续提升，群众看病就医方便、可及程度逐步改善，在基层医疗领域涌现出很多优秀案例，但如何将优质的服务系统化输出，让更多机构可借鉴、共成长，成为迫在眉睫的问题。

2023年是全面贯彻落实党的二十大精神的开局之年，也是全面推进健康中国建设、实施“十四五”规划的关键一年。鉴于此，中国协和医科大学出版社积极组织专家及基层医疗工作者编写审阅稿件并推进出版《强基层　促健康——基层医疗卫生机构服务能力提升解析》。本书作者以一名基层医疗工作者的视角解析《乡镇卫生院服务能力标准（2022版）》和《村卫生室服务能力标准（2022版）》。我们相信“基层人更懂基层人”，希望这些汇集基层一线工作者的经验，能为基层医疗卫生机构服务能力提升提供一些启示和帮助。

全书对100余条标准的全面解析与相应的“创建要点”，得益于编者团队多年来对日常工作经验的积累和总结。本书难免存在不足之处，请大家不吝赐教，以便我们今后更好地为基层医疗卫生领域相关研究服务。

序 一

基层医疗卫生机构是基本医疗和基本公共卫生服务的重要载体，是筑牢亿万人民群众健康的第一道防线，“以基层为重点”被明确写入新时期党的卫生健康工作方针。党的十八大以来，我国基层卫生健康工作始终坚持以人民健康为中心的理念，坚持和维护人民健康权益，更加注重基层医疗服务能力提升。近年来，国家卫生健康委以“优质服务基层行”活动、社区医院建设等为抓手，持续加强基层医疗卫生机构能力建设。

2018年，国家卫生健康委和国家中医药管理局启动开展“优质服务基层行”活动，制定了《乡镇卫生院服务能力标准（2018版）》和《社区卫生服务中心服务能力标准（2018版）》，成立活动领导小组和专家指导组，建立并完善申报系统，组织开展相关培训，委托中国社区卫生协会和农村卫生协会组织开展一致性评价。2022年7月，在前期基础上修订形成《乡镇卫生院服务能力标准（2022版）》《社区卫生服务中心服务能力标准（2022版）》《村卫生室服务能力标准（2022版）》。在各级卫生健康行政部门和基层医疗卫生机构的共同努力下，“优质服务基层行”活动取得了积极成效。基层医疗卫生机构基础设施不断加强，临床科室数量增加，人才队伍持续改善。尽管国家、省市等组织相关机构开展了相关培训，但是仍然存在培训不全面、各方理解不到位的现象。

如何让基层医疗卫生机构达到服务能力基本标准和推荐标准，不仅需要各方加大投入夯实和筑牢基层，还需要吃透相关评价政策。《强基础　促健康——基层医疗卫生机构服务能力提升解析》一书从一个乡镇卫生院院长的视角讲解《乡镇卫生院服务能力标准（2022版）》《村卫生室服务能力标准（2022版）》，系统阐述了基层医疗卫生机构的服务职能、操作要求、人员培养培训、院内规范管理、技术指导等内容，能够为基层医疗卫生机构在开展优质服务基层行活动提供参考和借鉴。作者整理总结的各工作要求、表格模板，对各基层医疗卫生机构完善管理制度、提升服务水平，有很大的帮助。

2023年是全面贯彻党的二十大精神的开局之年。值此契机，我们应鼓励更多基层卫生健康工作人员像此书作者一样，多总结优秀经验，并将先进做法、实用经验与大家分享交流，进一步提升基层医疗卫生机构服务能力，为广大群众的生命健康保驾护航。

秦江梅

2023年6月

序 二

习近平总书记强调，没有全民健康，就没有全面小康。要把人民健康放在优先发展的战略地位。新时期卫生与健康工作方针将“以基层为重点”放在第一位。遵循习近平总书记的要求和新时期卫生与健康工作方针，2018年8月，国家卫生健康委、国家中医药管理局在全国部署开展“优质服务基层行”活动，发布了《乡镇卫生院服务能力标准（2018版）》和《社区卫生服务中心服务能力标准（2018版）》，动员引导所有乡镇卫生院和社区卫生服务中心参加活动，对照标准提升服务能力和改善服务质量。

2019年3月，国家卫生健康委发布《乡镇卫生院服务能力评价指南（2019版）》和《社区卫生服务中心服务能力评价指南（2019版）》。2022年5月，印发《关于深入开展“优质服务基层行”活动和社区医院建设的通知》，7月发布《乡镇卫生院服务能力标准（2022版）》《社区卫生服务中心服务能力标准（2022版）》和《村卫生室服务能力标准（2022版）》。2023年8月，又印发了基层卫生健康便民惠民服务十项举措。一个接一个的通知，一次又一次提出更高、更细、更严的标准和要求，足见国家对于提升基层医疗服务能力的重视，基层卫生健康工作责任重大，任务艰巨。

根据山东省卫生健康委统一部署，聊城市每年均明确具体任务目标，制定时间表，组织专家力量，加强工作指导，开展评估评价，虽然均较好地完成了工作任务，但也发现在“优质服务基层行”活动开展过程中，存在任务重、头绪多、人手少，部分基层医疗机构负责人和相关人员对于国家、省、市等各级印发的通知要求和各项指标标准等理解不透彻、思路不清晰、落实和改进的技能不高的问题，不知道从何入手，有心无力。为了让大家更好、更快地了解相关的工作要求、指标标准，更好、更快推进工作，根据上级部署要求和最新工作标准，结合工作实际，聊城市卫生健康委委托临清市基层卫生协会组织相关领域的专家编撰了《强基层　促健康——基层医疗卫生机构服务能力提升解析》，从一个基层卫生人的角度对相关标准的理解和执行进行详细解读。

道阻且长，行则将至，行而不辍，未来可期。希望本书的出版，能够给广大基层卫生健康工作者提供一些帮助，为助推“健康中国”建设，满足城乡居民新形势下对美好健康生活的需求，贡献聊城卫健人的一份力量。任重道远，与大家共勉！是为序。

聊城市卫生健康委员会党组书记、主任
聊城市中医药管理局局长　张月莲

前　言

为深入贯彻落实党的十九大和《"健康中国"2030规划纲要》精神，持续提升基层服务能力，改善服务质量，2018年8月22日，《国家卫生健康委员会、国家中医药管理局关于开展"优质服务基层行"活动的通知》（国卫基层函〔2018〕195号）印发，同时印发的还有《乡镇卫生院服务能力标准（2018年版）》和《社区卫生服务中心服务能力标准（2018年版）》。

2019年3月19日，国家卫生健康委员会组织编写了《乡镇卫生院服务能力评价指南（2019年版）》和《社区卫生服务中心服务能力评价指南（2019年版）》（国卫办基层函〔2019〕287号）。

2022年7月16日，国家卫生健康委员会、国家中医药管理局下发的《关于印发乡镇卫生院服务能力标准（2022版）等3项服务能力标准的通知》（国卫基层函〔2022〕117号），对《乡镇卫生院服务能力标准（2018版）》和《社区卫生服务中心服务能力标准（2018版）》进行了修订，优化调整了部分指标，对加强儿科建设，提高合理用药水平，提升家庭医生签约服务、老年人服务、儿童服务、中医药服务能力，以及加强安全生产等提出新的要求，形成了《乡镇卫生院服务能力标准（2022版）》和《社区卫生服务中心服务能力标准（2022版）》。同时，还研究制定了《村卫生室服务能力标准（2022版）》。

编者作为一名基层医疗机构的负责人，其所在机构也是严格按照服务能力标准的要求，积极参加创建工作，并最终顺利通过省级评价。从事基层医疗工作22年，编者一直有个设想，如果有机会，一定以基层人自己的眼光和视角，组织医疗、护理、院感、公卫、管理、后勤等相关领域的专家，并结合自己在"优质服务基层行"活动创建过程的一些积累，呈现出一本基层人能够用得上、学得会、记得牢且接地气的工具书，让基层医疗机构在其创建过程中能少走弯路，节省时间，减少大量人力、物力方面的重复投入。

编者所在机构是一所乡镇卫生院，鉴于《乡镇卫生院服务能力标准（2022版）》

中的100个条款，覆盖面比较广，基本上可以涵盖《社区卫生服务中心服务能力标准（2022版）》中的90个条款，所以编者选择以“基层医疗机构服务能力提升——乡镇卫生院服务能力标准100条解析”为基点展开撰写本书的内容。

该书将最基本、最常用、最易做到、必须做好的列为基本条款；在基本条款基础上，针对医疗服务能力较强的乡镇卫生院增设推荐条款，以“★”标注。采用A、B、C、D四档表达方式。A档：代表“优秀”；B档：代表“良好”；C档：代表“合格”；D档：代表“不合格”。凡是达到B档“良好”者，必须先达到C档“合格”的要求；凡是达到A档“优秀”者，必须先达到B档“良好”的要求。

本书严格对照《乡镇卫生院服务能力标准（2022版）》中的100个条款，按照C档-B档-A档、创建要点、材料指引和责任科室顺序编排。

比如：如果要达到3.2.2.10 输血管理 ★【C】条款的要求，我们需要仔细研读《乡镇卫生院服务能力标准（2022版）》的3.2.2.10对应的要求，见以下1～5条款。

1. 制定本机构的相关管理制度，有临床输血管理组织和职能管理部门，对全院临床输血进行监管指导，并有工作记录。

2. 医务人员掌握输血适应证相关规定，合理用血。

3. 有输血前的检验和核对制度，实施记录及时、规范且保存完好。

4. 有输血不良反应及处理预案，记录及时、规范。

5. 组织全院开展输血相关的法律、法规、规范、制度的培训。

如果自己在阅读上述条款之后，对个别条款有疑惑、拿不准、信心不足的话，则可以查阅本书“**创建要点**”的内容，充实准备资料。

1. 成立以院长或分管医疗的副院长为组长，医务科、检验科、护理部、临床科室等主要负责人参与、检验科负总责的输血质量管理小组，贯彻执行临床输血管理的相关法律法规、规章、技术规范和标准，制定本院的临床输血管理制度并监督实施、规范管理和技术指导，负责输血质量管理，并明确不同职能部门在输血全程中的职责。

2. 根据《中华人民共和国献血法》《医疗机构临床用血管理规范》《临床输血技术规范》《医疗机构输血科和血库基本要求》《血液储存要求》《全血和成分血使用》《输血反应分类》《输血相容性检测标准》《静脉治疗护理技术操作规范》等标准要求制定本机构输血相关制度，包括输血查对制度、输血相容性检测实验室管理/室间质评/室内质量管理制度、血液储存管理规定、交叉配血管理制度、临床医师输血培训管理制度、临床用血申请分级管理制度、临床用血医学文书管理制度、临床用血审核制度、临床用血前评估及输血后效果评价制度、输血应急预案及处置流程、血袋保存与销毁规定及记录等。

3. 由检验科对新入职职工及相关医务人员进行输血相关法律法规、医院规章、输血不良反应处置及应急预案的培训及考核，每年至少一次。相关医务人员掌握输血适应证相关规定，能在临床中正确应用，无不合理用血。

4. 输血应急预案演练每季度一次，医务人员能及时、规范地记录输血不良反应及其处理过程。做到有记录。

在“**材料指引**”这一块，就是评价专家在我们创建机构现场必须看到的纸质版材料，相对而言，需要准备资料的内容更加明确、更加具体也最核心，如下。

1. 医院输血质量管理小组成立文件及职责。

2. 输血质量管理小组每半年一次的会议记录。

3. 医院输血管理的制度、规范、技术操作流程、应急预案等。

4. 在血液制品入院、标本采集、取血出检验科、执行输血时的核对执行并有记录，记录及时、规范且保存。

5. 培训资料包括：培训通知、培训课件、培训场景、签到册等，以及考试考核记录。

6. 各职能科室针对输血全程质量监控的原始资料。

7. 检验科输血相关工作记录和质量检查原始资料。

8. 输血病历：体现各种规范的输血记录。

资料在哪里存放，为便于迅速查找，我们在本书中也列出了相关的责任科室：输血科。

该书的读者适用群体为各市卫生健康委员会负责基层卫生健康工作的相关处室、各县（市、区）卫生健康局负责基层卫生健康工作的相关科室，乡镇卫生院、社区卫生服务中心及村卫生室的主要负责人、分管负责人、相关科室负责人员等。

在这里要特别感谢山东省卫生健康委员会基层卫生健康处刘培钰四级调研员和医疗管理服务中心基层卫生指导办公室林静主任；聊城市卫生健康委员会党组书记、主任，市中医药管理局局长张月莲同志；临清市卫生健康局党组书记、局长韩义等同志在疫情防控的关键期，抽出宝贵时间对本书的出版进行专题研究和安排部署，他们投入了大量的时间和精力，一遍遍详细地了解并推动整本书的编写进程，及时协调解决写作过程中遇到的各种困难，特此致谢！

本书编撰人员几易其稿，限于编者能力水平和学识，错漏之处在所难免，希望广大基层医疗机构人员在使用本书的过程中多提宝贵意见，以便再版时勘误订正为盼！

2023年7月1日

目 录

第一章 乡镇卫生院服务能力标准

第二章 村卫生室服务能力标准

第三章 “优质服务基层行”经验分享

附　录

第一章

乡镇卫生院服务能力标准

1. 功能任务与资源配置

1.1 功能任务

1.1.1 基本功能

【C】
1. 提供基本医疗服务。 2. 提供公共卫生服务。 3. 提供健康管理服务。 4. 承担县级卫生健康行政部门委托的卫生管理职能。

创建要点：

1. 机构（本章机构指乡镇卫生院/社区卫生服务中心）应确保“医疗机构执业许可证”相关科目设置齐全，确保各临床科室门诊、住院、检查检验、急诊急救等相关服务情况良好。

2. 机构查看国家12项基本公共卫生服务项目具体实施情况，包括机构制定的实施方案及人员责任分工，须注意，各项目负责人要具备与其所承担项目相关的资质，如负责儿保工作人员要具有儿科执业资质；同时，确保相关培训、宣传、督导记录齐全。

3. 机构严格按照频次对辖区内常住居民尤其是65岁及以上老年人、高血压及2型糖尿病等慢性病患者、0～6岁儿童、孕产妇、严重精神障碍患者、肺结核患者等重点人群开展随访工作。机构做好健康体检等服务，并做好资料的留存。

4. 机构应协助上级卫生健康行政部门对辖区内村卫生室定期开展业务指导、培训、督导、考核等工作，制定相关管理文件，工作要有计划、有总结，并做好过程资料的留存工作。

材料指引：

1. 机构应提供医疗机构执业许可证正本、副本原件、复印件，以及临床科室、急诊科及医技科室开展诊疗服务的过程资料、照片等。

2. 机构应提供其制定的基本公共卫生服务项目实施方案，人员及责任分工，专兼职人员名单及相关人员资质，开展服务过程资料等。

3. 机构应提供针对各类重点人群开展诊疗、随访、健康体检等活动的过程资料及照片。

4. 机构应提供协管村卫生室的方案、计划、总结，针对辖区内卫生室开展的基本医疗及基本公共卫生服务的督导、培训、会议材料（包括会议通知、会议内容、现场照片、会议总结、会议签到、考核试卷）。

责任科室：办公室、医务科、公共卫生科。

【B】符合“C”，并
具有辐射一定区域范围的医疗服务能力。

创建要点：

机构在做好C条款的基础上，要具备一定的服务辖区外居民的能力，也就是门、急诊和住院人次中要有辖区外居民的就诊占比，占比越大，辐射服务能力越强。目前各地情况不同，针对占比暂无达到多少比例的具体要求。

材料指引：

机构就针对外乡镇居民就诊在总门诊和/或住院诊疗人次占比情况出台方案，具体工作职能科室负责，责任人应每半年做一个占比情况总结分析报告以及下一步提升思路等。

责任科室：医务科、财务科。

【A】符合“B”，并
1. 提供家庭病床等居家医疗服务。 2. 承担对周边区域内其他乡镇卫生院的技术指导。

创建要点：

1. 家庭病床是以家庭作为医疗护理场所，将医院的病床服务延伸到家庭，解决慢性病、老年病需家庭照护患者就医的难题，机构应设立专门科室负责开展家庭病床服务，为居家老年人提供连续性的上门巡诊、康复护理、健康管理等服务。

2. 机构应对周边其他乡镇卫生院进行医疗技术能力和基本公共卫生服务能力方面的技术指导。

材料指引：

1. 机构须根据上级文件要求，针对居家医疗服务出台方案、制度，划分责任分工、区域，出具人员名单及相关人员资质等，提供医师、护士为居家老人提供接续性的上门巡诊、康复护理、健康管理等服务的过程资料与照片。

2. 机构须提供上级卫生健康行政部门出台的对本机构授予××培训基地或其他具有培训指导资质的正式文件，对周边乡镇卫生院开展指导或培训的过程记录（包括相关通知、现场照片、培训或指导记录、学员签到、培训总结、考核试卷等）。

责任科室：医务科、护理部、公共卫生科。

1.1.2 主要任务

【C】

1. 提供当地居民常见病、多发病的门诊服务。
2. 提供适宜技术，安全使用设备和药品。
3. 提供中医药服务。
4. 提供基本公共卫生服务。
5. 提供一定的急诊急救服务。
6. 提供家庭医生签约服务。
7. 提供转诊服务，接收转诊病人。
8. 负责村卫生室业务和技术管理。

创建要点：

1. 机构应提供常见病、多发病的规范诊疗，可以提供病种清单及年门诊服务量。

2. 机构可以提供六种以上的中医适宜技术，以及开展此类技术匹配的药品和设备。

3. 机构应有中医类别医师，可以辨证施治内、外、妇、儿等常见病与多发病，并能提供中医药预防保健服务。

4. 根据国家基本公共卫生服务项目规范（第三版），机构能够开展12项基本公共卫生服务，制定机构的实施方案、人员及责任分工，各项目负责人要具备与其所承担项目相关的资质，如负责儿保工作人员要具有儿科执业资质；培训、宣传、督导的记录资料要齐全。

5. 机构能够提供急诊急救服务，有急诊科、抢救室，有急救药品，并有急救记录，具备除颤仪、吸痰器等急救设备。

6. 机构按照上级文件要求，制定实施方案，建立家庭医生签约服务团队，做好区域划分，设置各类人群签约服务包，对脱贫人口、计划生育特殊家庭、老年人等重点人群开展家庭医生签约服务。

7. 机构制定转诊制度、转诊流程，与上级医疗机构签订转诊协议，对无法确诊及危重的病人转诊到上级医院进行诊治；接收上级医院下转的康复期病人，做好转诊单、双向转诊记录等资料的留存。

8. 机构应对辖区内村卫生室定期开展业务指导、培训、督导、考核等，制定管理文件，执行工作要有计划、有总结，做好过程资料的留存。

材料指引：

1. 机构须提供诊治常见病、多发病病种的基本情况资料，以及内科、外科、妇科等主要科室的门诊登记记录、照片等。

2. 机构须提供其开展的非限制类医疗技术服务和六种及以上的中医适宜技术的清单，人员资质清单，以及与之相匹配的药品、设备清单，并有药品和设备的照片、使用情况记录等。

3. 机构须提供具有中医文化氛围的中医馆或国医堂照片，设备及人员清单、设备照片、人员资质等，执业人员具备辨证施治内、外、妇、儿常见病与多发病能力，并能提供中医药预防、保健服务过程照片及情况记录。

4. 机构须提供基本公共卫生服务项目实施方案，人员及责任分工、专兼职人员名单及相关人员资质，开展服务过程资料等。

5. 机构须提供开展24小时急诊服务排班表、急诊登记记录、急救药品的配置清单及照片、急救预案及演练记录，现场随机抽查医务人员急救技术掌握情况。

6. 机构须提供家庭医生签约服务的方案、制度、流程，家庭医生签约服务的团队组建基本情况，区域划分情况，协议书签署情况，并有相关服务记录（培训、督导等）。

7. 机构须提供双向转诊制度、转诊流程，以及与上级医院签订的双向转诊协议、上转下转记录、转诊单等。

8. 机构提供其制定的方案、领导小组，对辖区内村卫生室开展督导、巡查、业务指导的相关记录（会议通知、现场照片、督导或巡查记录、相关总结等）。

责任科室：医务科、公共卫生科、中医科、急诊科。

【B】符合“C”，并
1. 提供住院服务。 2. 开展一级常规手术。

创建要点：

1. 机构应有住院病床，床位设置符合要求，有留观、入院、出院、转院的制度和服务流程，能够提供常见病、多发病的住院诊疗服务。

2. 机构应具备与开展一级手术相匹配的设备设施及人员。

材料指引：

1. 机构须提供医疗机构执业许可证正本、副本复印件，提供留观、入院、出院、转院的制度和服务流程，提供常见病、多发病的住院诊疗服务过程资料及照片。

2. 机构须提供可开展一级手术的设备设施及人员清单，提供人员资质、授权协议、手术清单及年度服务人次清单等（常规手术开展情况汇总表见表1-1）。

责任科室：医务科、住院部、护理部、手术室、外科。

表1-1　机构常规手术开展情况汇总表

编号	常规手术项目名称	级别（1．一级；2．二级；3．三级）	年度服务量/人次
1			
2			
3			
4			
5			
6			
7			
8			
9			
10			
11			
12			
13			
14			
15			
16			
17			

【A】符合“B”，并
1. 开展二级常规手术。
2. 承担辖区内部分急危重症的诊疗。
3. 提供长期照护或安宁疗护服务。

创建要点：

1. 机构应具备开展二级常规手术的能力，并具备相匹配的设备设施及人员，能提供手术名称及年度服务人次的清单。

2. 机构应具备处理部分急危重症的诊疗能力，如循环系统、呼吸系统急危重症和肾衰竭、急性中毒、休克等，有相关急诊登记记录，有相对应急救药品、急救设备的配备，有急救预案及演练。

3. 机构可以结合医养结合开展家庭医生签约服务，卫生院能够开展长期照护或安宁疗护服务。

材料指引：

1. 机构须提供开展二级手术的设备设施及人员清单，提供人员资质、授权协议、手术清单，提供年服务人次清单等。

2. 机构须提供在开展循环系统、呼吸系统急危重症，以及肾衰竭、急性中毒、休克等急危重症患者救治服务时的急诊登记记录，急救药品的配置清单及照片，并有急救预案及演练记录，检查人员现场随机抽查医务人员急救技术掌握情况。

3. 机构须提供长期照护或安宁疗护服务的方案、制度，设备设施及人员清单，设备照片，人员资质，开展长期照护或安宁疗护服务过程资料及照片。

责任科室：医务科、手术室、急诊科、外科、护理部。

1.2　科室设置

1.2.1　临床科室

【C】
1. 设立全科医疗科、内（儿）科、外科、妇（产）科、中医科。
2. 设置预检分诊处/发热哨点、输液室、急诊（抢救）室、肠道诊室等。

创建要点：

1. 机构的医疗机构执业许可证的诊疗科目须达到要求，检查人员现场查看机构全科医疗科、内（儿）科、外科、妇（产）科、中医科科室设置情况，是否具备相关设备设施及人员资质是否符合要求。

2. 机构须设置预检分诊处/发热哨点、输液室、急诊（抢救）室、肠道诊室等，且科室面积、相关设备配备及人员资质等符合要求。

材料指引：

1. 机构应提供的医疗机构执业许可证正本、副本原件及正副本复印件。提供相关科室的科室牌、科室全景、设备设施等照片，提供设备及人员清单，人员资质，并提供开展诊疗服务过程资料。

2. 检查人员现场查看机构预检分诊处/发热哨点、输液室、急诊（抢救）室、肠道诊室等科室设置情况，科室面积是否达标，是否具备相关设备设施及人员资质。

责任科室：办公室、医务科、护理部、急诊科。

【B】符合“C”，并
1. 设立儿科、口腔科、康复科等。 2. 设置发热诊室。

创建要点：

1. 机构应设立儿科、口腔科、康复科等，且科室面积，相关设备配备及人员资质等符合要求，须注意，康复科通行区域应符合无障碍设计要求。

2. 机构应该按照国家卫生健康委《关于加强基层医疗卫生机构发热诊室设置的通知》要求设置发热诊室（发热哨点），面积及房屋设置均应达到标准，具备相关设备设施及人员资质。

材料指引：

1. 检查人员现场查看机构儿科、口腔科、康复科等设置情况，机构应提供医疗机构执业许可证正本、副本原件及对应复印件，提供相关科室的科室牌、科室全景、设备设施等照片，提供设备及人员清单、人员资质，开展诊疗服务的过程资料。

2. 机构提供相关的科室牌、科室全景、设备设施等照片，设备及人员清单，人员资质，物品擦拭、紫外线消毒记录，开展诊疗服务过程资料。

责任科室：医务科、院感科。

【A】符合“B”，并

1. 至少设立3个以下科室：眼科、耳鼻咽喉科（可合并设立五官科）、血液透析科、重症监护室、急诊科、皮肤科、麻醉科、手术室（可合并设立）、体检中心等。
2. 有1个具有一定辐射能力的特色科室。

创建要点：

1. 机构至少设立3个以上科室，确保相关科室的面积、设备配备及人员资质符合要求，能够提供相关科室设立文件及收入、诊疗量等数据，特色科室诊疗收入或诊疗量应占有一定比例，原则上应不低于10%。

2. 机构至少有1个具有一定辐射能力的特色科室，特色科室须在医疗机构执业许可证上加注相应的诊疗科目，有科室成立正式文件及收入、诊疗量等数据，除服务本辖区居民以外，还有一定的服务辖区外居民的能力，须有就诊占比情况数据。

材料指引：

1. 机构应提供医疗机构执业许可证正本、副本原件及对应复印件，上级卫生健康行政主管部门批复的允许特色科室设置的文件及科室的责任人、诊疗量，提供科室牌、科室全景、设备设施等照片，提供设备及人员清单、人员资质，开展诊疗服务过程资料、诊疗收入或诊疗量的占比数据。

2. 机构应提供下发的特色科室成立文件，提供科室负责人、诊疗量明细，本科室门诊和/或住院诊疗量中外乡镇居民就诊占比数据，每半年开展一次分析总结记录。

责任科室：医务科、财务科、办公室。

1.2.2　医技及其他科室

【C】

设置药房、检验科、放射科、B超室、心电图室（B超与心电图室可合并设立）、消毒供应室（可依托有资质的第三方机构）。

创建要点：

机构须设置药房、检验科、放射科、B超室、心电图室（B超与心电图室可合并设立）、消毒供应室（可依托有资质的第三方机构），机构依托第三方的，须有相关委托协议及工作记录。

材料指引：

机构应提供医疗机构执业许可证正本、副本原件及对应复印件；辐射安全和放射许可证原件、复印件，科室牌、科室全景、设备设施等照片；设备及人员清单、人员执业资质；开展诊疗服务过程资料；机构依托第三方开展消毒的，提供相关委托协议及工作记录；检查人员现场查看以上科室的设置情况。

责任科室：医务科、药剂科、各相关医技科室。

【B】符合“C”，并
中药房、西药房分设。

创建要点：

机构的中药房、西药房须分开设置，检查人员现场查看机构的中药房、西药房分别设置情况及是否具有配套的相关的设备设施和人员资质。

材料指引：

机构应提供中药房和西药房的科室牌、科室全景、设备设施等照片，科室设备及人员清单、人员执业资质，开展服务过程资料。

责任科室：药剂科。

【A】符合“B”，并
增设肺功能室或内镜室等其他科室。

创建要点：

机构须增设肺功能室或内镜室等其他科室，检查人员现场查看机构肺功能室或内镜室科室设置情况，查看是否具有相关的设备设施和执业资质。

材料指引：

机构应提供相关的科室牌、科室全景、设备设施等照片，科室设备及人员清单、人员执业资质，开展诊疗服务过程资料。

责任科室：医务科、设备科。

1.2.3 公共卫生科或预防保健科

【C】
包含预防接种门诊（含预检室、登记室、接种室、留观室、冷链室）、儿童保健室、妇女保健室、健康教育室、避孕药具室及相关工作设施等。

创建要点：

机构须设置公共卫生科或预防保健科，检查人员现场查看机构的预防接种门诊（含预检室、登记室、接种室、留观室、冷链室）、儿童保健室、妇女保健室、健康教育室、避孕药具室等科室设置情况，是否具有与科室匹配的相关的设备设施和人员执业资质。

材料指引：

机构应提供以上相关科室的科室牌、科室全景、设备设施等照片，设备及人员清单，人员执业资质，科室开展诊疗、预防保健服务过程资料。

【B】符合“C”，并
1．预防接种门诊达到当地规范化门诊建设标准。 2．设置听力检查、视力检查、心理和行为发育检查室。

创建要点：

1．机构预防接种门诊须达到当地规范化门诊建设标准，检查人员查看当地卫生健康行政部门规范化预防接种门诊评审验收合格报告或公布名单文件。

2．机构须确保听力检查、视力检查、心理和行为发育检查等科室设置情况达标，各科室门诊具有相关的设备设施和执业资质。

材料指引：

1．机构应提供当地卫生健康行政部门规范化预防接种门诊评审验收合格报告或公布名单文件，机构的预防接种门诊相关的科室牌、科室全景、设备设施等照片，门诊设备及工作人员清单，人员执业资质，门诊开展诊疗服务过程资料。

2．机构应提供听力检查、视力检查、心理和行为发育检查室的科室牌、科室全景、设备设施等照片，门诊设备及工作人员清单，人员执业资质，开展诊疗服务过程资料。

【A】符合“B”，并

1. 增设心理咨询室、健康小屋、预防保健特色科室等。
2. 预防接种门诊达到数字化门诊建设标准。
3. 儿童保健室与预防接种门诊功能布局优化，便于实现儿童健康全过程管理和服务。

创建要点：

1. 机构须增设心理咨询室、健康小屋、预防保健特色科室等，检查人员现场查看机构设置的心理咨询室、健康小屋、预防保健特色科室设置情况，查看是否具有相关的设备设施和人员执业资质。

2. 机构须有当地卫生健康行政部门数字化预防接种门诊评审验收合格报告或公布名单文件。

3. 检查人员现场查看机构儿童保健室设置与预防接种门诊结合情况，儿童体检筛查与预防接种结合到位情况。

材料指引：

1. 机构须提供以上相关科室的科室牌、科室全景、设备设施等照片，科室设备及工作人员清单，人员执业资质，科室开展诊疗服务过程资料。

2. 机构提供当地卫生健康行政部门数字化预防接种门诊评审验收合格报告或公布名单文件，能够印证数字门诊建设标准的设备设施照片、设备及工作人员清单，人员执业资质，开展诊疗服务过程资料等。

3. 机构应提供科室开展保健服务中儿童保健室与预防接种门诊结合的制度、流程。

责任科室：办公室、预防接种门诊。

1.2.4 职能科室

【C】

1. 设有党务、院务、医务、公卫管理、护理、财务、病案管理、信息、院感、医保结算、后勤管理等专（兼）职岗位。
2. 实行乡村一体化管理的，设立相关专（兼）职岗位。

创建要点：

1. 机构须设置党务、院务、医务、公卫管理、护理、财务、病案管理、信息、院感、医保结算、后勤管理等科室设置及专（兼）职岗位，确保岗位设置合理，人员具有执业资质。

2. 实行乡村一体化管理的卫生院须提供制定相关方案及制度资料，提供明确人员及责任分工的资料，机构须注意督导、培训等过程资料的留存。

材料指引：

1. 机构应提供相关科室的科室牌、科室全景、设备设施等照片，提供科室设备及工作人员清单，提供人员执业资质和开展服务过程资料。

2. 机构提供下发的聘用专（兼）职人员岗位的正式文件，人员责任分工，设备设施照片，设备及人员清单，人员执业资质，开展督导培训服务过程资料。

责任科室：办公室、人事科、公共卫生科或乡村一体化管理办公室。

【B】符合“C”，并
至少设立3个以下职能科室：院办、医务（质控）、公卫管理、护理、财务、病案管理、信息、院感、医保结算、后勤管理等。

创建要点：

机构至少设置3个职能科室，有明确的岗位设置人员名单，人员执业资质齐全。

材料指引：

机构提供以上3个职能科室的科室牌、科室全景、设备设施等照片，提供科室设备及工作人员清单、人员执业资质，以及开展诊疗服务过程资料。

责任科室：已成立的3个职能科室。

【A】符合“B”，并
独立设置院感科、病案管理科等。

创建要点：

机构须独立设置院感科、病案管理科等，检查人员现场查看机构院感科、病案管理科科室设置情况，查看岗位设置人员名单，人员执业资质，要求科室是单独设置，科室有专人负责，病案室要符合防盗、防晒、防高温、防火、防潮、防尘、防鼠和防虫等要求。

材料指引：

机构应提供相关科室的科室牌、科室全景、设备设施等照片，科室设备及人员清单，人员执业资质，开展诊疗服务过程资料。病案室要符合防盗、防晒、防高温等要求，并提供以上防护相关设施照片。

责任科室：院感科、病案室。

1.3 设施设备

1.3.1 建筑面积

【C】
20张床位及以下，建筑面积达到300～1100平方米。

创建要点：

机构须具有与填报业务用房面积相符（房产证、租赁协议）的相关证明材料。

材料指引：

机构应提供医疗机构执业许可证正本、副本，提供与填报业务用房面积相符（房产证、租赁协议或其他面积相关证明材料）的材料。

责任科室：办公室、财务科。

【B】符合“C”，并
21～99张床位，每增设1张床位，建筑面积至少增加50平方米。

创建要点：

机构须具有与填报业务用房面积相符（房产证、租赁协议等）的相关证明材料。计算标准面积并对照。

材料指引：

机构提供医疗机构执业许可证和副本原件、复印件，与填报业务用房面积相符（房产证、租赁协议或其他面积等相关证明材料）的证明材料。

责任科室：办公室、财务科。

【A】符合“B”，并
100张床位及以上，每增设1张床位，建筑面积至少增加55平方米。

创建要点：

检查人员现场查看机构与填报业务用房面积相符（房产证、租赁协议或其他面积相关证明材料）的证明材料。计算标准面积并对照。

材料指引：

机构提供医疗机构执业许可证正本、副本原件及对应复印件，提供与填报业务用房面积相符（房产证、租赁协议或其他面积等相关证明材料）的证明材料。

责任科室：办公室、财务科。

1.3.2　床位设置

【C】
实际开放床位10～20张。

创建要点：

机构实际开放床位10～20张，检查人员现场查看卫生院床位设置情况。

材料指引：

机构提供医疗机构执业许可证正本、副本原件及复印件。要求机构的编制床位和实际开放床位一致。

责任科室：办公室、财务科。

【B】符合“C”，并
实际开放床位21～99张。

创建要点：

参照【C】

材料指引：

参照【C】

责任科室：办公室、财务科。

【A】符合"B"，并
实际开放床位100张及以上。

创建要点：

参照【C】

材料指引：

参照【C】

责任科室：办公室、财务科。

1.3.3 设备配置

【C】
参照《医疗机构基本标准》要求配备相关设备，配备必要的中医药服务设备。

创建要点：

参照《医疗机构基本标准》要求配备相关设备，配备必要的中医药服务设备。检查人员现场查看机构提供的基本设备和中医药服务设备配备情况，提供设备配备清单（清单参考表1-2、表1-3）。

材料指引：

机构提供基本设备和中医药服务设备清单及设备照片。

责任科室：办公室、财务科。

表1-2 基本设备和中医药服务设备清单

设备类别	设备名称	是否配备（1是2否）
基本设备	急救抢救箱	
	氧气瓶	
	电动吸引器	
	洗胃机	
	心电图机	

续 表

设备类别		设备名称	是否配备（1是2否）
基本设备		抢救床	
		观察床	
		诊查床	
		妇科检查床	
		新生儿体重计	
		血球计数仪	
		离心机	
		恒温箱	
		电冰箱	
		X线机	
		观片灯	
		开口器	
		导尿包	
		身高体重计	
		至少100支各种规格注射器	
		器械盘	
		器械柜	
		无菌柜	
		污物桶	
		担架车	
		紫外线灯	
		高压灭菌设备	
中医类设备	诊断设备	中医四诊设备、中医体质辨识设备	
	针疗设备	各类针具、电针治疗设备	
	灸疗设备	灸疗器具、艾灸仪	
	中药熏洗设备	中药熏洗设备、中药离子导入设备、中药雾化吸入设备、中药透药设备	
	牵引设备	颈椎牵引设备、腰椎牵引设备、多功能牵引设备	
	治疗床	针灸治疗床、推拿治疗床、多功能治疗床	
	中医光疗设备	中医光疗设备	
	中医超声治疗设备	中医超声治疗设备	
	中医电疗设备	高频治疗设备、中频治疗设备、低频治疗设备	

续　表

设备类别		设备名称	是否配备（1是2否）
中医类设备	中医磁疗设备	特定电磁波治疗设备	
		中医磁疗治疗设备	
	中医热疗设备	蜡疗设备、热敷（干、湿、陶瓷）装置	
	中药房设备	中药饮片柜（药斗）、药架（药品柜）、药戥、电子秤	
	煎药室设备	中药煎煮壶（锅）	
		煎药机（符合二煎功能，含包装机）	
	康复训练设备	训练床、训练用阶梯、平行杠、姿势镜等	

表1-3　主要设备统计表

编号	设备名称	配备数量/台	设备型号	使用年限/年	设备状态（1良好；2待修；3报废）	最近一年使用次数/次
1	急救型救护车					
2	全自动化学发光免疫分析仪					
3	空气消毒机					
4	麻醉机					
5	胃镜					
6	呼吸机					
7	肺功能仪					
8	电子支气管镜					
9	床旁监护仪					
10	床旁血气分析仪					
11	电子肠镜					
12	电生理记录仪					
13	射频消融仪					
14	心脏多普勒超声仪					
15	心脏临时起搏器					
16	经食管心脏电生理刺激仪					
17	运动负荷测试系统					

续　表

编号	设备名称	配备数量/台	设备型号	使用年限/年	设备状态（1良好；2待修；3报废）	最近一年使用次数/次
18	动态血糖监测仪					
19	快速血糖仪					
20	胰岛素注射泵					
21	胰岛素皮下注射泵					
22	经颅多普勒仪					
23	肌电图仪					
24	动态脑电图仪					
25	血液透析机					
26	胆道镜系统					
27	关节镜					
28	C形臂X线机					
29	骨密度测定仪					
30	神经电生理仪					
31	输尿管镜					
32	膀胱镜					
33	体外碎石机					
34	宫腔镜					
35	阴道镜					
36	Leep刀					
37	PK刀					
38	超声刀					
39	新生儿黄疸治疗箱					
40	监护仪					
41	氧驱雾化治疗仪					
42	微量泵					
43	婴儿保温箱					
44	综合验光仪					
45	超声乳化仪					

续 表

编号	设备名称	配备数量/台	设备型号	使用年限/年	设备状态（1良好；2待修；3报废）	最近一年使用次数/次
46	眼压计					
47	视野仪					
48	直接眼底镜					
49	角膜曲率仪					
50	纯音测听仪					
51	声导抗仪					
52	电子鼻咽喉镜					
53	食管镜					
54	紫外线治疗仪					
55	过敏原测定仪					
56	红外线治疗仪					
57	洗胃机					
58	肌力训练设备					
59	电动起立床					
60	平衡训练设备					
61	运动控制能力训练设备					
62	功能性电刺激设备					
63	直流电治疗设备					
64	低/中/高频电治疗设备					
65	传导热治疗设备					
66	牵引治疗设备					
67	日常生活活动作业设备					
68	语言治疗/吞咽治疗设备					
69	血凝仪					
70	电解质分析仪					
71	血流变仪					
72	糖化血红蛋白仪					
73	特种蛋白分析仪					

续　表

编号	设备名称	配备数量/台	设备型号	使用年限/年	设备状态（1良好；2待修；3报废）	最近一年使用次数/次
74	血培养仪					
75	尿中有形成分分析系统					
76	细菌/药敏鉴定仪					
77	电泳分析仪					
78	流式细胞仪					
79	血球分析仪（五分类）					
80	全自动生化分析仪					
81	全自动酶免分析仪					
82	全自动化学发光仪					
83	血气分析仪					
84	急诊生化分析仪					
85	尿液分析仪					
86	生物安全柜					
87	微量元素分析仪					
88	计算机X线摄影系统（CR）					
89	直接数字化X线摄影系统（DR）					
90	床旁X线机					
91	计算机X线断层扫描（CT）					
92	磁共振（MRI）					
93	彩色B超（心脏）					
94	彩色B超（腹部、血管）					
95	动态心电图机					
96	心电图机					
97	脑电图仪					
98	肌电图仪					
99	X线数字胃肠机					
100	X线数字乳腺机					

续 表

编号	设备名称	配备数量/台	设备型号	使用年限/年	设备状态（1良好；2待修；3报废）	最近一年使用次数/次
101	经颅多普勒超声（TCD）					
102	快速冰冻切片机					
103	病理石蜡切片机					
104	自动组织包埋机					
105	自动组织脱水处理机					
106	免疫组化仪					
107	光学显微镜					
108	其他设备：________					
109	其他设备：________					
110	其他设备：________					
111	其他设备：________					

【B】符合“C”，并

1．配备听力筛查工具、视力筛查工具、心理行为发育筛查工具。
2．配备与诊疗科目相匹配的其他设备。
3．配备DR、彩超、全自动生化分析仪、全自动化学发光免疫分析仪、血凝仪、生物安全柜、十二导联心电图机、空气消毒机、麻醉机、呼吸机，以及与诊疗科目相匹配的其他设备。

创建要点：

机构须提供以上相关设备，检查人员现场查看机构提供的设备配备情况。

材料指引：

机构应提供设备设施清单、设施照片，提供工作人员清单、人员执业资质、设备维护保养记录等。

责任科室：办公室、财务科。

【A】符合“B”，并

配备胃镜或CT等设备、配备急救型救护车。

创建要点：

机构须配备胃镜式CT等设备、急救型救护车，检查人员现场查看机构的胃镜或CT等设备、急救型救护车配置情况。

材料指引：

机构应提供设备设施清单、设施照片，工作人员清单，提供人员执业资质、设备维护保养记录，救护车值班及交接班记录。

责任科室：办公室、财务科。

1.3.4 公共设施

【C】

1. 卫生厕所布局合理，卫生间的洗手池等应采用非手动开关。
2. 门诊诊室、治疗室、多人病房等区域为服务对象提供必要的私密性保护措施。
3. 在需要警示的地方有明显的警示标识。
4. 设立服务功能适宜的独立母婴室，配备基本设施，引导标识醒目。
5. 无障碍设施符合相关标准要求。

创建要点：

1. 机构卫生厕所布局须合理，卫生间的洗手池等应采用非手动开关，检查人员现场查看机构卫生厕所布局及设置情况，首层厕所应至少有一处无障碍厕所，男厕所的无障碍设施包括1个无障碍厕位、1个无障碍小便器和1个无障碍洗手盆；女厕所的无障碍设施包括至少1个无障碍厕位和1个无障碍洗手盆。

2. 机构门诊诊室、治疗室、多人病房等区域应设置屏风、隔帘等保护患者隐私设施。

3. 机构在有可能引起火灾、爆炸、危险、污染等地方，应设置警示标识，如氧气房、放射科、医疗废物存放点等。

4. 机构须设置独立母婴室，配备相关设备设施，布局合理，有相应维护、消毒等工作记录。

5. 机构无障碍设施须符合相关标准要求，机构无障碍设施包括无障碍通道、出入口、门、楼梯、电梯、扶手等。室外通行的无障碍通道宽度不应小于1.5米，室内通道应设置无障碍通道，净宽不应小于1.8米，并设置无障碍扶手；主要出入口应为无障碍出入口，宜设置为平坡出入口；门开启后，通行净宽度不小于1米，门槛高度及门内外高差不应大于15毫米，并以斜面过渡，且便于开关；同一建筑内应至少设置一部无障碍楼梯，若设有电梯时，每组电梯设置一部无障碍电梯；住院部病人活动室墙面四周，应设置高度适宜的扶手。

材料指引：

1. 机构应提供卫生厕所照片（全景、进门、保证清洁、无障碍设施厕位和无障碍洗手盆等）。

2. 机构应提供能够体现机构门诊诊室、治疗室、多人病房等区域为服务对象提供必要的私密性保护措施的相关照片（一人一诊室、屏风隔断、隔帘）。

3. 机构应提供在有可能引起火灾、爆炸、危险、污染等地方，设置警示标识的照片。

4. 机构提供相关科室的科室牌、科室全景、设备设施等照片，科室设备及工作人员清单，人员执业资质，开展服务过程的资料。

5. 机构应提供无障碍设备的相关照片、维护保养记录。

责任科室：办公室、护理部。

【B】符合“C”，并

1. 如设肠道门诊的，肠道门诊厕所应单设。
2. 候诊椅数量配备适宜，舒适度较好。
3. 有必要的采暖、制冷设备。
4. 医疗用房首层应设有无障碍厕所，层数为二层时宜设电梯或无障碍坡道，三层及以上应设电梯。

创建要点：

1. 机构须设置肠道门诊，做好肠道门诊厕所设置工作。

2. 机构须做好等候区候诊椅设置工作，须注意，疫情防控期间应张贴隔位就座标识。

3. 机构须配备采暖、制冷设备，检查人员现场查看机构采暖、制冷设备清单。

4. 机构按照要求设置无障碍厕所、无障碍坡道及电梯。

材料指引：

1. 机构应提供相关科室的科室牌、科室全景、肠道门诊厕所标识等照片。

2. 机构应提供候诊椅照片（疫情防控期间应有隔位就座标识照片）。

3. 机构应提供采暖、制冷设备清单及照片。

4. 机构应提供无障碍厕所、电梯或无障碍坡道照片，有电梯的提供保养维护维修记录。

责任科室：办公室。

【A】符合“B”，并
配备使用自助查询、自助挂号、自助打印化验结果报告等设备，使用门诊叫号系统及住院病室一键呼叫对讲系统。

创建要点：

机构须配备使用自助查询、自助挂号、自助打印化验结果报告等设备，使用门诊叫号系统及住院病室一键呼叫对讲系统。现场查看机构自助查询、自助挂号、自助打印化验结果报告等设备，门诊叫号系统及住院病室一键呼叫对讲系统设置情况。

材料指引：

机构应提供配备自助查询、自助挂号、自助打印化验结果等设备设施照片及清单，并附系统操作流程及操作界面照片。

责任科室：办公室。

1.4　人员配备

【C】
1. 达到《医疗机构基本标准》要求的配备。 2. 人员编制数不少于本省（区、市）出台的编制标准。 3. 卫生技术人员数不少于全院职工总数的80%。 4. 辖区内每万名服务人口注册全科医师数不少于2人。 5. 中医类别医师不少于2名。

创建要点：

1. 机构人员配备须达到《医疗机构基本标准》，检查人员现场查看机构执业医师及护士人员的花名册、资格证书、执业证书、职称证书。

2. 机构人员编制数不少于本省（区、市）出台的编制标准，检查人员现场查看上级部门出台的人员编制文件，查看证明机构实际编制数的文件。

3. 机构卫生技术人员数须不少于全院职工总数的80%，检查人员现场查看机构卫生技术人员及全院职工花名册、工资发放记录表。

4. 机构须按照“辖区内每万名服务人口注册全科医师数不少于2人”的标准配备全科医师，检查人员现场查看机构提供的辖区人口数统计文件，查看全科医师花名册及执业证书、资格证书。

5. 机构须确保中医类别医师数不少于2名，检查人员现场查看机构中医类别医师花名册及相关执业证书。

材料指引：

1. 机构应提供执业医师及护士人员的花名册、资格证书、执业证书、职称证书。

2. 机构应提供单位实际编制数的文件，且人员编制数不少于上级部门出台的编制标准的说明。

3. 机构应提供卫生技术人员的花名册及全院职工花名册，机构工资发放记录表，卫生技术人员数不少于全院职工总数的80%的文字叙述说明。

4. 机构应提供有关辖区人口数统计的文件，提供卫生技术人员花名册、全科医师注册相关证明。

5. 机构应提供卫生技术人员的花名册、中医类医师资格证书、执业证书。

责任科室：办公室、财务科、人事科。

【B】符合“C”，并

1. 大专及以上学历卫生技术人员比例达到50%以上。
2. 公共卫生人员占专业技术人员编制的比例不低于25%。
3. 辖区内每万服务人口注册全科医师数不少于3人，其中至少有一名经过助理全科医师培训或住院医师规范化培训。
4. 至少配备1名提供儿童基本医疗服务的全科医师。
5. 至少配备2名从事儿童保健的医师。
6. 至少配备1名公共卫生医师。

创建要点：

1. 机构须确保大专及以上学历卫生技术人员比例达到50%以上，检查人员现场查看机构提供的卫生技术人员花名册、相应学历证书、执业证书。

2. 机构须确保公共卫生人员占专业技术人员编制的比例不低于25%，检查人员现场查看机构提供的公共卫生人员花名册及相关执业证书。

3. 机构须按照“辖区内每万名服务人口注册全科医师数不少于3人，其中至少有一名经过助理全科医师培训或住院医师规范化培训”的标准配备全科医师，检查人员现场查看机构提供的辖区人口数统计文件，全科医师花名册及执业证书、资格证书。

4. 机构须至少配备一名提供儿童基本医疗服务的全科医师，检查人员现场查看机构经过儿童基本医疗服务培训取得的合格证，同时查看注册全科医学的执业（助理）医师配备情况。

5. 机构至少配备2名从事儿童保健的医师。

6. 机构至少配备1名公共卫生医师。

材料指引：

1. 机构应提供卫生技术人员花名册、相应学历证书、执业证书。

2. 机构应提供公共卫生人员花名册及相关执业证书。

3. 机构应提供全科医师注册相关证明，提供辖区人口数统计文件，提供辖区服务人口数与全科医师配备比例达到相关要求的文字说明。

4. 机构应提供经过儿童基本医疗服务培训后取得的合格证，同时提供注册全科医学的执业（助理）医师资格证书、执业证书。

5. 机构应提供儿童保健医师的相关资质。

6. 机构应提供执业（助理）公共卫生医师资格证、执业证。

责任科室：办公室、财务科、人事科。

【A】符合“B”，并

1. 执业（助理）医师中本科及以上学历人员比例达到50%以上。

2. 中级职称及以上卫生技术人员比例达到20%，并有1名中级及以上执业护士。

3. 至少有1名副高级及以上职称医师。

4. 辖区内每万服务人口注册全科医师数不少于4人，其中至少有1名经过住院医师规范化培训。

5. 至少有1名中级及以上职称的中医类别医师。

创建要点：

参照【B】，指标数量要求达到【A】。

材料指引：

参照【B】，指标数量要求达到【A】。

责任科室：办公室、财务科、人事科。

2. 基本医疗和公共卫生服务

2.1 服务方式

2.1.1 门、急诊服务

【C】
1. 预检分诊处及门诊布局科学、合理，流程有序、连贯、便捷。 2. 患者就诊方便，有导诊指示线路图，诊室标识清楚，设施设置人性化。 3. 能提供一般常见病、多发病诊治和慢性病管理服务。 4. 急诊服务区域标识醒目。 5. 基本急救设备配置和药品配备符合国家相关规定，且状况良好。 6. 有预检分诊登记资料，能够对患者的来源、去向进行追溯。

创建要点：

1. 预检分诊处应通风良好，相对独立，标识导向醒目易懂。分诊台有消毒隔离条件和必要的防护用品，工作人员要采取必要的防护措施，分诊台配置快速鉴别病情的相关医疗设施设备。对急诊患者进行分级管理，实施分类救治。通过预检，有效分诊疑似传染病、发热等患者。

2. 根据《乡镇卫生院建设标准（建标107-2008）》要求，门诊用房应根据机构不同建设规模、专科特长和业务需求合理设置诊疗室。门诊用房的布局应从医疗流程和各部分功能需要出发，做到紧凑、合理、便捷，符合交通流线设计。急诊抢救室通道方便担架和平车等进出。制定门（急）诊流程图。传染病门诊和隔离观察室应相对独立，并有单独出入口。

3. 提供一般常见病、多发病的诊治，为诊断明确且病情稳定的高血压、2型糖尿病、慢性阻塞性肺疾病、冠心病、脑卒中康复期、晚期肿瘤、慢性肾衰竭等慢性病患者提供治疗、康复、护理管理等服务。

4. 门诊标识清楚，诊室标识牌清晰可辨，悬挂高低适宜；有导诊指示线路图，可以设置地标导诊指示线路，方便患者；诊室设施设置人性化，为患者提供必要的隐私保护措施；急诊室位置要醒目，应结合医疗机构门诊及医技科室的房屋及设施进行设置，建筑外“急诊”标识醒目，建筑内急诊服务区（或急诊抢救室）标识醒目，能引导清楚。

5. 急诊抢救室的配置：抢救室内应当备有急救药品、器械及抢救设备等。一切抢救药品、器械、设备、敷料等均须放在指定位置，并有明显标识，不得挪用或外借，专人管理，专人负责检查，药品、器械用后均须及时清理、消毒，消耗部分应及时补充，放回原处。急救器械应包括一般急救设备、搬动转运器械。抢救设备包括心电图机、心脏起搏/除颤仪、呼吸机（简易呼吸器）、心电监护仪、给氧设备、吸痰器、洗胃机。抢救设备应进行定期检查和维护，设备运行状态标识清晰，保证设备完好率达到100%。抢救室应根据基层医疗卫生机构的实际工作情况，至少配备心脏复苏药物、呼吸兴奋药、血管活性药、利尿及脱水药、抗心律失常药、镇静药、解痉药、解热镇痛药、止血药、常见中毒的解毒药、平喘药、纠正水电解质酸碱失衡类药、各种静脉补液液体、局部麻醉药、激素类药物等常备药品。抢救药品应当定期检查和更换，保证药品在使用有效期内。

6. 预检分诊是优化资源配置、提高门诊和急诊医疗服务效率的重要途径。预检分诊处应有预检分诊登记本，登记资料能够对患者的来源、去向进行追溯。

材料指引：

1. 检查人员现场查看机构门、急诊布局，查看就诊流程、预检分诊制度、预检分诊流程。

2. 检查人员现场查看机构导诊指示线路图、诊室标识，诊室设施是否保护患者隐私。

3. 检查人员现场查看机构各诊室诊疗记录和慢性病管理记录。

4. 检查人员现场查看机构急诊区域标识，标识要醒目，能引导清楚。

5. 机构应提供其制定的急救仪器、器材和药品管理制度，检查人员现场查看基本急救设备和药品的配备及管理，检测运行情况等。

6. 现场查看机构预检分诊登记资料，内容翔实可追溯。

责任科室：医务科、门诊办、急诊科及各临床门诊科室。

【B】符合"C"，并
1. 设立咨询服务台、候诊区，开展导诊、分诊服务，设立助老服务点，提供轮椅、担架等便民设施。 2. 能实现挂号、收费、医保结算等一站式服务。 3. 在挂号、检验、药房、收费等窗口有针对抢救患者的优先措施，有针对性地落实对老年人的优先措施。 4. 有急诊登记资料，能够对患者的来源、去向及急救全过程进行追溯。 5. 规范设置发热诊室，落实相关制度和规范要求，加强疾病早期诊断和传染病筛查，做好转诊。

创建要点：

1. 机构门诊大厅醒目位置设置咨询服务台、候诊区；咨询服务台标识清晰可见并配备咨询服务人员，开展导诊、分诊服务。设立助老服务点，为行动不便的患者提供轮椅、担架等便民设施。

2. 机构收费处实现挂号、收费、医保结算等一站式服务。

3. 机构须制定急危重患者优先、老年人优先措施的相关制度及程序，在挂号、检验、药房、收费等窗口有针对抢救患者优先、老年人优先处置的标识。

4. 机构须建立急诊患者登记本、抢救记录本，做好急诊抢救的全程记录，能够对患者的来源、去向及急救全过程进行追溯。

5. 机构须按照《基层医疗卫生机构发热诊室建设与管理规范》（T/CHAC004-2021）的要求规范设置发热诊室，结合本机构实际制定并定期修订各项管理制度与流程，包括发热诊室工作制度、岗位职责制度、消毒隔离制度、诊室就诊流程、患者登记制度、患者转诊制度、患者就诊须知等，并严格落实各种规范要求，加强不明原因发热患者的早期诊断和传染病筛查，做好转诊。

材料指引：

1. 检查人员现场查看机构咨询服务台及服务记录、标识，现场查看机构候诊区、便民设施等。

2. 检查人员现场查看机构收费处窗口一站式服务，访谈工作人员。

3. 机构应提供针对急危重患者优先、老年人优先就医的相关制度和程序，检查人员现场查看标识。

4. 检查人员现场查看急诊患者登记本、抢救记录本登记内容（模板见表1-4、表1-5）。

5. 机构提供发热诊室的相关制度和服务流程，检查专家现场查看发热患者就诊登记记录。

责任科室：医务科、门诊办、急诊科、发热诊室、收费处。

表 1-4　急诊患者登记本

就诊时间	姓名	性别	年龄	诊断	诊疗经过	地址	去向	留观时间	联系电话	医生签名	备注

表 1-5　急诊患者抢救记录本

序号	姓名	性别	年龄	联系电话	初步诊断	抢救原因	是否告知病危（重）	抢救日期	抢救开始时间	抢救结束时间	抢救效果	参加抢救医生	患者去向

【A】符合“B”，并

1. 有缩短患者等候时间的措施。
2. 规范设置急诊科。
3. 职能部门对门、急诊管理工作有分析评价，持续改进门、急诊工作质量。

创建要点：

1. 机构须制定缩短患者等候时间措施，分诊护士提前上班，推广预约诊疗服务，采取手机客户端、电话、互联网或诊间等预约方式；开展分时段预约就诊；检验科提供自助取号、取化验单等自助服务系统，利用信息化手段，有效缩短患者挂号、交费、化验检查等的等候时间。

2. 医疗机构执业许可证的诊疗科目应有急诊科专业，参照《急诊科建设与管理指南（试行）》规范设置急诊科。急诊服务区域标识醒目，有独立的急诊服务区（与普通门诊明显区分）；设置急诊通道（通道方便担架和平车等进出）。

3. 职能部门须每季度到门急诊科室现场查看、考核一次，做出分析评价，提出整改措施，推动门、急诊工作质量持续改进。

材料指引：

1. 机构应提供缩短患者等候时间的措施。

2. 检查人员现场查看机构医疗机构执业许可证是否加注急诊科诊疗科目，现场查看急诊科的布局，查看人员配置、急救设备设施和急救药品等配备。

3. 检查人员现场查看职能部门对门诊和急诊管理工作督导检查、评价结果及持续改进措施，查看机构分析评价报告。

责任科室：医务科、门诊办、信息科、急诊科。

2.1.2　住院服务

【C】
1. 能提供常见病、多发病的住院诊疗。 2. 执行留观、入院、出院、转院制度，并有相应的服务流程

创建要点：

1. 机构具备为《乡镇卫生院服务能力标准（2022版）》《社区卫生服务中心服务能力标准（2022版）》中所列疾病病种（符合住院条件）的患者提供住院诊疗服务能力。

2. 机构须结合其实际制定留观、入院、出院、转院等制度和相应的服务流程，并在实际工作中落实。

材料指引：

1. 检查人员现场查看机构提供的医疗机构执业许可证副本核定的床位数量、

实际开放床位、住院诊疗记录。

2. 机构应提供留观、入院、出院、转院制度和相应的服务流程，检查人员现场查看留观病历、入院记录、出院记录、转院记录。

责任科室：医务科、护理部。

【B】符合“C”，并

1. 能为患者入院、出院、转院提供指导和各种便民措施。
2. 有部门负责协调转诊，并有记录。
3. 有部门或专（兼）职人员负责出院患者随访，并有记录或工作日志。
4. 至少有1名主治及以上职称的执业医师。

创建要点：

1. 机构须有部门或专（兼）职人员负责为患者入院、出院、转院提供指导和24小时服务，能为患者提供轮椅、推车、吸氧服务、救护车呼叫等便民措施，能为特殊患者（比如残疾人、无家属患者等）提供帮助、代办相关手续等，能为急诊、危重症患者及时办理入院和转院手续。

2. 机构须有双向转诊的制度，有部门间协调机制，有部门负责协调转诊。

3. 机构有专（兼）职人员负责协调转诊和出院患者随访，并按相应规范填写转诊和出院患者随访记录本，记录工作情况。

4. 机构提供的病房内至少配置1名主治及以上职称的执业医师。

材料指引：

1. 机构应提供针对患者入院、出院、转院的指导记录，现场查看各种便民措施。

2. 机构应指定职能部门负责协调转诊，并制定转诊制度，提供双向转诊记录。

3. 机构应提供专（兼）职人员负责协调转诊和出院患者随访工作的人员名单，提供转诊记录本和出院随访记录本（表1-6、表1-7）。

4. 机构应提供至少1名主治及以上职称的执业医师证书及职称证书。

责任科室：医务科、门诊办、护理部。

表 1-6　转诊登记表

姓名	性别	年龄	身份证号	家庭住址	联系电话	初步诊断	住院号	转诊时间	转诊方式	转入/转出单位

注：转诊方式为转入或转出。

表 1-7　出院患者随访记录

<table>
<tr><th>姓　名</th><th></th><th>性　别</th><th></th><th>年　龄</th><th></th><th>病历号</th><th></th></tr>
<tr><td>身份证号</td><td colspan="3"></td><td>家庭住址</td><td colspan="3"></td></tr>
<tr><td>联系人</td><td colspan="3"></td><td>联系电话</td><td colspan="3"></td></tr>
<tr><td>入院时间</td><td colspan="3"></td><td>出院时间</td><td colspan="3"></td></tr>
<tr><td>主管医师</td><td colspan="3"></td><td>主管护士</td><td colspan="3"></td></tr>
<tr><td>住院诊断</td><td colspan="3"></td><td>转归</td><td colspan="3"></td></tr>
<tr><td colspan="8">住院期间情况</td></tr>
<tr><td colspan="8">随访时间：　　年　月　日　时　分　　　随访医师：　　　　随访次数：
随访内容：（病情变化和恢复情况、用药情况、康复训练情况、宣教内容等）</td></tr>
<tr><td colspan="8">随访时间：　　年　月　日　时　分　　　随访医师：　　　　随访次数：
随访内容：</td></tr>
</table>

【A】符合“B”，并
1. 能提供长期照护或安宁疗护等服务。
2. 职能部门对住院诊疗情况有分析评价，持续改进住院诊疗工作质量。

创建要点：

1. 机构须设置护理床位或护理单元，开展失能老年人照护服务工作；开设安宁疗护病房或床位，提高老年人和疾病终末期患者的生命质量。

2. 机构的职能部门须每季度对住院诊疗情况进行分析评价，发现问题，对杜绝重大医疗差错、事故发生提出具体措施，对减少或杜绝各种医疗投诉、纠纷等提出整改建议，做到合理检查、合理治疗、合理用药，推动住院诊疗质量的持续改进。

材料指引：

1. 机构应提供安宁疗护病房工作制度与服务规范，提供长期照护或安宁疗护服务记录。

2. 机构应提供每季度对住院诊疗情况的分析评价结果和持续改进措施。

责任科室：医务科、护理部。

2.1.3 家庭医生签约服务

【C】
1. 提供家庭医生签约服务，包括个人或家庭签约。
2. 明确签约服务包内容（包含中医药服务）。
3. 签订签约服务协议并按照协议提供服务。
4. 有家庭医生签约服务费标准及来源。
5. 有团队或个人能为签约居民提供中医药服务。

创建要点：

1. 按照上级文件要求，机构须制定家庭医生签约服务方案，建立家庭医生签约服务团队，做好区域划分，设置各类人群签约服务包，对脱贫人口、计划生育特殊家庭、老年人等重点人群开展家庭医生签约服务。

2. 明确服务包内容，检查人员现场查看机构的签约服务协议，各类人群签约服务包设置情况，服务包的设置要包含中医药相关服务内容。

3. 机构须有家庭医生签约服务协议，签约协议应包括服务包内容、方式、期限和双方的责任、权利、义务及其他有关事项。首次签约应有甲乙双方本人的签字，可为电子签章。并按照协议的内容（服务包）向签约居民提供服务。

4. 检查人员现场查看机构提供的上级卫生健康行政部门制定的家庭医生签约服务费相关文件及资金来源。

5. 机构提供的签约团队中应有中医类别医师，现场查看中医药服务包内容及签约服务相关服务记录。

材料指引：

1. 机构应提供家庭医生签约服务的方案、制度、流程、团队组建、区域划分、人员资质及相关服务记录。

2. 机构应提供包含中医药服务的签约服务包协议。

3. 机构应提供签约服务协议及签约流程、照片，履约情况记录及照片。

4. 机构应提供卫生健康行政部门制定的家庭医生签约服务费相关文件及资金来源。

5. 机构应提供中医类别医师团队开展签约服务的过程资料，提供中医药服务包内容明细及签约履约相关服务记录。

责任科室：办公室、公共卫生科。

【B】符合“C”，并
1. 原则上，以个人开展服务的，每个家庭医生签约人数不超过1200人；以团队开展服务的，每个团队签约人数不超过2000人。 2. 签约服务覆盖率不低于本县（市、区）签约率平均水平。 3. 签约居民履约率达到70%以上。 4. 以需求为导向，针对不同人群提供相应的个性化服务。 5. 为签约居民提供优先转诊、检查、住院等服务。 6. 定期开展家庭医生签约服务质量考核。 7. 能为签约慢性病患者提供大于4周长处方服务并在相应区域公示。

创建要点：

1. 检查人员现场查看机构提供的家庭医生服务团队设置与签约居民人数是否达到标准。

2. 检查人员现场查看机构提供的家庭医生签约服务居民人数，查看签约覆盖率是否达标［*签约服务覆盖率＝（签约居民人数/当地常住人口数）×100%*］。

3. 检查人员现场查看机构在用的家庭医生签约系统平台，调取签约及履约服务居民人数，查看履约率是否达标［*签约服务履约率＝（履约居民人数/签约居民人数）×100%*］。

4. 根据各类重点人群不同需求，机构须制定至少包括高血压患者、2型糖尿病患者、0～6岁儿童、孕产妇、老年人等重点人群的分层个性化服务包。

5. 机构须制定家庭医生签约服务方案、制度、流程及措施，检查人员现场查看为签约居民提供优先转诊、检查、住院等服务工作记录。

6. 机构须提供家庭医生签约服务绩效考核方案、领导小组名单、签约服务质量考核操作表，定期针对家庭医生签约服务质量开展考核的记录资料。

7. 机构结合医保办、“两病门诊”带药相关慢性病用药政策，为两病患者提供慢病长处方服务的工作记录，长处方在公示栏公示情况。

材料指引：

1. 机构应提供家庭医生签约服务方案、团队组建情况，各团队签约人数名单及统计表等。

2. 机构应提供家庭医生签约花名册、国家基本公共卫生服务项目报表。

3. 检查人员现场查看机构目前在用的家庭医生签约系统平台，并从平台上调取家庭医生签约花名册。

4. 机构应提供家庭医生签约服务的个性化服务包（个性化服务包内容应切合各重点人群需求）。

5. 机构应提供上一年度或本年度签约服务的方案、制度、流程，保障签约居民优先享有转诊、检查、住院等服务，并有总结分析资料。

6. 机构应提供上一年度或本年度的家庭医生签约服务绩效考核方案、领导小组、家庭医生签约服务质量考核过程资料（考核通知、得分、排名、通报、报告，考核操作表、照片、总结、整改、结果应用等）。

7. 机构应提供为签约慢性病患者提供大于4周长处方服务的相关文件、公示处方照片等。

责任科室：办公室、公共卫生科、医保科。

【A】符合“B”，并
1. 签约服务覆盖率在本县（市、区）签约率中处于前20%位次以内。 2. 签约居民履约率达到80%以上。 3. 与二、三级综合医院全科医学科建立联系。有二、三级医院医师加入家庭医生队伍，开展签约服务。 4. 能够提供家庭病床服务。

创建要点：

1. 机构须确保签约服务覆盖率在本县（市、区）签约率中处于前20%位次以内。

2. 机构签约居民履约率达到80%以上，检查人员现场查看机构目前在用的家庭医生签约系统平台，调取签约及履约服务居民人数［*签约服务履约率=（履约居民人数/签约居民人数×100%）*］。

3. 机构须有其与二、三级综合医院全科医学科建立联系的相关文件、协议，检查人员现场查看机构与二、三级医院医师组建家庭医生签约团队情况和家庭医生签约服务的工作记录。

4. 家庭病床是以家庭作为医疗护理场所，将医院的病床服务延伸到家庭，解决慢性病、老年病家庭卧床患者就医的难题，机构应设立专门科室组建家庭医生签约团队开展家庭病床服务，为居家老年人提供连续性的上门巡诊、康复护理、健康管理等服务。

材料指引：

1. 机构应提供本县（市、区）卫生健康行政部门出具的管辖区基层医疗卫生机构签约覆盖率的排名（带章）表。

2. 机构应提供签约花名册、系统内家庭医生签约履约汇总报表及管理率。

3. 机构应提供其与二、三级医院签署的医联体或医共体协议，提供二、三级医院医师参与家庭医生签约团队组建及服务与履约情况资料。

4. 机构应提供根据上级文件要求，机构出台的家庭病床服务的方案、制度、责任分工、区域划分，提供人员清单及资质等，家庭医生签约团队为居家老年人提供连续性的上门巡诊、康复护理、健康管理等服务的过程资料及照片。

责任科室：办公室、公共卫生科、医务科。

2.1.4 转诊服务

【C】

1. 至少有1家相对固定的转诊医院，签订双向转诊协议。
2. 有转诊记录可查。
3. 建立双向转诊制度并落实。
4. 接收上级医院下转的疾病恢复期患者。

创建要点：

1. 医疗机构与区域内综合性和/或专科医疗机构签订协议，建立双向转诊的协同服务关系。

2. 转诊服务是指在接诊患者过程中，机构发现患者有转诊指征的，可将患者转诊至二、三级医疗机构就诊。诊疗完毕或病情稳定后，由二、三级医疗机构将患者转回乡镇卫生院、村卫生室等，接受延续性治疗或健康管理服务。卫生院应对上转或下转的患者做好相应记录，有转诊单（附录A）。

3. 机构须建立符合本机构实际的双向转诊制度，有负责双向转诊工作的专（兼）职人员并有相关工作记录。

4. 机构须主动接收上级医院下转的疾病恢复期的患者。

材料指引：

1. 机构应提供双向转诊协议。
2. 机构应提供双向转诊记录及转诊单。
3. 机构应提供双向转诊制度及落实情况说明。
4. 机构应提供接收上级医院下转的疾病恢复期患者的服务记录。

责任科室：医务科、医保办。

【B】符合“C”，并

1. 转诊机构之间有转诊信息反馈机制。
2. 能提供上级医院预约挂号服务。
3. 有转诊信息系统。

创建要点：

1. 转诊机构之间要建立信息反馈制度，明确服务流程，及时转诊，及时将患者的基本情况、处理结果、注意事项等进行反馈。

2. 机构与上级医院之间开通经由信息系统或电话等预约挂号的服务。

3. 机构与上级医院之间建立双向转诊信息系统，可实现区域医疗机构的患者互转、就医信息共享、远程预约挂号、患者院后管理等功能。

材料指引：

1. 检查人员现场查看机构与上级医院之间信息反馈机制，机构应提供转诊单（转出、回转），双向转诊记录本。

2. 机构应提供上级医院预约挂号方式，为患者开通经由信息系统或电话等预约挂号的服务，现场进行演示。

3. 机构在用的His系统应与上级医院的His系统对接，开通双向转诊平台，现场进行演示。

责任科室：医务科、门诊办、信息科。

【A】符合“B”，并
能提供上级医院预约检查、预约住院服务。

创建要点：

机构与上级医院之间开通经由信息系统或电话预约服务，能提供预约检查、预约住院服务。

材料指引：

机构与上级医院预约检查、预约住院服务，需要机构现场进行预约演示。

责任科室：医务科、门诊办、信息科。

2.1.5 远程医疗服务★

【C】
1. 建立远程医疗协作网络。 2. 配备远程医疗的设施设备，能开展远程医疗服务。 3. 有专（兼）职人员负责远程医疗服务。 4. 有完善的远程医疗服务质量保障制度。

创建要点：

1. 由牵头单位与机构构建远程医疗协作网络。牵头单位设计不同的远程医疗项目，包括影像诊断、心电远程诊断、病理诊断、远程会诊、远程查房、病例讨论，以及针对危重症患者的移动医疗。乡镇卫生院/社区卫生服务中心与远程协作医院有协作机制和方案。

2. 机构须有与开展远程医疗服务相适应的诊疗科目及相应的设备、设施条件，能够开展远程医疗服务，提供远程会诊的记录。

3. 机构须指定专（兼）职人员负责远程医疗服务仪器、设备、设施、信息系统管理，负责组织安排远程医疗会诊并登记保存资料。

4. 机构须制定远程医疗服务管理制度、医疗质量与医疗安全保障制度，提供信息化技术保障措施。

材料指引：

1. 机构应提供其制定远程会诊协作机制和方案文件，签署协议书。

2. 检查人员现场查看机构远程医疗的设备设施及服务记录。

3. 检查人员现场查看机构仪器设备的维护保养记录、远程会诊的工作记录。

4. 机构应提供其制定的远程医疗服务质量保障制度。

责任科室： 医务科、信息科。

【B】符合“C”，并
1. 不断完善和及时改进设施设备、信息技术。 2. 通信网络和诊疗装置维护完好，常态化运行并有记录。

创建要点：

1. 机构须有完善的信息化技术保障措施，做好远程医疗设备的日常维护，及时改进技术。

2. 机构的通信网络和重要设备应当有不间断电源，确保远程医疗服务信息系统（硬件和软件）处于正常运行状态，并做好相关记录。

3. 机构能开展远程教学、远程培训等服务。

材料指引：

1. 机构应提供其制定的信息化技术保障措施资料，检查人员现场查看信息系统维护记录。

2. 机构确保其信息系统运行状况良好，检查人员现场查看维护保养记录和远程医疗服务记录。

3. 机构提供其参与远程教学、远程培训等相关记录的资料。

责任科室：医务科、信息科。

【A】符合“B”，并
相关职能部门定期进行评价，有记录，对存在的问题有改进措施及成效评价。

创建要点：

职能部门须定期对规章制度、技术规范和操作规程的落实进行检查。对重点环节和影响远程医疗服务质量的安全隐患进行监测、分析和反馈，对病历书写、资料保存进行指导检查，对相关职能部门提出的问题及评价记录，要及时采取整改措施，并进行成效评价。

材料指引：

机构应提供职能部门的评价记录及结果分析。

责任科室：医务科、信息科。

2.2　服务内容和水平

2.2.1　医疗服务

2.2.1.1　疾病种类

【C】
1. 至少能够识别和初步诊治50种常见病、多发病。 2. 至少能够识别和初步诊治20种中医疾病。

创建要点：

1. 机构至少可以开展50种常见病、多发病诊疗服务，其中30种病种年诊疗应大于50人次，另20种诊疗量应大于10人次。机构需要提供病种诊疗目录，有显示诊疗病例或报告的数据说明。

2. 机构至少可以开展20种中医疾病诊疗服务，机构需要提供中医疾病病种诊疗目录，有显示诊疗病例或报告的数据说明。

材料指引：

1. 检查人员现场查看机构的信息系统或诊疗记录。

2. 机构应提供疾病病种附表（表1-8），50种常见病、多发病病种诊疗目录（表1-9），20种中医疾病病种诊疗目录（表1-10）。

责任科室：医务科。

表1-8　××卫生院疾病病种数据统计表

编号	病种名称	20××年诊疗量/人次		20××年诊疗量/人次		20××年诊疗量/人次		3年门诊服务人数合计/人次	3年住院服务人数合计/人次
		门诊	住院	门诊	住院	门诊	住院		
1									
2									
3									
4									
……									
说明	1. 基层医疗卫生机构最好能根据信息数据统计出相应的Excel表格并有总结，检查人员可以直接查看表格，然后对数据、核实 2. 现场检查信息系统数据（核实表格数据真实性） 3. 目前目录统计病种是129种，目录外病种可增补 4. 门诊考核周期为一年，住院考核周期为三年								

表1-9　常见病、多发病病种诊疗目录

编号	常见病、多发病病种诊疗目录
1	
2	
3	
4	
5	
6	
7	
……	

表1-10　中医/康复适宜技术统计表

编号	中医/康复适宜技术统计表
1	物理治疗
2	红外线治疗
3	低频脉充电治疗
4	中频脉充电治疗
5	超短波治疗、短波治疗
6	牵引
7	康复
……	

【B】符合“C”，并

1. 至少能够识别和初步诊治60种（含C中50种）常见病、多发病。
2. 至少能够识别和初步诊治30种中医疾病。
3. 近3年累计收治住院病种（含家庭病床）不低于50种。

创建要点：

1. 机构至少可以开展60种常见病、多发病诊疗服务，其中40种病种年诊疗应大于50人次，另20种诊疗量应大于20人次。机构须提供病种诊疗目录，有显示诊疗病例的数据或报告说明。

2. 机构至少可以开展30种中医疾病诊疗服务。机构须提供中医疾病病种诊疗目录，有显示诊疗病例的数据或报告说明。

3. 近3年，机构累计收治住院患者的病种在50种以上，其中20种病种3年累计诊疗量应大于100人次，另30种3年累计诊疗量应大于30人次。机构须提供病种诊疗目录，有显示诊疗病例数据或报告说明。

材料指引：

1. 检查人员现场查看机构信息系统或诊疗记录。机构应提供疾病病种附表：60种常见病、多发病病种诊疗目录。

2. 机构应提供30种中医疾病病种诊疗目录。

3. 机构应提供近3年累计收治50种以上住院患者的病种。

责任科室：医务科。

【A】符合“B”，并

1. 至少能够识别和初步诊治100种常见病、多发病。
2. 至少能够识别和初步诊治40种中医疾病。
3. 近3年累计收治住院疾病（含家庭病床）不低于60种。
4. 近3年累计开展手术不低于10种。

创建要点：

1. 机构至少可以开展100种常见病、多发病诊疗服务，其中70种病种年诊疗量应大于50人次，另30种诊疗量应大于20人次。

2. 机构至少可以开展40种中医疾病诊疗服务。

3. 近3年，机构累计收治住院患者的病种在60种以上，其中30种病种3年累计诊疗量应大于100人次，另30种3年累计诊疗量应大于30人次。

4. 近3年，机构累计手术病种在10种以上，其中每手术病种应开展3人次以上。机构需要提供手术目录，有显示手术病例的数据或报告说明（表1-11、表1-12）。

材料指引：

1. 检查人员现场查看信息系统或诊疗记录，机构应提供疾病病种附表：100种常见病、多发病病种诊疗目录。

2. 机构应提供40种中医疾病病种诊疗目录，有显示诊疗病例的数据或报告说明。

3. 机构应提供对应的病种诊疗目录，有显示诊疗病例的数据或报告说明。

4. 机构应提供对应的病种诊疗目录，有显示诊疗病例的数据或报告说明。

责任科室：医务科。

表1-11　手术分级目录

编号	常规手术名称	级别（1. 一级；2. 二级；3. 三级）
1		
2		
3		
4		
……		

表1-12　手术名称及数量统计表

编号	外科手术项目名称	20××年手术量/人次	20××年手术量/人次	20××年手术量/人次
1	阑尾切除术			
2	疝气修补术			
3	骨折切开复位术			
4				
5				
……				

2.2.1.2　急诊急救服务

【C】

1. 开展服务区域内24小时急诊服务。
2. 医务人员掌握应急知识、急救设备的使用，具备应急能力，能对循环系统、呼吸系统急危重症患者和肾功能衰竭、急性中毒、休克及一般急危重症患者作出初步诊断和急救处理。
3. 医务人员应掌握心肺复苏术、电除颤操作技能，能使用简易呼吸机。能够开展清创、缝合、止血、包扎、简易骨折固定（如夹板外固定等）等急救技术。
4. 急救药品配备齐全并定期更新（确保在有效期内），急救物品完好率100%。
5. 每年至少组织1次急救演练。

创建要点：

1. 机构能够提供7×24小时急诊服务，且有提供24小时急诊服务的标识。

2. 医务人员掌握急救知识及急救设备的使用能力，具备急救能力。能对循环系统、呼吸系统急危重症患者和肾衰竭、急性中毒、休克、溺水、外伤及一般急危重症患者作出初步诊断和急救处理。

3. 急诊医护人员应有3年以上临床工作经验，能够熟练掌握心肺复苏术、电除颤、腹腔穿刺、止血、包扎、骨折固定、急救搬运、简易呼吸器使用、静脉穿刺置管、吸痰术等10种以上的急救技能。急救技能评价标准参考《临床诊疗指南急诊医学分册》（人民卫生出版社）和《临床技能操作规范急诊医学分册》（人民军医出版社)。

4. 机构抢救室常备药品应根据机构的实际工作情况配备，依据临床实际应用需求和药物药理属性及主治等选择品种，至少配备心脏复苏药物、呼吸兴奋药、血管活性药、利尿及脱水药、抗心律失常药、镇静药、解痉药、解热镇痛药、止血药、常见中毒的解毒药、平喘药、纠正水电解质酸碱失衡类药、各种静脉补液液体、局部麻醉药、激素类药物等。抢救药品应当由专人定期检查、补充和更换，保证药品在使用有效期内。急救物品完好率达到100%。

5. 机构每年至少要开展一次针对全体医护人员的急救理论、技能操作的培训、演练及考核。

材料指引:

1. 检查人员现场查看24小时急诊服务的标识及服务记录。

2. 检查人员现场查看急诊急救服务记录，考核急危重症的处理和急救设备的使用(表1-4、表1-5)。

3. 提供急救技术服务项目统计表，做好急救知识技能测试评价工作(表1-13)。

4. 检查人员现场查看急救药品和物品的配备情况、登记使用记录，查看药品近效期管理制度。

5. 机构应提供急救理论、技能操作的培训考试材料，提供急救技能的演练方案、演练图片、考核记录。

责任科室: 急诊科、医务科、护理部。

表1-13　乡镇卫生院急救技术服务项目统计表

编号	急救技术服务项目	20×× 年度服务量/人次
1		
2		
3		
4		
5		
6		
7		
8		
……		

【B】符合"C"，并
1. 对急性创伤、急诊分娩、急性心肌梗死、急性脑卒中、急性颅脑损伤、高危新生儿等重点病种具备初步识别与处理能力。 2. 急救体系相关责任部门管理人员知晓履职要求，监管措施落实到位。 3. 在急危重症抢救中，有主治或以上医师负责组织抢救工作 4. 掌握胸腔穿刺、气管插管、气管切开等技术。 5. 建立危重患者"绿色转诊通道"。

创建要点：

1. 机构须依据相关疾病的临床诊疗指南、临床技术操作规范，制定符合乡镇卫生院/社区卫生服务中心工作实际的抢救、会诊制度等核心制度，配置有相关诊治设备；机构急诊科备有对急性创伤、急诊分娩、急性心肌梗死、急性脑卒中、急性颅脑损伤、高危新生儿等重点病种的抢救流程图，并组织培训学习、考试。

2. 医院制定突发公共卫生事件应急预案、各种急诊急救应急预案，急救体系完整，分工明确，流程合理，有监管和考核机制，有专（兼）职人员负责监管。

3. 急诊科值班人员应有至少3年的临床工作经验，应配有中级及以上职称的医师和护士参与组织抢救工作。

4. 对胸腔穿刺、气管插管、气管切开等急救技术要组织培训并考试，以上技术要求人人掌握。

5. 乡镇卫生院/社区卫生服务中心应与上级医疗机构签订相互转诊相关协议，建立危重患者"绿色转诊通道"，并有转诊相关记录。

材料指引：

1. 检查人员现场查看重点病种的急诊服务流程与服务时限，并进行重点病种的急救知识测试。

2. 机构应提供医院的应急预案、访谈职能部门人员知晓情况，查看监管记录。

3. 检查人员现场查看急诊抢救记录，查看主持抢救的急诊科主治医师资质证书。

4. 机构应提供胸腔穿刺、气管插管、气管切开等技术的培训及考核资料，检查人员现场对急救人员进行急救技能测试。

5. 检查人员现场查看双向转诊协议中危重患者“绿色转诊通道”内容及转诊记录。

责任科室：急诊科、医务科、护理部。

【A】符合“B”，并
1. 建立多学科协作机制，相关部门责任明确，各司其职，确保患者能够获得连贯、及时、有效的救治。 2. 对急诊诊疗情况有记录并进行分析评价，对存在问题与不足有改进措施，持续改进急诊服务有成效。

创建要点：

1. 机构有多学科协作的会诊及抢救制度，明确主要责任人，相关部门责任明确，各司其职。有相关资料显示患者能够获得连贯、及时、有效的救治。

2. 机构急诊诊疗过程有详细抢救记录，科室有业务学习、病案讨论记录、医疗质量医疗安全相关学习与讨论记录等，并定期分析和评价存在的问题，提出针对问题的整改措施；职能科室定期考核，对于不足科室进行整改，达到持续改进且显成效。

材料指引：

1. 机构提供多学科协作的会诊制度、抢救制度及流程，多学科协作病历资料，机构根据情况，现场模拟演练。

2. 检查人员现场查看院科两级对急诊诊疗的服务质量的分析评价结果及持续改进措施。

责任科室：急诊科、医务科、护理部。

2.2.1.3 内科医疗服务

【C】
1. 能对内科常见病、多发病进行识别和初步诊治。 2. 能对诊断明确的慢性病（如原发性高血压、冠状动脉粥样硬化性心脏病、慢性阻塞性肺疾病、糖尿病、脑卒中康复期、晚期肿瘤、慢性肾衰竭等）提供综合管理服务。

创建要点：

1. 医疗机构执业许可证诊疗科目加注内科专业，机构制定内科常见疾病诊疗指南和操作规范，并学习培训；梳理内科常见病、多发病的目录，填写相关卫生技术统计表。

2. 机构通过对居民的健康体检和慢性病管理，对每位诊断明确的慢性病患者建立健康档案，制定合理的治疗方案；对慢性病患者定期随访，根据病情调整用药；开展慢性病防治宣传。提供用药指导、生活方式干预、康复护理、家庭康复指导等服务。

材料指引：

1. 检查人员现场访谈机构内科医师，查看门诊诊疗记录及卫生技术统计表。

2. 检查人员现场查看机构慢性病的健康档案，提供治疗随访、康复指导、健康管理资料。

责任科室：内科、医务科、护理部。

【B】符合“C”，并

1. 设立住院病房，上一年度收治病种不少于5种。
2. 医护人员配备满足住院患者照护需要。
3. 住院病房有中级及以上职称医师负责主持危重患者抢救工作。

创建要点：

1. 机构须对辖区居民提供住院医疗服务，特别是对病情稳定的慢性病患者、康复期患者、老年病患者、晚期肿瘤患者等提供住院治疗。要梳理上一年度内科收治病种。

2. 机构内科病房要依据实际工作需要合理配备医护人员，每个护理单元至少要有1名中级及以上职称执业医师，床护比要达标。

3. 内科住院病房危重患者抢救工作必须由中级及以上职称医师主持。

材料指引：

1. 检查人员现场查看医疗机构执业许可证副本核准的病床数量，查看内科住院病房的管理，通过住院信息系统调出机构的出院记录或医院提供的上一年度内科收治病种。

2. 机构应提供内科病房医护人员配置及排班表。

3. 机构应提供内科危重病例抢救记录、相关主持抢救医师的职称证书和执业医师资格证书。

责任科室：内科、医务科、护理部。

【A】符合“B”，并
1. 住院病房有副高及以上职称医师负责主持危重患者抢救工作。 2. 定期进行住院患者医疗质量分析，并持续改进。

创建要点：

1. 机构内科住院病房有副高级及以上职称医师主持危重患者抢救工作。

2. 机构须建立院科两级医疗质量管理组织，每月检查住院患者医疗质量，进行评价和分析，提出问题和整改意见，不断提高医疗服务质量。

材料指引：

1. 检查人员现场查看内科住院病历抢救记录，查看主持抢救的医师的职称证书及执业医师资格证书。

2. 机构应提供院科两级医疗质量督导检查报告及总结分析。

责任科室：内科、医务科、护理部。

2.2.1.4 外科医疗服务

【C】
能在外科门诊完成止血、缝合、包扎、骨折固定、转运等处理。

创建要点：

医疗机构执业许可证的诊疗科目须加注普通外科专业，至少有外科门诊、门诊治疗室（换药室、清创缝合室、小手术室）。能完成止血、缝合、包扎、骨折固定、转运等处理。并填写相关卫生技术统计表（表1-14）。

材料指引：

现场查看外科门诊、门诊治疗室（换药室、清创缝合室、小手术室），查看骨折固定器材、转运等器材，现场考核外科医师操作。

责任科室：外科、医务科、护理部。

表1-14 乡镇卫生院相关卫生技术服务
（外科/内科/妇产科/儿科/眼耳鼻喉科/口腔科等）统计表

编号	××科相关卫生技术服务项目	20××年度服务量/人次
1		
2		
3		
4		
5		
6		
7		
……		

【B】符合“C”，并

1．能提供住院服务。
2．近3年累计开展手术病种不少于5种。
3．具备临床输血基本条件与资质。
4．手术切除标本送检病理检查（可与其他单位协作完成并出示协作单位协作合同）。

创建要点：

1．机构须有外科（综合）住院病房，至少应配备1名外科执业医师。

2．机构须提供近3年的手术名称及数量附表。

3．检验科能开展血型鉴定和交叉配血，有暂存血液制品设备并规范管理，有取、输血相关工作制度，有相应的资质。

4．机构有将手术切除标本送交相关科室或其他单位进行病理检查的工作制度。送交其他单位进行病理检查的需出示协作双方签署的合作协议。

材料指引：

1．检查人员现场查看机构外科病房管理，外科医师资格证书。

2．机构应提供近3年的手术名称及数量附表。

3．机构应严格执行《医疗机构临床用血管理办法》和《临床输血技术规范》，提供其制定的《临床用血申请制度》《临床用血审核制度》《血液入库、保存、发放管理制度》《退血管理制度》《血液报废管理制度》《血标本的采集与送检制度》《交叉配血管理制度》《工作环节交接制度》《护士执行输血管理制度》《输血前核查核对制度》《不良输血反应管理制度》《临床输血信息反馈制度》《输血文档保存管理制度》等临床用血管理制度、操作规程（包括血型鉴定、交叉配血、不规则抗体检测），成立临床用血管理工作组。

4. 机构应提供其制定《病理标本采集及固定制度》《病理科标本验收制度》《不合格标本处理制度与程序》等制度，提供手术记录，标本外送的单位须提供与协作单位签署的《合作协议书》等材料。

责任科室：外科、检验科、医务科、护理部。

【A】符合“B”，并

1. 近3年累计开展手术病种不少于10种。
2. 有高级职称医师负责主持危重患者抢救工作。
3. 定期进行住院患者医疗质量与手术质量分析，并持续改进。

创建要点：

1. 机构须有近3年累计开展手术病种的统计表。

2. 外科有副高级及以上职称医师主持危重患者抢救工作。

3. 机构建立院科两级医疗质量管理组织，每月对住院患者医疗质量和手术质量定期检查、评价和分析，提出问题和整改意见，不断提高医疗服务质量。

材料指引：

1. 机构应提供近3年累计开展手术病种的统计表。

2. 机构提供外科主持抢救的医师资格证书及危重患者抢救记录。

3. 机构提供院科两级医疗质量督导检查报告及总结分析资料（数据显示体现持续改进）。

责任科室：外科、医务科、护理部。

2.2.1.5 妇（产）科医疗服务★

【C】

1. 能开展孕妇一般产前检查。
2. 能对妇科常见病、多发病进行识别和初步诊治。
3. 能提供避孕措施及手术咨询服务。

创建要点：

1. 医疗机构执业许可证须加注妇产科专业诊疗科目，具备开展孕妇一般产前检查能力。填写相关专业技术统计表。

2. 机构有妇（产）科执业注册医师，制定妇（产）科常见病、多发病的诊疗指南和操作规范，并进行培训学习，能识别和初步诊治，填写常见病种目录，有门诊记录。

3. 机构安排专（兼）职人员负责该项工作并提供免费发放的避孕药具，提供注射避孕针、避孕手术等避孕措施及手术咨询服务。

材料指引：

1. 机构应提供开展产前检查的相关专业技术统计表（表1-14）、门诊工作记录。

2. 专家通过现场访谈，查看妇产科医师资格证、妇科常见病病种目录统计表（表1-15）及门诊记录。

3. 现场查看机构妇产科设施设备、提供避孕措施及手术咨询的服务记录。

责任科室：妇（产）科、医务科、护理部。

表1-15 妇产科常见病病种统计表

编号	妇产科疾病识别和初步诊治病例	20××年度服务量/人次
1		
2		
3		
4		
5		
6		
7		
8		
……		

【B】符合“C”，并
1. 能提供住院服务，上一年度收治病种不少于3种。 2. 有中级及以上职称医师负责主持危重患者抢救工作。

创建要点：

1. 机构须提供妇（产）科住院病房，至少应配备1名妇（产）科执业医师。填写收治病种及病例数统计表

2. 机构的妇产科有中级及以上职称医师主持危重患者抢救工作。

材料指引：

1. 检查人员现场查看机构妇产科病房的配置和相关医师执业证书，妇产科专业的住院病历及住院病种统计表。

2. 检查人员查看机构妇产科主持抢救医师的职称证书、执业医师证书及妇产科抢救记录。

责任科室：妇（产）科、医务科、护理部。

【A】符合“B”，并
1. 能开展分娩服务，分娩现场要有1名经过新生儿复苏培训的专业人员。 2. 有高级职称医师负责主持危重患者抢救工作。 3. 定期进行住院患者医疗质量与手术质量分析，并持续改进。

创建要点：

1. 机构设有产房，能够开展分娩服务。全面推广新生儿复苏技术，每个分娩现场均有1名经过培训的新生儿复苏专业人员。

2. 机构妇产科危重患者抢救工作须由高级职称医师负责主持。

3. 机构建立院科两级医疗质量管理组织，对住院患者医疗质量和手术质量定期检查、评价和分析，提出问题和整改意见，不断提高医疗服务质量。

材料指引：

1. 检查人员查看机构的母婴保健许可证、现场查看产房的设备，建立、健全产科的工作制度，落实各类人员的岗位职责。提供分娩服务记录、新生儿复苏培训证书。

2. 机构应提供妇产科危重患者抢救记录，提供主持抢救工作医师的职称证

书和执业证书。

3. 机构应提供职能部门和科室质控小组定期对住院患者的医疗质量和手术质量进行督导检查、评价和分析的报告，检查人员现场查阅总结分析报告。

责任科室：妇（产）科、医务科、护理部。

2.2.1.6　全科医疗服务

【C】
1. 开展一般常见病、多发病的临床诊疗服务和连续的健康管理服务。 2. 全科医师在门诊开展高血压、糖尿病的主动筛查及诊断治疗。 3. 全科医师对诊断明确的高血压、2型糖尿病等慢性病患者提供医防融合健康管理服务。 4. 能进行腹痛、腹泻、发热、贫血、咳嗽等常见症状的初步鉴别诊断。

创建要点：

1. 医疗机构执业许可证的诊疗科目须加注全科医疗科，能提供常见病和多发病的诊疗、转诊、预防、保健、康复，以及慢病管理等服务。填写相关卫生技术统计表。

2. 机构的全科医疗科门诊医师要熟悉高血压、糖尿病的诊断标准，掌握筛查流程，能进行风险筛查及诊断治疗。

3. 根据《国家基层高血压防治管理指南（2018版）》《国家基层糖尿病防治管理指南（2018版）》，机构要为辖区内诊断明确的高血压、2型糖尿病等慢性病患者进行病情评估和危险分层，提供随访服务、健康教育服务，提高患者自我管理的知识和技能水平。为慢性病患者建档、定期体检、调整治疗方案。

4. 有腹痛、腹泻、发热、贫血、咳嗽等常见症状的诊疗规范，全科医疗执业医师要有培训学习及考试，并能掌握上述常见症状的病因、临床表现和特征，可以通过与其他疾病的鉴别作出初步诊断。

材料指引：

1. 检查人员现场查看机构全科医疗科常见病、多发病的门诊日志等相关服务记录，提供病种统计表（表1-8）。

2. 检查人员现场查看机构全科医疗科高血压、2型糖尿病等慢性病的筛查与诊治等相关服务记录。

3. 检查人员现场查看机构提供的高血压、2型糖尿病等慢性病患者的健康管理档案和治疗记录。

4. 机构须提供其参与腹痛、发热等常见症状的诊疗规范及培训资料，检查人员现场查看诊疗记录，进行能力测试。

责任科室：全科医疗科、医务科、护理部、公共卫生科。

【B】符合“C”，并
1. 对诊断明确的冠状动脉粥样硬化性心脏病、慢性阻塞性肺疾病、脑卒中康复期、晚期肿瘤、慢性肾衰竭等疾病，能提供健康管理服务。 2. 能完成外科止血、缝合、包扎、骨折固定、转运等处理。

创建要点：

1. 机构通过指导用药、干预生活方式，提供康复护理、家庭康复指导等，为诊断明确的冠心病、慢性阻塞性肺疾病、脑卒中康复期、晚期肿瘤、慢性肾衰竭等疾病患者提供健康管理服务。

2. 机构有对外伤患者处置、转运的制度和流程，并能完成外科止血、缝合、包扎、骨折固定、转运等处理。

材料指引：

1. 检查人员现场查看机构提供的5种慢性病的健康管理服务记录。

2. 检查人员现场查看机构提供的外伤患者的处置诊疗记录、对全科医师进行能力测试。

责任科室：全科医疗科、医务科、护理部、公共卫生科。

【A】符合“B”，并
1. 定期对服务质量进行分析并持续改进。 2. 提供眼科、耳鼻咽喉科、烧伤科等其他临床服务。 3. 建立以全科医师为核心，全科专科有效联动的服务模式。

创建要点：

1. 职能科室对全科医疗科执业医师服务质量进行检查、考核，每季度至少1次。对于检查和考核结果进行分析，提出整改建议，科室质控小组每月进行质控，整改落实，促进医疗质量持续改进。

2. 机构的全科医疗科执业医师能提供眼科、耳鼻咽喉科、烧伤科等1种及以上其他临床专科服务，有记录。

3. 上级医院的专科医师与机构的全科医疗科执业医师上下联动，上级医师为全科医疗科执业医师提供技术支持，有全科与专科医师会诊转诊的联动流程，共同研讨最佳治疗方案，不断满足群众就医需求。

材料指引：

1. 机构应提供院科两级的质控督导检查、总结分析和持续改进措施。

2. 检查人员现场查看精读机构专科的临床诊疗记录，并进行能力测试。

3. 检查人员查看机构提供的全专联动机制及绿色通道、转诊会诊记录（比如微信交流群）。

责任科室：全科医疗科、医务科、护理部、公共卫生科。

2.2.1.7　中医医疗服务

【C】
1. 有中医馆，具有中医文化氛围。 2. 有具备资质的中医师，至少有1名中医执业医师。 3. 能辨证施治内、外、妇、儿常见病与多发病。 4. 家庭医生团队均能对签约居民提供中医药服务。

创建要点：

1. 医疗机构执业许可证须加注中医科诊疗科目。中医馆（国医堂）布局合理，标识和标牌规范、醒目。设置1个以上中医诊室。服务环境体现中医药文化特色。

2. 机构中医科配备至少一名中医执业医师。

3. 机构需要专（兼）职人员负责梳理并填写中医科常见病与多发病的病种目录，制定中医诊疗指南和操作规范，并组织培训学习考试。

4. 机构在临床工作中推广应用中医药签约服务项目，家庭医生团队掌握和使用针刺、推拿、拔罐、艾灸等中医药适宜技术。

材料指引：

1. 检查人员现场查看机构的中医馆（国医堂）布局是否合理，标识和标牌须规范、醒目。服务环境体现中医药文化特色。

2. 机构应提供中医科执业医师资格证书。

3. 机构应提供中医疾病病种目录表（表1-16），检查人员现场访谈值班医师，查看门诊日志。

4. 机构应提供家庭医生签约服务记录，开展的中医适宜技术项目记录，附照片。

责任科室：中医科、医务科、护理部、公共卫生科。

表1-16 中医相关病种统计表

编号	中医科疾病识别和初步诊治病例	20××年度服务量/人次
1		
2		
3		
4		
5		
6		
7		
8		
……		

【B】符合“C”，并

1. 提供合格的中药饮片，并提供代煎服务。
2. 能够规范开展6类10种以上中医适宜技术。
3. 能够对高血压、2型糖尿病开展中医药健康干预服务。

创建要点：

1. 机构须配备符合国家质量标准的中药饮片，中药饮片不少于300种；设置中药煎药室，配置煎药机，提供中药代煎服务，使用面积原则上不低于10平方米。

2. 机构能规范提供针刺、艾灸、刮痧、拔罐、中医微创、推拿、敷熨熏浴、骨伤、肛肠、其他类等项目中6种以上的中医药技术方法，配备针具、火罐、刮痧板、特定电磁波治疗仪等相应的中医诊疗设备，梳理填写中医适宜技术项目（表1-17）、中医适宜技术主要设备的统计表（表1-18）。

3. 机构能够开展2种以上慢性病（高血压、2型糖尿病等稳定期）中医养生保健服务。

材料指引：

1. 检查人员现场查看机构中药饮片的配备情况、中药饮片目录，现场查看中药煎药室设置及管理。

2. 机构应提供中医适宜技术项目表、主要设备统计表。检查人员现场查看相关诊疗记录。

3. 现场查看机构提供的高血压、2型糖尿病等慢性病的中医养生保健服务方案及服务记录。

责任科室：中医科、医务科、护理部、公共卫生科。

表1-17　中医适宜技术服务统计表

编号	项目	20××年度服务量/人次
1	物理治疗	
2	红外线治疗	
3	低频脉充电治疗	
4	中频脉充电治疗	
5	超短波治疗、短波治疗	
6	牵引	
7	康复	
……		

表1-18　中医适宜技术主要设备统计

编号	项目名称	配备数量/台	设备型号	使用年限/年	设备状态 1. 良好 2. 待修 3. 报废	20××年使用频率/次
1						
2						
3						
4						
5						
……						

【A】符合"B"，并
1. 能够积极运用中医治未病理论和方法，提供中医药养生保健和健康知识传播服务。 2. 能够对冠心病、卒中、慢阻肺等慢性病开展中医药健康干预服务。 3. 有院科两级质量管理体系，定期进行医疗质量分析和持续改进。

创建要点：

1. 机构可以运用中医"治未病"理论和方法，开展具有中医药特色的个体化饮食起居、情志调摄、食疗药膳、运动锻炼等养生保健活动，通过门诊服务、出诊服务、网络互动平台等途径，提供个性化中医知识健康教育和健康咨询。

2. 机构可以运用中医药技术对冠心病、卒中、慢阻肺等慢性病提供健康评估、健康干预、中医药诊治服务。

3. 机构建立院科两级医疗质量管理组织，定期检查、评价和分析，提出问题和整改意见，不断提高医疗服务质量。

材料指引：

1. 机构应提供中医治未病的养生保健服务记录和健康教育宣传记录。

2. 机构应提供对冠心病、卒中、慢阻肺等慢性病的健康评估服务记录，健康干预服务记录，中医药诊疗服务记录。

3. 机构应提供院科两级的质量督导检查记录及结果分析总结，体现持续改进措施。

责任科室：全科医疗科、医务科、护理部、公共卫生科。

2.2.1.8 眼、耳鼻咽喉医疗服务★

【C】
1. 能对眼科、耳鼻咽喉科常见病进行识别和初步诊治。 2. 对眼科、耳鼻咽喉科诊疗工作有记录。

创建要点：

1. 医疗机构执业许可证须加注眼科、耳鼻咽喉科诊疗科目；医师可以通过到上级医院进修学习的方式，掌握对眼、耳鼻咽喉常见病进行识别和初步诊治的技能。机构需要制定眼、耳鼻喉常见病的诊疗指南及操作常规。

2. 机构须提供眼科、耳鼻喉科门诊开展的诊疗工作和技术操作的记录。梳理填写相关病种统计表。

材料指引：

1. 检查人员现场查看医师到上级医院进修学习的培训合格证书、执业医师证书，在进行访谈的同时进行能力测试。

2. 检查人员现场查看眼科、耳鼻咽喉科门诊工作记录。机构提供病种目录、技术操作目录（表1-19）。

责任科室：眼科、耳鼻咽喉科、医务科、护理部。

表1-19　乡镇卫生院眼科、耳鼻咽喉科相关病种统计表

编号	眼、耳鼻喉疾病识别和初步诊治病例	20××年度服务量/人次
1	结膜炎	
2	急性鼻喉炎	
3	鼻出血	
4	急性扁桃体炎	
5	急性咽喉炎	
6	急性咽炎	
7	疱疹性咽峡炎	
8	中耳炎	
……		

【B】符合“C”，并

1. 能够治疗8种及以上眼科、耳鼻咽喉科病种。
2. 能够结合儿童健康管理开展儿童常见眼疾病和耳疾病等的筛查、转诊和健康教育。

创建要点：

1. 机构须安排专（兼）职人员负责梳理眼科、耳鼻咽喉科的诊治病种及服务人次。填写病种统计表。

2. 机构须定期开展儿童眼、耳疾病的健康教育，疾病筛查、诊疗服务和健康咨询，做到早发现、早诊断、早预防、早治疗，及时转诊到上级医院治疗。

材料指引：

1. 机构应提供眼科、耳鼻咽喉科门诊日志服务记录，提供病种统计表。

2. 机构应提供儿童健康管理的常见眼疾病和耳疾病的筛查记录、转诊记录，健康教育记录。

责任科室：眼科、耳鼻咽喉科、医务科、护理部、公共卫生科。

【A】符合“B”，并
定期进行眼科、耳鼻咽喉科医疗质量分析，并持续改进。

创建要点：

机构的眼科、耳鼻咽喉科的科室质量管理小组每月至少1次对医疗质量进行自查分析改进；职能科室对眼科、耳鼻咽喉科的医疗服务质量每季度进行1次检查、考核，对于检查和考核结果进行分析，提出整改建议，促进持续改进。

材料指引：

机构应提供眼科、耳鼻咽喉科质控小组的活动记录，乡镇卫生院/社区卫生服务中心对眼科和耳鼻咽喉科医疗质量督导检查、总结分析的报告。

责任科室：眼科、耳鼻咽喉科、医务科、护理部。

2.2.1.9 口腔医疗服务★

【C】
1. 能对口腔科常见疾病进行识别和初步诊治。 2. 能提供口腔预防保健、适宜技术服务并有工作记录。 3. 从事诊疗医务人员应掌握口腔诊疗器械消毒技术操作规范。 4. 进入患者口腔内的所有诊疗器械必须达到一人、一用、一消毒的要求。

创建要点：

1. 医疗机构执业许可证须加注口腔科诊疗科目，口腔科具有常见病、多发病的诊疗指南与操作规范，能规范开展牙体牙髓病、牙周黏膜病等口腔常见病的医疗卫生技术服务。填写相关病种统计表。

2. 机构须安排专（兼）职人员定期开展儿童口腔疾病的健康教育和健康咨询，提供儿童口腔保健、龋齿检查、学生口腔筛查、窝沟封闭服务。做到早发现、早诊断、早预防、早治疗。

3. 机构须制定《口腔诊疗器械消毒技术操作规范》《口腔诊疗器械消毒灭菌流程》，并进行培训考核，做到人人知晓并严格执行。

4. 机构提供的进入口腔的诊疗器械必须达到“一人、一用、一消毒”的要求，首选消毒供应中心消毒，在口腔科自行清洗、消毒、灭菌的器械，必须符合清洗、消毒或灭菌要求。

材料指引：

1. 检查人员现场查看口腔科人员的执业资质和设施设备，查看门诊诊疗记录、进行能力测试。提供乡镇卫生院口腔科相关病种统计表（表1-20）。

2. 机构应提供儿童口腔疾病的预防保健、适宜技术服务记录，检查人员对医务人员进行能力测试。

3. 机构应提供《口腔诊疗器械消毒技术操作规范》《口腔诊疗器械消毒灭菌流程》及培训考核材料，检查人员现场查看落实情况。

4. 机构应提供消毒操作流程及培训考核材料，对以上消毒规范及流程要求人人知晓，检查人员现场查看是否符合院感要求。

责任科室：口腔科、医务科、护理部、公共卫生科。

表1-20　乡镇卫生院口腔科相关病种统计表

编号	口腔疾病识别和初步诊治病例	20××年度服务量/人次
1	龋齿	
2	急性牙周炎	
3	牙列部分缺失	
4	化脓性牙龈炎	
5	口腔黏膜溃疡	
6	口腔炎	
7	儿童与成人固定矫治	
8	慢性牙周炎	
……		

【B】符合“C”，并

1. 能够诊治不少于6种的口腔疾病。
2. 口腔科疾病诊疗工作有相关记录。
3. 能够结合儿童健康管理开展儿童常见口腔异常的检查、转诊和健康教育。

创建要点：

1. 机构的口腔科门诊能诊治至少6种以上口腔常见疾病并填写相关病种统计表。

2. 机构须有口腔科门诊的诊疗工作记录，有门诊病历、诊疗记录、门诊日志等。

3. 机构须定期开展儿童口腔疾病的健康教育，筛查口腔疾病，做好及时转诊工作。

材料指引：

1. 机构应提供技术目录附表。

2. 机构应提供口腔科门诊病历、诊疗记录、门诊日志等相关诊疗记录，现场进行能力测试。

3. 机构须提供口腔科儿童口腔疾病的健康管理活动记录，筛查记录、转诊记录、健康教育记录。

责任科室： 口腔科、医务科、护理部、公共卫生科。

【A】符合“B”，并
1. 能提供复杂牙拔除术、修复正畸或种植等技术服务。 2. 定期进行口腔医疗质量数据分析和持续改进。

创建要点：

1. 机构口腔科医师有能力完成复杂牙拔除术、正畸修复等技术服务，并填写相关技术目录附表。

2. 机构须提供口腔科质量管理制度及质量指标，职能部门和科室依据制度对科室的医疗质量进行定期或不定期检查，对检查结果进行分析，提出改进意见。

材料指引：

1. 机构应提供口腔科复杂牙拔除术、修复正畸或种植诊疗记录，检查人员现场进行能力测试。

2. 机构应提供口腔科质控小组的活动记录，乡镇卫生院/社区卫生服务中心对口腔科医疗质量数据分析报告和持续改进措施资料。

责任科室： 口腔科、医务科、护理部。

2.2.1.10　康复医疗服务★

【C】
1. 从事康复治疗的医务人员接受过康复专业培训。 2. 从事康复治疗的医师对每个康复患者有明确诊断与功能评估并制订康复治疗计划。 3. 能开展红外线治疗、低频脉冲电治疗、中频脉冲电治疗、中医药治疗、超短波治疗、微波治疗、超声波治疗、牵引。 4. 有针对康复患者预防二次伤害的预案。

创建要点：

1. 医疗机构执业许可证诊疗科目须加注康复医学科（至少为中医科康复医学专业）；从事康复治疗的医务人员须经过省级卫生健康行政部门指定或组织开展的康复医学专业转岗培训，并取得培训合格证书。

2. 机构应制定临床康复医学诊疗指南、操作规范，康复医学科医师对就诊的每个康复患者都有明确的诊断与功能评估，并制订康复治疗计划。

3. 机构须安排专（兼）职人员梳理并填写康复医学科技术服务项目统计表，包括红外线治疗、低频脉冲电治疗、中频脉冲电治疗、中医药治疗、超短波治疗、微波治疗、超声波治疗、牵引等的服务人次。

4. 机构须制定针对康复患者预防二次伤害的应急预案，有培训与考核，做到人人知晓。

材料指引：

1. 机构应提供省级卫生健康行政部门组织开展的康复医学转岗培训的康复治疗师合格证书。

2. 机构应提供康复患者的诊疗记录，包括诊断证明、功能评估单、康复治疗计划、康复训练记录等。

3. 检查人员现场查看机构康复医学科相关设备和开展的适宜技术开展情况，机构应提供技术服务项目表。

4. 机构应提供康复医学科意外紧急处置预案与流程、培训材料，检查人员现场访谈医护人员知晓情况。

责任科室：康复医学科、医务科、护理部。

【B】符合“C”，并

1. 能开展关节松动训练、引导式教育训练、作业疗法等服务。
2. 康复治疗计划（含中医药服务）由康复医师（中医师）、治疗师、护士、患者及家属、授权委托人共同落实。
3. 能开展居家康复医疗服务。

创建要点：

1. 康复医学科医师可以利用关节的生理运动和附属运动等治疗手段进行关节松动训练；对功能障碍儿童进行引导式教育训练；用有目的、经过选择的作业活动，对躯体和心理功能障碍者，以及不同程度的丧失生活自理和劳动能力的病、伤、残者进行作业治疗。同时应具备相应场地、设备等服务条件。

2. 由康复医师（中医师）、治疗师、护士组成的诊疗小组共同制订康复治疗计划，康复治疗计划中要有中医药服务，康复治疗计划要康复医师（中医师）、护士、患者及家属或授权委托人共同签字并执行。

3. 机构开展的家庭签约服务中须提供中医康复服务，通过家庭病床、上门巡诊等方式开展居家康复医疗、日间康复训练服务。

材料指引：

1. 检查人员现场查看机构的康复医疗服务的场地、设备，现场查看开展关节松动训练情况、引导式教育训练情况，机构提供作业疗法训练的康复记录。

2. 检查人员现场查看机构提供的康复治疗计划、康复诊疗记录，现场访谈医护人员、患者及家属，了解其是否知晓康复治疗计划并签字。

3. 检查人员查看机构提供的家庭签约服务、居家康复服务记录及提供的照片。

责任科室：康复医学科、医务科、护理部。

【A】符合“B”，并

1. 能开展认知知觉功能障碍训练，运动疗法，慢性呼吸系统疾病等综合康复，儿童孤独症、脑瘫等疾病的康复服务，并规范管理。
2. 对转入社区及家庭的患者提供转诊后连续的康复训练指导。
3. 科室对康复计划落实情况有自查、评价，有改进措施。

创建要点：

1. 康复医学科医师可以开展针对康复患者的认知知觉功能障碍训练，包括知觉障碍（躯体构图障碍、视空间关系障碍、失认症、失用症）训练、注意功能障碍训练、记忆功能障碍训练、执行能力障碍训练等（附康复医疗器械图片）。康复医学科医师能够利用器械、徒手或患者自身力量，通过某些运动方式（主动或被动运动等），使患者获得全身或局部运动功能、感觉功能恢复的训练，包括关节功能训练、肌力训练、有氧训练、平衡训练、步行训练等。机构能够进行慢性呼吸系统疾病等综合康复，能提供儿童孤独症、脑瘫等疾病的康复服务，并规范管理。

2. 机构对转入社区及家庭的患者通过“互联网+”、家庭病床、上门巡诊等方式提供转诊后连续的康复训练指导。

3. 机构须提供康复医学科的相关工作制度、岗位职责，科室质控小组依据制度对科室的康复计划落实情况进行定期或不定期自查评价，制定改进措施并落实。

材料指引：

1. 机构的康复医学科应为慢性呼吸系统疾病的患者提供综合康复，有儿童孤独症、脑瘫等疾病的康复治疗计划，康复诊疗记录。附康复医疗器械图片，并提供规范的康复诊疗记录。

2. 机构应为转入社区及家庭的患者提供康复训练指导，提供服务档案、工作记录，附服务过程照片。

3. 机构提供康复医学科科室质控小组依据制度制订的科室康复计划，以及计划落实情况和自查评价情况报告，并提供改进措施。

责任科室：康复医学科、医务科、护理部。

2.2.1.11　儿科医疗服务

【C】
1. 至少配备1名能够提供儿童基本医疗服务的全科医师（含中医全科）。 2. 开展儿科常见病、多发病的临床诊疗服务。 3. 定期开展儿科急救及常见病处置培训。

创建要点：

1. 医疗机构执业许可证诊疗科目须加注儿科专业，科室配备1名能够提供儿童基本医疗服务的全科医师（含中医全科）。

2. 机构须提供儿童常见疾病的诊疗指南、操作规范的资料，拥有能够开展儿童常见疾病（如呼吸道疾病、皮肤疾病、肠道疾病、口腔疾病、传染类疾病）等的诊疗服务能力，并填写儿科常见疾病病种目录。

3. 机构须制定儿科急危重症的抢救预案和流程，有针对儿科常见病的应急预案及处置进行培训。

材料指引：

1. 机构应提供儿科专业执业医师的资格证书、全科医学专业执业医师的资格证书。

2. 检查人员现场查看机构儿科门诊的门诊病历、诊疗记录，进行能力测试。机构须提供年度儿科常见疾病病种目录及服务人次（表1-21）。

3. 机构应提供儿科急危重症的抢救预案和流程、培训资料（包括培训课件、现场签到表、过程照片、考试试卷、考试成绩）。

责任科室：儿科、医务科、护理部。

表1-21　乡镇卫生院儿科相关病种统计表

编号	儿科疾病识别和初步诊治病例	20××年度服务量/人次
1		
2		
3		
4		
5		
6		
7		
8		
……		

【B】符合"C"，并
1. 至少配备1名儿科医师。 2. 应用中医适宜技术治疗儿科常见病、多发病。 3. 能够提供出生缺陷疾病预防、治疗咨询服务。 4. 能够早期识别危重症患儿并进行初步急救处置。

创建要点：

1. 机构须提供1名儿科专业执业医师的资格证书。

2. 机构可以运用中医适宜技术（中药超声雾化吸入疗法、注射疗法、毫针疗法、头皮针疗法、三棱针疗法、艾灸疗法、小儿推拿疗法、耳压疗法、穴位贴敷疗法、天灸疗法、中药外敷疗法、熏洗疗法、中药灌肠疗法、拔罐疗法及刮痧疗法等）治疗儿科常见病、多发病，安排专（兼）职人员梳理中医技术服务项目目录及人次。

3. 机构可以为新生儿进行出生缺陷疾病（如先天性甲状腺功能减退症、苯丙酮尿症等遗传代谢性疾病和听力障碍等）的预防、筛查、诊断、治疗提供咨询服务。

4. 机构须提供儿童急危重症（窒息及呼吸困难、大出血与休克、心悸、昏迷、心脏停搏、脑衰竭、各种休克、呼吸衰竭、心力衰竭、肝衰竭、肾衰竭等）诊疗规范及急救流程，并进行培训考试，要求儿科医师熟练掌握急救处置措施。

材料指引：

1. 机构应提供儿科医师的资格证书和执业证书。

2. 机构应配备为儿童疾病开展的中医适宜技术的设备，提供中医技术服务项目目录及服务人次记录。

3. 机构应提供新生儿出生缺陷疾病预防、筛查、诊断、治疗的咨询服务记录。

4. 机构提供儿童急危重症的急救流程，现场测试医护人员对儿童急危重症的识别和急救处置。

责任科室：儿科、医务科、护理部。

【A】符合"B"，并
设有儿科病床，提供住院服务。

创建要点：

机构能够提供儿科病床或者护理单元，并根据床位配备医护人员。

材料指引：

检查人员现场查看机构儿科病房及人员、设备、床位配置，查看儿科住院服务记录，查看机构提供的儿科住院病历。

责任科室：儿科、医务科、护理部。

2.2.1.12　**老年人卫生服务**

【C】
1. 保留老年人熟悉的传统服务方式，解决老年人运用智能技术困难问题。 2. 为老年人提供优先就诊、转诊服务。 3. 能开展65岁及以上老年人综合评估，对5种重点慢性病每年至少开展1次健康评估。

创建要点：

1. 机构门诊应设有导医服务，建立老年人就医绿色通道，保留人工服务窗口及现金收费窗口，老年人凭身份证、医保卡、社保卡等证件可以挂号就医。

2. 机构为老年人提供无健康码通道（疫情防控期间），优先就诊标识、双向转诊绿色通道，制定为老年人提供优先检查、优先入院、优先转诊等服务措施。

3. 机构对65岁及以上老年人进行健康管理，通过健康查体进行综合评估；对高血压、糖尿病、冠心病、脑卒中、肿瘤5种慢性病每年进行一次健康评估。

材料指引：

1. 检查人员现场查看机构演示，查看改善老年患者就医流程，查看多渠道挂号等就医服务模式。

2. 机构提供老年人优先的服务措施，优先就诊、入院、转诊的流程及标识。

3. 机构应提供65岁以上老年人的健康体检档案及慢性病的管理记录。

责任科室：医务科、护理部、门诊办。

【B】符合“C”，并

1．对机构信息化终端、App等进行适老化改造，方便老年人阅览和操作。

2．对重点慢性病、退行性疾病、营养和心理等多种健康情况进行评估并干预。

创建要点：

1．机构要推进信息无障碍服务，对于可以通过网络办理就医的智能终端、智能App进行适老化改造，使其具备大屏幕、大字体、大音量，设计大字版、语音版、简洁版等终端产品。推出语音引导、人工咨询服务。完善多种预约挂号方式，对刷脸支付、身份证挂号、社保卡挂号等进行信息化改造。

2．机构应该建立健全老年人健康危险因素干预措施，对于重点慢性病、退行性疾病、营养和心理疾病，要做到早发现、早诊断、早治疗；加强老年人健康管理，提供生活方式和健康状况评估、体格检查和健康指导服务。

材料指引：

1．机构应现场演示其对信息化终端、App等进行适老化改造成果。

2．机构应提供对老年人重点慢性病、退行性疾病、营养和心理等多种健康情况进行评估并干预，包括健康教育、健康状况评估及干预措施，须提供诊疗档案等记录。

责任科室：医务科、护理部、门诊办。

【A】符合“B”，并

1．能够为居家老年人、辖区内养老机构提供家庭病床、巡诊等上门服务，提供一键呼叫等服务。

2．为辖区内有需要的老年人提供康复护理、安宁疗护等服务。

创建要点：

1．机构须提供居家医疗服务，家庭签约医师能够为居家失能、慢性病、高龄、残疾等行动不便的老年人提供家庭病床和上门巡诊等上门服务，安装“一键呼”适老化设备。

2．机构须提供老年康复护理病房、为疾病终末期患者提供安宁疗护病床。

材料指引：

1. 机构应提供居家医疗服务记录，附过程照片，演示一键呼叫等信息网络服务。

2. 检查人员现场查看机构的康复护理病房、安宁疗护病房的服务设施及服务记录。

责任科室：医务科、护理部、公共卫生科。

2.2.1.13 心理健康服务★

【C】

1. 制定心理健康服务的相关制度。
2. 至少配备1名专（兼）职心理健康服务工作人员。
3. 开展心理健康科普宣传、健康教育等。

创建要点：

1. 医疗机构执业许可证诊疗科目需要加注心理科。机构制定心理健康服务相关的工作制度、岗位职责、工作流程、保密制度、医患沟通制度、突发事件应急预案、医院感染控制及消毒隔离制度、病历书写规范及病历管理制度、医务人员职业安全管理制度等。

2. 机构应配备一名接受过规范专业化培训的心理健康服务工作人员。

3. 机构可以开展心理健康科普宣传、健康教育活动，提升心理健康素养。

材料指引：

1. 机构应提供心理服务的相关制度及流程、应急预案。

2. 机构应提供心理健康服务工作人员的专业培训证书、进修证书。

3. 机构应提供开展心理健康科普宣传及健康教育活动的资料记录。

责任科室：医务科、护理部、心理科。

【B】符合“C”，并

1. 能够开展心理疾病初步识别。
2. 为有需求的家庭和个人提供心理健康指导。

创建要点：

1. 机构须制定心理疾病的诊疗指南与操作规范，并进行专业培训学习，能进行常见心理疾病的早期症状识别与检测。

2. 机构应该为有需求的家庭和个人进行心理健康指导，缓解心理压力。

材料指引：

1. 机构应提供其制定的心理疾病的诊疗指南与操作规范，提供培训学习资料，提供填写的心理疾病诊疗目录。

2. 检查人员现场查看机构心理咨询服务人员的资质证书及服务记录。

责任科室： 医务科、护理部、心理科。

【A】符合“B”，并
1. 有心理治疗师或转岗培训精神科医师提供心理健康服务。 2. 与心理健康或精神疾病专业机构建立协作机制。

创建要点：

1. 机构应配备心理治疗师或转岗培训精神科医师，开展心理健康服务工作。

2. 机构与心理健康或精神疾病专业机构建立协作机制，成立医联体或专科联盟。

材料指引：

1. 机构应提供心理治疗师证书或转岗培训精神科医师执业证书，以及心理健康服务记录。

2. 机构应提供与精神心理专科医院的协作协议书，会诊、转诊记录。

责任科室： 医务科、护理部、心理科。

2.2.2 检验检查服务

2.2.2.1 检验项目

【C】

开展血常规、尿常规、便常规、肝功能、肾功能、淀粉酶、血脂、血清电解质、血糖、ABO红细胞定型、ABO血型鉴定等检验项目。

创建要点：

医疗机构执业许可证诊疗科目需要加注医学检验科；机构须安排专（兼）职人员梳理检验项目并公示，填写相关专业服务统计表（表1-22）。

材料指引：

检查人员现场查看机构医学检验科人员执业资质、检验科设备、检验科信息系统（LIS）。检查检验项目统计表，含血常规、尿常规、便常规、肝功能、肾功能、淀粉酶、血脂、血清电解质、血糖、ABO红细胞定型、ABO血型鉴定等项目。

责任科室：检验科、医务科。

表1-22　20××年乡镇卫生院检验项目统计表

编号	项目	20××年度服务量/人次
	（一）医学检验科	
1	血常规	
2	溶血	
3	凝血	
4	血流变	
5	血糖	
6	尿液物理、化学、涂片检查	
7	粪便物理、化学、涂片检查	
……		
	（二）医学影像	
1	X线摄影（包括CR或DR）	
2	床旁摄影	
3	胆囊、胆道、泌尿生殖系统影像学检查	
4	CT检查	
……		

【B】符合“C”，并
1. 开展凝血功能、糖化血红蛋白、乙型肝炎血清标志物、丙型肝炎病毒（HCV）抗体、人类免疫缺陷病毒（HIV）、梅毒抗体检测（初筛）、Rh血型鉴定等。 2. 提供24小时急诊检验服务。

创建要点：

1. 机构须安排专（兼）职人员梳理检验项目，填写检验专业服务统计表。

2. 临床检验专业技术人员须24小时在岗值班，提供24小时急诊检验服务。

材料指引：

1. 检查人员现场查看机构的医学检验科人员执业资质、科室设备、科室LIS系统。查看检验专业服务统计表，含凝血功能、糖化血红蛋白、乙型肝炎血清标志物、HCV抗体、HIV、梅毒抗体检测（初筛）、Rh血型鉴定等。

2. 检查人员现场查看机构开展的临床检验项目、报告单、专业技术人员资质及排班表等。

责任科室：检验科、医务科。

【A】符合“B”，并
1. 开展心肌损伤标志物、肿瘤标志物、血气分析、微生物等检测。 2. 对临床诊疗临时需要而不能提供的特殊检验项目，可委托上级医院或第三方检测中心等单位提供服务或多院联合开展服务，但应签署医院之间的委托服务协议，必须有室内质控与室间质评，以及结果回报时限等保证条款。

创建要点：

1. 机构须安排专（兼）职人员梳理检验项目，填写检验专业服务统计表。

2. 对于机构自己不能开展的特殊检验项目与上级医院或第三方检测单位签署的委托服务协议，必须有室内质控与室间质评，以及结果回报时限等保证条款。

材料指引：

1. 检查人员现场查看医学检验科人员执业资质、科室设备、科室LIS系统。查看检验专业服务统计表：含心肌损伤标志物、肿瘤标志物、血气分析、微生物等。

2. 检查人员检查机构与第三方的委托协议书，同时查看第三方的资质、室内质控与室间质评相关资料。

责任科室：检验科、医务科。

2.2.2.2 检查项目

【C】
1. 开展胸部和腹部透视、CR摄片、心电图、B超检查。 2. 检查设施设备配备符合相关要求，检查项目与临床工作相适应。

创建要点：

1. 机构须安排专（兼）职人员梳理检查项目，填写相关专业服务统计表。

2. 机构检查设施设备配备符合相关要求，检查项目与临床工作相适应。

材料指引：

1. 检查人员现场查看机构放射科、心电图室、超声室等相关设施设备运行状况，查看开展服务记录，查看相关专业服务项目表是否符合要求，包括胸部和腹部透视、CR摄片、心电图、B超检查。

2. 检查人员现场查看机构相关设备设施是否符合配备要求，设备是否完好适用，检查项目与临床工作是否相适应。

责任科室：放射科、心电图室、超声科、医务科、设备科。

【B】符合“C”，并
1. 开展DR摄片、彩超检查。 2. 开展心电监测等。

创建要点：

1. 机构可开展DR摄片、彩超检查项目，安排专（兼）职人员梳理检查项目，填写相关专业服务统计表。

2. 机构可以开展心电监测，填写统计表。

材料指引：

检查人员现场查看机构的DR设备、超声仪、心电监测设备，查看服务记录、相关专业服务统计表。

责任科室： 放射科、心电图室、超声科、医务科、设备科。

【A】符合"B"，并
1. 开展消化道造影和静脉肾盂造影，DR数字图像拼接等，有条件的提供CT检查。
2. 开展远程心电监测、动态心电监测、动态血压监测等。

创建要点：

1. 机构可以开展消化道造影和静脉肾盂造影，DR数字图像拼接、CT检查，填写相关专业服务统计表。

2. 机构可以开展远程心电监测、动态心电监测、动态血压监测，填写相关专业服务统计表。

材料指引：

检查人员现场查看机构放射科（CT室）、心电图室等专业的设备运行情况，机构提供服务记录、相关专业服务统计表。

责任科室： 放射科、心电图室、医务科、设备科。

2.2.3　基本公共卫生服务

2.2.3.1　居民健康档案管理

【C】
1. 按照规范要求，具备开展服务的设施设备和人员条件。
2. 为辖区内常住居民开展健康档案管理服务并遵循国家统一的相关数据标准与规范。
3. 居民规范化电子健康档案覆盖率达到国家标准。

创建要点：

1. 机构须制定居民健康档案管理方案、制度，配备与开展项目相适宜的专（兼）职人员及设备设施。

2. 机构须按照国家基本公共卫生服务规范开展项目服务工作，服务水平达到国家管理标准。

3. 机构须确保居民电子档案无缺项漏项，个人信息完整，规范化电子健康档案覆盖率达到国家标准。

材料指引：

1. 机构应提供开展服务的设施设备及人员清单，提供设备照片，提供与项目对应的人员资质证明。

2. 机构应提供居民健康档案的管理方案、计划、总结、规范。

3. 机构应提供当年度国家基本公共卫生服务项目报表。

责任科室：公共卫生科。

【B】符合“C”，并
1. 健康档案使用率达到50%以上。 2. 电子健康档案向个人开放。

创建要点：

1. 健康档案使用率达到50%以上，*电子档案动态使用率＝当年度档案中有动态记录的档案份数/抽查档案总份数×100%*。

2. 电子健康档案向个人开放的流程、宣传情况，以及开放率、浏览查询率。

材料指引：

1. 机构应提供当年度国家基本公共卫生服务项目报表或从系统中调取居民健康档案动态使用率截图。

2. 机构应提供电子健康档案向个人开档的公众号或App截图，开放的流程图，操作流程、宣传情况、开放率及查询率。

责任科室：公共卫生科。

【A】符合“B”，并
电子健康档案数据与医疗信息互联互通。

创建要点：

机构须提供能够体现电子健康档案与医疗就诊信息互联互通的公众号或App操作流程。

材料指引：

机构应提供电子健康档案数据与医疗信息互联互通的截图及相关证明材料。

责任科室：公共卫生科。

2.2.3.2　健康教育

【C】

1. 按照规范要求，具备开展服务的场地和设施设备。
2. 每个机构至少配备2名从事健康教育的专（兼）职人员。
3. 利用多种形式开展辖区健康教育服务。
4. 健康教育服务内容符合规范要求。

创建要点：

1. 机构须制定健康教育实施方案、制度，配备开展项目的场地及设备设施。

2. 机构至少配备2名从事健康教育的专（兼）职人员。

3. 机构须在辖区内开展多种形式的健康教育服务，如讲座、咨询活动、影音播放等记录。

4. 机构须确保开展的健康教育服务内容均符合国家基本公共卫生服务规范。

材料指引：

1. 机构应提供健康教育实施方案、制度，有开展服务的场地（宣教室），提供设施设备清单及设备照片等。

2. 机构应提供与健康教育对应的专（兼）职人员名单及人员资质。

3. 机构应提供健康教育的年度计划、讲座、咨询活动、宣传栏、影音播放等的记录和照片等相关资料。

4. 机构开展的健康教育服务内容、频次均符合国家基本公共卫生服务规范要求。

责任科室：公共卫生科。

【B】符合“C”，并

1. 确定具体科室负责相关工作。
2. 健康教育形式和频次达到规范要求。
3. 利用互联网、手机终端等新媒体和新形式开展健康教育。
4. 提供戒烟咨询服务。

创建要点：

1. 机构安排专（兼）职人员负责该项工作，制定健康教育实施方案、制度，配备开展项目的场地及设备设施。

2. 机构提供的健康教育服务内容、频次均应符合国家基本公共卫生服务规范要求。

3. 根据机构制定的健康教育实施方案、计划，利用机构微信公众号、视频号、App等开展健康教育宣传的工作记录。

4. 在做好疫情常态化防控措施的前提下，机构可以利用5月31日“世界无烟日”深入学校、集市开展戒烟讲座和咨询活动等。

材料指引：

1. 机构应提供健康教育的实施方案、制度、科室及人员分工，成立健康教育讲师团并附相应人员资质。

2. 机构应提供当年的国家基本公共卫生服务项目报表。

3. 机构应提供利用微信公众号、视频号、App等开展健康教育活动的记录、照片、截屏记录等。

4. 机构应提供开展戒烟讲座、咨询活动资料（如活动通知、照片、活动记录、小结等）。

责任科室：公共卫生科。

【A】符合“B”，并
1. 对健康教育服务质量进行评价。 2. 针对评价结果改进健康教育方式、内容。

创建要点：

1. 根据机构制定的健康教育实施方案、领导小组制度、考核评价表，回访居民对健康教育服务效果的满意度，要保留进行问卷调查的过程资料。

2. 针对居民健康教育评价结果，机构建立问题清单并积极开展整改工作，对不足之处采取改进措施，进一步分析总结。

材料指引：

1. 机构应该根据疾病的流行季节或居民的实际需求开展针对性的健康教育活动，并对居民开展问卷调查。

2. 机构应对开展健康教育过程中收到的居民反馈进行及时梳理，及时建立问题清单，并对问题做出持续改进、总结、对比、分析等。

责任科室：公共卫生科。

2.2.3.3 预防接种

【C】

1. 按照规范要求，具备开展服务的设施设备和人员条件。
2. 为辖区内0～6岁儿童和其他重点人群开展预防接种服务。根据地方要求，按照规范流程，开展新冠疫苗接种工作。
3. 预防接种门诊服务流程与冷链管理符合规范要求。

创建要点：

1. 机构须制定预防接种的实施方案、制度、流程，配备开展项目的设备设施，提供专（兼）职人员名单，附人员相关资质。

2. 机构提供在辖区内开展预防接种服务的过程资料，常规疫苗接种与新冠疫苗接种区域应分设，做好工作台、冷链、把手等工作区域的消毒工作。

3. 机构在疫苗接种流程及冷链管理方面均按照国家基本公共卫生服务规范开展。

材料指引：

1. 机构应提供预防接种的实施方案、制度、流程，提供开展服务的设施设备和人员清单、设备照片、与项目对应的人员资质、上岗证等。

2. 机构应提供开展预防接种服务过程资料（常规疫苗接种与新冠疫苗接种应分设），提供工作台、冷链、把手等区域消毒记录等。

3. 机构提供预防接种门诊服务流程图、冷链设备保养维护相关记录等资料。

责任科室：预防接种门诊。

【B】符合“C”，并

1. 预防接种证（卡）建证（卡）率达到100%。
2. 辖区适龄儿童国家免疫规划疫苗接种率达到90%以上。

创建要点：

1. 预防接种证（卡）建证（卡）率、适龄儿童国家免疫规划疫苗接种率均须达到国家标准要求，*建证（卡）率=（年度辖区内建立预防接种证人数/年度*

辖区内应建立预防接种证人数）×100%。

2. *适龄儿童国家免疫规划疫苗接种率=（年度辖区内已按照国家免疫规划接种的0～6岁儿童数/辖区内应按照国家免疫规划接种的0～6岁儿童数）×100%。*

材料指引：

机构应提供当年国家基本公共卫生服务项目报表。

责任科室：预防接种门诊。

【A】符合“B”，并
1. 辖区适龄儿童国家免疫规划疫苗接种率达到95%以上。 2. 连续3年及以上未出现预防接种引起的医疗安全事件。

创建要点：

1. 机构须提供辖区适龄儿童国家免疫规划疫苗接种率须达到95%以上的证明材料；*适龄儿童国家免疫规划疫苗接种率=（年度辖区内已按照国家免疫规划接种的0～6岁儿童数/辖区内应按照国家免疫规划接种的0～6岁儿童数）×100%。*

2. 机构须提供由上级卫生健康行政部门出具的连续3年及以上未出现预防接种引起的医疗安全事件的相关证明。

材料指引：

1. 机构应提供当年度国家基本公共卫生服务项目报表。

2. 机构应提供由上级卫生健康行政部门出具的连续3年及以上未出现预防接种引起的医疗安全事件证明。

责任科室：预防接种门诊。

2.2.3.4 儿童健康管理

【C】
1. 按照规范要求，具备开展服务的设施设备。 2. 配备医师从事儿童保健服务。 3. 对辖区内常住的0～6岁儿童规范开展健康管理服务。 4. 随访结果及时向儿童家长反馈。 5. 在对儿童开展健康体检时做好视力与听力等宣教、检查、转诊工作。

创建要点：

1. 机构须制定儿童健康管理的实施方案、制度，配备开展项目的设备设施。

2. 机构须安排专（兼）职人员负责儿童保健服务工作。明确具有儿科资质的临床医师从事儿童保健服务，附人员相关资质证明。

3. 机构须对辖区内常住的0～6岁儿童规范开展健康管理服务。

4. 机构须按照规范要求开展随访，随访结果及时反馈给儿童家长，做好记录，尤其是随访出现异常的婴幼儿，应及时登记、建立台账、追踪访视。

5. 机构须按照规范要求开展体检，做好视力、听力筛查，平时应加强宣传，建立转诊机制，遇到有异常的婴幼儿及时转诊，做好登记。

材料指引：

1. 机构应提供儿童健康管理的实施方案、制度，提供开展服务的设备设施清单及照片。

2. 机构应提供专（兼）职人员名单，人员具备儿科专业执业资质。

3. 机构应提供开展0～6岁儿童健康管理项目过程资料，包括机构在辖区内开展0～6岁儿童健康管理的过程资料，包括新生儿访视、0～3岁儿童访视体检情况、4～6岁儿童访视体检情况、视力筛查情况。

4. 机构应提供将随访结果及时向儿童家长反馈过程资料及照片，随访出现异常的婴幼儿，要有台账、追踪访视记录。

5. 机构应提供开展宣教、检查、转诊（转诊协议、转诊单、双向转诊记录）等相关资料。

责任科室：儿童保健科。

【B】符合“C”，并
1. 新生儿访视率达到90%以上。 2. 对发现健康问题的儿童进行指导，必要时及时转诊并追踪随访转诊结果。

创建要点：

1. 新生儿访视率需达到国家或当地标准要求：*新生儿访视率＝（年度辖区内接受1次及以上访视的新生儿人数/年度辖区内活产数）×100%*。

2. 机构应该建立转诊机制，对在访视或体检过程中遇到有异常的婴幼儿应及时转诊，并做好登记。

材料指引：

1. 机构应提供当年度国家基本公共卫生服务项目报表。

2. 机构应提供对发现健康问题的儿童进行指导的工作记录，以及后续转诊、追踪随访转诊结果的印证材料（有健康问题儿童花名册、转诊单、转诊记录、追踪随访登记本等）。

责任科室：儿童保健科。

【A】符合“B”，并
0～6岁儿童健康管理率达到90%以上。

创建要点：

0～6岁儿童健康管理率达到90%以上。*0～6岁儿童健康管理率=（年度辖区内接受1次及以上随访的0～6岁儿童人数/年度辖区内应管理的0～6岁儿童数）×100%*。

材料指引：

机构应提供当年度国家基本公共卫生服务项目报表。

责任科室：儿童保健科。

2.2.3.5 孕产妇健康管理

【C】
1. 按照规范要求，具备开展服务的设施设备和人员条件。 2. 对辖区内常住的孕产妇规范开展健康管理服务。 3. 定期随访结果及时向孕产妇反馈。

创建要点：

1. 机构应制定孕产妇健康管理的方案、制度，配备开展项目的设备设施及配备专（兼）职人员，明确具有妇产科资质的临床医师从事孕产妇健康管理服务，附人员相关资质证明。

2. 机构须保存在辖区内开展孕产妇健康管理的过程资料，包括早孕建册、孕中期系统管理率、孕晚期健康管理率、产后访视情况等相关资料。

3. 机构须按照规范要求开展随访，随访结果及时反馈给孕产妇，并做好记录，尤其是随访出现异常的孕产妇，应及时登记、建立台账、追踪访视。

材料指引：

1. 机构应提供孕产妇健康管理实施方案、制度，提供设备设施清单及照片；安排专（兼）职人员负责该项工作，人员资质的执业范围为妇产科专业。

2. 机构应提供孕产妇健康管理的计划、总结和规范开展孕产妇健康管理项目过程资料。

3. 机构应提供其及时将随访结果向孕产妇反馈的过程资料、照片，对随访出现异常的孕产妇，要有台账、追踪访视记录。

责任科室：妇幼保健科。

【B】符合“C”，并
1. 早孕建册率、产后访视率分别达到90%以上。 2. 对发现有异常的孕产妇及时转诊并追踪随访转诊结果。

创建要点：

1. 早孕建册率、产后访视率须达到国家标准。*早孕建册率＝（辖区内孕13周之前建册并进行第一次产前检查的人数/该地该时间段内活产数）×100%。产后访视率＝（辖区内产妇出院后28天内接受过产后访视的产妇人数/该地该时间段内活产数）×100%。*

2. 机构须建立转诊机制，对在访视或体检过程中遇到的有异常的孕产妇及时转诊，并做好登记。

材料指引：

1. 机构应提供当年度国家基本公共卫生服务项目报表。

2. 机构应提供为发现异常或有健康问题的孕产妇进行指导的工作记录，转诊及追踪随访转诊结果的印证材料（有异常或健康问题孕产妇花名册、转诊单、转诊记录、追踪随访登记本等）。

责任科室：妇幼保健科。

【A】符合“B”，并
1. 孕产妇系统管理率达到90%以上。 2. 对发现异常的孕产妇进行指导和处理。

创建要点：

1. 孕产妇系统管理率要达到国家或当地标准要求：*孕产妇系统管理率＝（孕产妇系统管理人数/同期孕产妇数）×100%*。

2. 机构对在访视或体检过程中遇到有异常的孕产妇能够进行处理、治疗，现场查看处理治疗过程资料。

材料指引：

1. 机构须提供当年度国家基本公共卫生服务项目报表。

2. 机构须提供发现异常的孕产妇进行指导处理的工作记录、照片（有异常或健康问题孕产妇花名册、门诊记录、治疗方案、追踪随访登记本等）。

责任科室：妇幼保健科。

2.2.3.6 老年人健康管理

【C】
1. 按照规范要求，具备开展服务的设施设备和人员条件。 2. 对辖区内常住的65岁及以上老年人规范开展健康管理服务。 3. 65岁及以上老年人城乡社区规范健康管理服务率达到国家指标要求。 4. 健康体检结果及时向居民本人反馈。

创建要点：

1. 机构须制定老年人健康管理的方案、制度，配备开展项目的设备设施及专（兼）职人员，明确具有相关资质的临床医师从事老年人健康管理服务，附人员相关资质证明。

2. 机构应保存在辖区内开展老年人健康管理的过程资料，包括生活方式和健康状况评估、体格检查、辅助检查和健康指导情况等资料。

3. 65岁及以上老年人城乡社区规范健康管理服务率达到国家指标，做到个人信息、健康体检等信息录入不缺项漏项，检查项目齐全。

4. 机构须按照规范要求开展健康体检，体检结果及时反馈给老年人或其家属，并做好记录，留存过程及影像资料。

材料指引：

1. 机构应提供老年人健康管理的方案、制度，设备设施清单及照片；安排专（兼）职人员负责该项工作，提供人员名单和执业资质。

2. 机构应提供在辖区内规范开展老年人健康管理的过程资料，包括生活方式和健康状况评估、体格检查、辅助检查和健康指导情况等过程资料。

3. 机构应提供当年度国家基本公共卫生服务项目报表。

4. 机构应提供将健康体检结果及时向居民本人反馈的工作记录、照片。

责任科室：公共卫生科。

【B】符合“C”，并
对发现异常和患病老年人及时治疗或转诊，并随访转诊结果。

创建要点：

机构须建立转诊机制，对在健康体检过程中遇到有异常或患病的老年人及时转诊，并做好登记。

材料指引：

机构应提供对体检结果发现异常或患病老年人进行转诊及追踪随访转诊结果的印证材料（有异常和患病老年人花名册、转诊协议、转诊单、转诊记录、追踪随访登记本等）。

责任科室：公共卫生科。

【A】符合“B”，并
对历年老年人健康体检结果有对比分析并制定工作改进措施。

创建要点：

机构对近3年来老年人健康体检情况进行对比，将基本公共卫生服务数据、重点人群健康管理数据及体检老年人的年龄结构进行分析，并对老年人要有高风险疾病的综合评估，将个体的症状、体征与疾病史相结合进行健康状况分析和指导建议，并制定工作改进措施。

材料指引：

机构应提供近3年老年人体检结果分析报告、持续改进措施及落实措施工作总结。

责任科室：公共卫生科。

2.2.3.7　高血压患者健康管理

【C】
1. 按照规范要求，具备开展服务的设施设备和人员条件。 2. 对辖区内常住的原发性高血压患者规范开展健康管理服务。 3. 定期随访结果及时向患者反馈。 4. 高血压患者健康管理由临床医生负责，以家庭医生为主。

创建要点：

1. 机构须制定高血压患者健康管理方案、制度，配备开展项目的设备设施，安排专（兼）职人员负责该项工作，明确具有资质的临床医师从事高血压患者健康管理服务，附人员相关资质。

2. 机构须保存在辖区内开展高血压健康管理的过程资料。

3. 机构按照规范要求开展随访及体检，结果及时反馈给高血压患者或其家属，做好记录，留存过程及影像资料。

4. 机构确保高血压患者健康管理是由具有资质的家庭医生负责，并应具备“两病门诊”慢性病长处方的处方权。

材料指引：

1. 机构应提供高血压患者健康管理的实施方案、制度，提供开展项目的设备设施清单及照片，提供负责该项工作专（兼）职人员名单及执业资质。

2. 机构应提供在辖区内规范开展高血压健康管理的过程资料，包括筛查、随访、体检、干预、评估等情况工作记录。

3. 机构应提供将随访结果及时向患者反馈的工作记录、照片。

4. 机构确保开展高血压患者健康管理的临床医生为家庭医生团队中的专职人员，有将开具长处方权的人员情况进行公示，并提供管理过程中的用药、健康指导、培训记录（培训通知、现场照片、培训内容、培训小结）等资料。

责任科室：公共卫生科、医保科。

【B】符合“C”，并
高血压患者基层规范管理服务率达到国家标准。

创建要点：

高血压患者基层规范管理服务率达到国家标准，以系统支撑数据或当年度卫生健康行政部门项目评价反馈通报为准。

材料指引：

机构应提供当年度国家基本公共卫生服务项目报表，同时结合卫生健康行政部门项目评价进行结果反馈。

责任科室：公共卫生科。

【A】符合“B”，并
已管理的高血压患者血压控制率达到60%以上。

创建要点：

高血压患者血压控制率达到60%以上，以系统支撑数据或当年度卫生健康行政部门项目评价反馈通报为准。

材料指引：

机构应提供当年度国家基本公共卫生服务项目报表，同时结合卫生健康行政部门项目评价进行结果反馈。

责任科室：公共卫生科。

2.2.3.8　2型糖尿病患者健康管理

【C】
1. 按照规范要求，具备开展服务的设施设备和人员条件。 2. 对辖区内常住的2型糖尿病患者规范开展健康管理服务。 3. 定期随访结果及时向患者反馈。 4. 糖尿病患者健康管理由临床医生负责，以家庭医生为主。

创建要点：

1. 机构须制定2型糖尿病患者健康管理方案、制度，配备开展项目的设备设施，安排专（兼）职人员负责该项工作，明确具有资质的临床医生从事糖尿病患者健康管理服务，附人员相关资质证明。

2. 机构须保存在辖区内开展糖尿病健康管理的过程资料，包括筛查、随访、体检、干预、评估等情况。

3. 机构要按照规范要求开展随访及体检，结果及时反馈给糖尿病患者或其家属，并做好记录，留存过程及影像资料。

4. 机构须确保开展糖尿病患者健康管理的临床医生为家庭医生团队中的专职人员，机构有将开具长处方的人员情况进行公示，并提供留存用药、健康指导、培训记录（培训通知、现场照片、培训内容、培训小结）等资料。

材料指引：

1. 机构应提供2型糖尿病患者健康管理方案、制度，设备设施清单及照片；提供负责该项工作的专（兼）职人员名单和执业资质。

2. 机构应提供在辖区内规范开展糖尿病健康管理的过程资料，包括筛查、随访、体检、干预、评估等情况工作记录。

3. 机构应提供将随访结果及时向患者反馈的工作记录、照片。

4. 机构应确保提供糖尿病患者健康管理的临床医生为家庭医生团队中的专职人员的证明，提供将开具长处方的人员情况进行公示的凭证，并留存管理过程的用药、健康指导、培训记录（通知、照片、培训内容、培训小结）等资料。

责任科室：公共卫生科、医保科。

【B】符合“C”，并
2型糖尿病患者基层规范管理服务率达到国家标准。

创建要点：

2型糖尿病患者基层规范管理服务率达到国家标准，以系统支撑数据或当年度卫生健康行政部门项目评价反馈通报为准。

材料指引：

机构应提供当年度的国家基本公共卫生服务项目报表，同时结合卫生健康行政部门项目评价反馈结果提供数据。

责任科室：公共卫生科。

【A】符合“B”，并
已管理的2型糖尿病患者血糖控制率达到60%以上。

创建要点：

2型糖尿病患者血压控制率达到60%以上，以系统支撑数据或当年度卫生健康行政部门项目评价反馈通报为准。

材料指引：

机构应提供当年度的国家基本公共卫生服务项目报表，同时结合卫生健康行政部门项目评价反馈结果提供数据。

责任科室：公共卫生科。

2.2.3.9　严重精神障碍患者管理

【C】
1. 按照规范要求，具备开展服务的设施设备和人员条件。 2. 对辖区内常住的6种严重精神障碍患者规范开展管理服务。 3. 定期随访结果及时向患者或家属反馈。

创建要点：

1. 机构须制定严重精神障碍患者管理方案及制度，配备开展项目的设备设施，安排专（兼）职人员负责该项合作，明确具有精神卫生资质或参加过精神卫生培训并取得培训合格证的临床医师从事严重精神障碍患者管理，附人员相关资质证明。

2. 机构对辖区内常住的6种严重精神障碍患者开展规范管理的过程资料，包括筛查、随访、体检、干预、评估等情况工作记录。

3. 机构按照规范要求开展随访及体检，结果及时反馈给严重精神障碍患者或其家属，并做好记录，留存过程及影像资料。

材料指引：

1. 机构应提供针对严重精神障碍患者的管理方案及制度，提供管理项目的设备设施清单及照片；提供负责该项工作的专（兼）职人员名单和执业资质证明（精神卫生专业或相关培训合格证明）。

2. 机构应提供开展严重精神障碍患者的管理计划、总结针对6种严重精神障碍患者规范开展项目的过程资料，包括筛查、随访、体检、干预、评估等情况工作记录。

3. 机构应提供将随访结果及时向患者或家属反馈的工作记录和相关照片。

责任科室：公共卫生科。

【B】符合"C"，并
1. 严重精神障碍患者健康管理由临床医师负责。 2. 社区在册居家严重精神障碍患者健康管理率达到国家标准。 3. 与上级医疗卫生机构建立培训指导、转会诊制度。

创建要点：

1. 机构负责严重精神障碍患者健康管理的人员应由有精神卫生专业资质或参加过精神卫生培训并取得培训合格证的临床医师担任。

2. 机构管辖社区在册居家严重精神障碍患者健康管理率达到国家标准，以系统支撑数据或当年度卫生健康行政部门项目评价反馈通报为准。

3. 机构与上级精神卫生防治中心建立培训指导、转会诊等分工协作方案、制度，项目负责人积极参加相关培训，做好记录，在访视或体检过程中出现异常的严重精神障碍患者及时进行转会诊处理。

材料指引：

1. 机构负责严重精神障碍患者管理的专职人员应由有精神卫生专业资质或相关培训合格证明的临床医师担任，附人员执业资质证明。

2. 机构应提供当年度的国家基本公共卫生服务项目报表。

3. 机构应提供严重精神障碍患者的管理方案、计划和总结，参加上级精神卫生防治中心培训过程记录及与上级单位的分工协作方案、转会诊制度，提供转诊工作流程、转会诊记录、转诊单、培训记录（培训通知、现场照片、培训内容、培训小结）等资料。

责任科室：公共卫生科。

【A】符合"B"，并
1. 在管患者服药率达到80%以上，其中规律服药率达到45%以上。 2. 患者病情稳定率达到80%以上。

创建要点：

机构根据在管患者规律服药情况，确定患者病情稳定程度，在管患者服药率、规律服药率达到标准要求，患者病情稳定率由当地疾控中心或精神卫生防治中心提供数据支撑。

材料指引：

机构提供在管患者服药率、规律服药率、病情稳定率数据应以当地疾控中心或精神卫生防治中心提供的系统导出数据为支撑。

责任科室：公共卫生科。

2.2.3.10 肺结核患者健康管理

【C】

1. 按照规范要求，具备开展服务的设施设备和人员条件。
2. 发现肺结核可疑症状者及时转诊到结核病定点医疗机构，对辖区内常住的肺结核患者规范开展健康管理服务。
3. 按照规范开展随访。

创建要点：

1. 机构须制定肺结核患者健康管理方案及制度，配备开展项目的设备设施，安排专（兼）职人员负责该项工作，明确具有资质的临床医师从事肺结核患者健康管理，附人员相关执业资质证明。

2. 机构对辖区内前来就诊的患者，发现肺结核可疑症状者须及时转诊到结核病定点医疗机构，做好转诊记录；保存对辖区内常住的肺结核患者规范开展管理项目的过程资料，包括筛查、随访、督促服药、结案评估等情况记录。

3. 机构须按照规范要求开展随访，按照《肺结核患者第一次入户随访记录表》《肺结核患者随访服务记录表》及患者服药记录卡查看肺结核患者管理或规则服药情况。

材料指引：

1. 机构应提供肺结核患者健康管理方案及制度，管理相关设备设施清单及照片；负责该项工作的专（兼）职人员名单和人员执业资质证明。

2. 机构应提供肺结核患者健康管理的计划、总结、转诊制度，与结核病定点医疗机构签订的转诊协议、转诊记录、转诊单及开展项目工作记录、照片等。

3. 机构应提供按照规范要求频次的随访记录表及相关工作记录等。

责任科室：公共卫生科。

【B】符合“C”，并
1. 肺结核患者管理率达到90%以上。 2. 肺结核病患者健康管理由临床医师负责，以家庭医生为主。

创建要点：

1. 肺结核患者管理率达到90%以上，以系统支撑数据或当年度卫生健康行政部门项目评价反馈通报为准。

2. 机构负责肺结核患者健康管理的人员应由具有相关资质的临床医师担任，并参与家庭医生签约服务团队工作，在开展随访的同时进一步落实签约履约工作。

材料指引：

1. 机构应提供当年度的国家基本公共卫生服务项目报表。

2. 专职人员应为家庭医生团队中的临床医师，附医师资质，提供肺结核患者健康管理指导及培训记录（培训通知、现场照片、培训内容、培训小结等）、签约履约记录等。

责任科室：公共卫生科。

【A】符合“B”，并
1. 肺结核患者规律药率达到90%以上。 2. 与上级医疗机构建立转会诊制度。

创建要点：

1. 肺结核患者规律药率达到90%以上，以系统支撑数据或当年度卫生健康行政部门项目评价反馈通报为准。

2. 机构与肺结核定点医疗机构建立转会诊制度，做好转会记录，对在访视或体检过程中出现异常的严重精神障碍患者及时进行转会诊处理。

材料指引：

1. 机构应提供当年度的国家基本公共卫生服务项目报表。

2. 机构应提供与上级定点医疗机构的转会诊制度，提供转会诊协议、工作流程、转会诊记录、转诊单等资料。

责任科室：公共卫生科。

2.2.3.11　中医药健康管理

【C】
1. 按照规范要求，具备开展服务的设施设备和人员条件。 2. 对辖区内常住65岁及以上老年人与0～36个月儿童规范开展健康管理服务，管理率达到国家或地方年度标准。 3. 中医药健康管理与老年人、儿童健康管理服务相结合，提供一站式便民服务。

创建要点：

1. 机构须制定中医药健康管理方案及制度，配备开展项目的设备设施，安排专（兼）职人员负责该项工作，明确具有中医资质的临床医师从事中医药健康管理工作，附人员相关执业资质证明。

2. 机构提供对在辖区内常住65岁及以上老年人与0～36个月儿童规范开展项目的过程资料，包括中医体质辨识、中医药保健、儿童中医饮食调养、穴位按揉等情况记录，管理率达到国家或地方年度标准，管理率以系统支撑数据或当年度卫生健康行政部门项目评价反馈通报为准。

3. 要求每年机构老年人体质辨识与老年人健康体检结合（同步）开展，提供0～36个月儿童中医药健康管理与儿童健康体检、预防接种相结合开展的工作记录，体现一站式便民服务的相关影像资料。

材料指引：

1. 机构应提供中医药健康管理方案及制度，开展中医药健康管理服务的设备设施清单及照片，提供负责该项工作的专（兼）职人员名单和人员执业资质。

2. 机构应提供当年度的国家基本公共卫生服务项目报表。

3. 机构须提供中医药健康管理计划及总结，老年人体质辨识与老年人健康体检结合开展的工作记录及照片，0～36个月儿童中医药健康管理与儿童健康体检、预防接种相结合开展的工作记录及照片，体现一站式便民服务的相关影像资料。

责任科室：公共卫生科。

【B】符合"C"，并
1. 65岁及以上老年人、0～36个月儿童中医药健康管理率分别超过国家或地方年度标准1个百分点。 2. 相关服务由中医师及其团队开展。

创建要点：

1. 机构65岁及以上老年人、0～36个月儿童中医药健康管理率分别超过国家或地方年度标准1个百分点，以系统支撑数据或当年度卫生健康行政部门项目评价反馈结果为准。

2. 机构负责中医药健康管理人员应由具有中医类执业医师质的临床医师担任，并参与家庭医生签约服务团队工作，在开展随访的同时进一步落实签约履约工作。

材料指引：

1. 机构应提供当年度的国家基本公共卫生服务项目报表。

2. 机构应提供负责中医药健康管理人员的名单（中医类别）、执业资质，提供中医药健康指导、培训记录（培训通知、现场照片、培训内容、培训小结等）、签约履约记录等。

责任科室：公共卫生科。

【A】符合"B"，并
65岁及以上老年人、0～36个月儿童中医药健康管理率超过国家或地方年度标准2个百分点。

创建要点：

65岁及以上老年人、0～36个月儿童中医药健康管理率分别超过国家或地方年度标准2个百分点，以系统支撑数据或当年度卫生健康行政部门项目评价反馈结果为准。

材料指引：

机构应提供当年度的国家基本公共卫生服务项目报表。

责任科室：公共卫生科。

2.2.3.12　传染病及突发公共卫生事件报告和处理

【C】

1. 按照规范要求，具备开展服务的设施设备和人员条件。
2. 按照有关法律法规要求，开展传染病及突发公共卫生事件报告和处理工作。
3. 建立健全传染病和突发公共卫生事件报告管理制度，制定突发公共卫生事件应急预案。
4. 相关医务人员熟练掌握传染病和新冠病毒感染疫情防控核心知识要点。

创建要点：

1. 机构须制定传染病及突发公共卫生事件报告和处理方案、制度，配备开展项目的设备设施，安排专（兼）职人员负责该项工作，明确具有相关资质的临床医师从事传染病及突发公共卫生事件报告和处理工作，附人员相关执业资质证明。

2. 机构须按照有关法律法规要求，开展传染病及突发公共卫生事件报告和处理工作的过程资料，包括传染病和突发公共卫生事件风险管理，对事件的发现、登记、信息上报、处理等资料进行留存。

3. 机构须建立传染病和突发公共卫生事件报告管理制度，以及落实制度的措施，提供门诊日志、出入院登记簿、检验科和影像科的登记簿等相关印证资料；制定突发公共卫生事件应急预案，并根据预案规定频次开展应急演练。

4. 对机构内医务人员开展传染病和新冠病毒感染防控核心知识要点培训，检查人员现场随机抽查掌握情况。

材料指引：

1. 机构应提供传染病及突发公共卫生事件的报告和处理方案、制度，提供开展服务的设备设施清单及照片，提供专（兼）职人员名单及相关人员资质材料。

2. 机构应提供传染病及突发公共卫生事件报告和处理计划，提供事件总结及开展项目工作记录等图文资料。

3. 机构应抓好各项制度、措施的落实，统一门诊日志、出入院登记簿、检验科和影像科的登记簿等相关佐证资料，组织人员按照应急预案的要求组织开展应急演练。

4. 机构要积极主动地参与上级及本级的培训，做好培训记录（培训通知、现场照片、人员签到表、培训内容、培训小结、培训试卷等）的留存工作，现场随机提问防控相关知识要点。

责任科室：办公室、公共卫生科、医务科、院感科。

【B】符合“C”，并
1. 传染病疫情报告率、传染病疫情报告及时率达到95%以上。 2. 突发公共卫生事件相关信息报告率达到95%以上。 3. 对传染病和新冠病毒感染疫情防控相关知识、抗原检测、核酸采样的技能进行培训及应急预案演练。

创建要点：

1. 机构的传染病疫情报告率、传染病疫情报告及时率达到95%以上，以系统支撑数据或当年度卫生健康行政部门项目评价反馈通报为准。

2. 机构的突发公共卫生事件相关信息报告率达到95%以上，以系统支撑数据或当年度卫生健康行政部门项目评价反馈通报为准。

3. 机构应当结合防控实际情况，有针对性地制订培训计划，包括传染病和新冠病毒感染防控相关知识、抗原检测、核酸采样的技能培训，现场随机抽查掌握情况，并根据预案按照频次开展应急演练。

材料指引：

1. 机构应提供当年度的国家基本公共卫生服务项目报表。

2. 机构应提供传染病和新冠病毒感染防控相关知识、抗原检测、核酸采样的技能进行培训的培训计划及记录（培训通知、现场照片、人员签到表、培训内容、培训小结、培训试卷等），以及以上三方面内容的应急预案、应急演练总结等。

责任科室：办公室、公共卫生科、医务科、院感科。

【A】符合“B”，并
1. 传染病疫情报告率、传染病疫情报告及时率达到100%。 2. 突发公共卫生事件相关信息报告率达到100%。

创建要点：

1. 机构的传染病疫情报告率、传染病疫情报告及时率达到100%，以系统支撑数据或当年度卫生健康行政部门项目评价反馈通报为准。

2. 机构的突发公共卫生事件相关信息报告率达到100%，以系统支撑数据或当年度卫生健康行政部门项目评价反馈通报为准。

材料指引：

机构应提供当年度的国家基本公共卫生服务项目报表。

责任科室：公共卫生科。

2.2.3.13　卫生监督协管

【C】
1. 按照规范要求，具备开展服务的设施设备和人员条件。 2. 规范开展辖区内卫生监督协管服务。

创建要点：

1. 机构须制定卫生监督协管方案及制度，配备开展项目的设备设施，安排专（兼）职人员负责该项工作，明确具有相关资质的临床医师或公卫医师从事卫生监督协管工作，附人员相关执业资质。

2. 机构要按照“国家基本公共卫生服务规范（第三版）”、有关法律法规要求，提供规范开展卫生监督协管工作的过程资料，包括食源性疾病及信息上报、饮用水卫生安全巡查、学校卫生、非法行医和非法采供血报告、计划生育信息报告等情况资料。

材料指引：

1. 机构应提供卫生监督协管方案及制度，开展项目的设备设施清单及照片；专（兼）职人员名单、人员执业资质及相关培训记录等。

2. 机构应提供卫生监督协管的计划及总结，提供开展项目的工作记录及照片等。

责任科室：公共卫生科。

【B】符合“C”，并
1. 实行卫生监督协管信息零报告制度。 2. 卫生监督协管信息报告率达到95%以上。

创建要点：

1. 机构要建立卫生监督协管信息零报告制度，制定相关措施，按时对卫生监督协管信息进行上报。

2. 机构卫生监督协管信息报告率达到95%以上，以系统支撑数据或当年度卫生健康行政部门项目评价反馈通报为准。

材料指引：

1. 机构应提供卫生监督协管零报告制度和卫生监督协管报告情况说明。

2. 机构应提供当年度的国家基本公共卫生服务项目报表。

责任科室：公共卫生科。

【A】符合“B”，并
辖区内连续3年以上无食源性疾病、无饮用水卫生安全和学校卫生问题、无非法行医和非法采供血等不良事件。

创建要点：

近3年来，机构所在辖区未出现过食源性疾病、饮用水卫生安全和学校卫生问题、非法行医和非法采供血等不良事件。

材料指引：

机构应提供由上级卫生健康行政部门出具的连续3年以上无食源性疾病、无饮用水卫生安全和学校卫生问题、无非法行医和非法采供血等不良事件证明。

责任科室：公共卫生科。

2.2.3.14 重大公共卫生项目及其他

【C】
1. 按照当地卫生行政部门要求，开展或协助开展重大公共卫生项目服务。 2. 具备开展相关重大公共卫生项目的设施设备和人员条件。 3. 建立和相关部门的协调工作机制。 4. 提供多种形式的生育知识健康教育、咨询和就诊指导。 5. 提供避孕药具自助发放服务。

创建要点：

1. 机构须制定重大公共卫生项目及其他方案、制度，按照项目要求，开展或协助开展重大公共卫生项目服务。

2. 机构须配备开展项目的设备设施及专（兼）职人员，明确具有相关资质的临床医师或公卫医师从事该项工作，附人员相关资质。

3. 为进一步确保项目完成情况，机构须与当地街道、公安、民政等相关部门建立协调工作机制，做到分工明确、功能互补、资源共享等。

4. 结合属地管理的原则，机构须安排专（兼）职人员通过讲座、咨询、义诊、公众号宣传、App推送等多种形式，对居民进行生育知识健康教育、咨询和就诊指导。

5. 机构内配有避孕药具自助发放一体机，刷身份证即可领取避孕药具，机构做好相关领取记录。

材料指引：

1. 机构应提供重大公共卫生项目及其他管理的方案、制度、计划、总结，并提供开展项目工作的文字记录及照片。

2. 机构应提供开展服务的设备设施清单及照片，提供专（兼）职人员名单及与人员资质，提供相关培训记录。

3. 机构提供与辖区镇街、公安、民政等相关部门建立协调工作机制文件、与专业机构分工协作方案、领导小组明细、职责及人员分工明细、资源共享的印证材料。

4. 机构提供其通过讲座、咨询、义诊、多媒体推送等多种形式对居民进行生育知识健康教育、咨询和就诊指导信息资料。

5. 机构需要提供上级药具部门配发的避孕药具自助发放一体机的照片及发放领取记录等。

责任科室：办公室、公共卫生科。

【B】符合“C”，并
1. 服务人员熟悉掌握重大公共卫生项目实施要求与工作流程。 2. 重大公共卫生项目的进度、质量和效果完成任务目标。

创建要点：

1. 机构须制定重大公共卫生项目及其他服务项目计划，对机构内专（兼）职人员及乡村医生开展重大公共卫生项目相关知识培训，要求熟练掌握项目实施要求与工作流程，现场随机抽查掌握情况。

2. 机构应当掌握辖区内重大公共卫生项目的进度、质量和效果完成任务目标，数据以系统支撑数据或当年度卫生健康行政部门项目评价反馈通报为准。

材料指引：

1. 机构应提供制定重大公共卫生项目及其他服务项目的培训计划及记录（培训通知、现场照片、人员签到表、培训内容、培训小结、培训试卷等），提供开展重大公共卫生项目的工作记录、上级部门对机构的督导核查情况记录，现场随机提问相关实施要求与工作流程。

2. 机构应提供重大公共卫生项目及其他服务项目的相关报表与项目完成情况总结，上级部门对卫生院的督导核查相关记录。

【A】符合“B”，并
辖区内重大公共卫生项目针对的健康危险因素、健康问题得到明显改善。

创建要点：

机构对上级卫生健康行政部门督导检查或项目开展过程中发现的健康危险因素、健康问题及时进行整改，做好整改后的效果分析。

材料指引：

机构应提供上级卫生健康行政部门督导检查或项目开展过程中发现的健康危险因素及健康问题清单，机构针对问题的整改报告，机构针对健康危险因素、健康问题的调查问卷及评估分析报告。

责任科室：公共卫生科。

2.3 服务效果

2.3.1 服务效率

【C】
1. 每年至少开展1次服务效率总结分析，并有记录。 2. 对诊疗效率有针对措施。

创建要点：

1. 机构每年至少进行1次服务效率总结分析，内容包括乡镇卫生院/社区卫生服务中心医师构成、年诊疗量、公共卫生服务量、人均服务量等分析及总结。

2. 机构须针对提升诊疗效率过程中存在的问题有针对性整改措施。

材料指引：

1. 机构应提供服务效率方案、计划、服务效率总结分析报告和工作记录。

2. 机构应提供服务效率问题清单、整改报告、持续改进措施、总结等资料。

责任科室：医务科、公共卫生科、办公室。

【B】符合“C”，并

1. 医师日均担负诊疗人次不低于10人次。
2. 辖区居民年平均就诊人次数不低于1人次。
3. 病床使用率不低于60%。

创建要点：

1. *医师日均担负诊疗人次＝（年诊疗人次数/卫生院医师总人数）/251*。

2. *辖区居民年平均就诊人次数＝辖区常住居民年接受卫生院服务总人次数/辖区常住居民总人数*。

3. 病床使用率是实际占用的总床日数与实际开放的总床日数之比。*病床使用率＝（过去一年内实际占用总床日数/过去一年内实际开放总床日数）×100%*。

材料指引：

1. 检查人员现场查看机构年诊疗人次统计表、乡镇卫生院/社区卫生服务中心医师花名册与相关工作记录。

2. 检查人员现场查看机构辖区内常住居民年诊疗人次统计表和上级卫生健康行政部门确定的辖区人口数。

3. 机构应提供医疗机构执业许可证正本、副本原件及对应复印件，提供实际开放床位数与床位使用情况年报表。

责任科室：医务科、公共卫生科、护理部、财务科。

【A】符合“B”，并
1. 医师日均担负诊疗人次不低于12人次。 2. 辖区居民年平均就诊人次数不低于2人次。 3. 病床使用率不低于75%。

创建要点：

参照【B】，指标以【A】为准。

材料指引：

参照【B】，指标以【A】为准。

责任科室： 医务科、公共卫生科、护理部、财务科。

2.3.2 满意度

【C】
1. 每年至少开展1次居民满意度调查，包括对机构环境、服务质量、服务态度、服务项目、服务时间等的满意度。针对问题提出改进措施。 2. 每年至少开展1次职工满意度调查。

创建要点：

1. 机构根据其综合服务工作每年至少开展一次居民和职工满意度调查，能够从居民和职工角度获取其真实感受，让机构管理者从居民和职工体验的角度不断制定标准、完善措施，促进服务质量的改善。

2. 机构制定居民和职工满意度调查方案及计划，并在机构环境、服务质量、服务态度、服务项目、服务时间等几个方面设置调查问卷，并分析总结。

材料指引：

机构应提供居民满意度调查的方案、计划、总结、调查问卷、分析总结报告等资料。

责任科室： 医务科、办公室。

【B】符合"C"，并
1. 有提高职工和居民满意度的具体措施。 2. 职工满意度不低于80%。 3. 居民满意度不低于80%。

创建要点：

1. 机构根据之前的居民满意度调查结果，制定提高职工和居民满意度的相关措施并落实，根据落实情况总结分析、持续改进。

2. *职工满意度=（评价满意的被调查职工人数/接受调查的职工总人数）×100%。*

3. *居民满意度=（评价满意的被调查患者人数/接受调查患者总数）×100%。*

材料指引：

1. 机构应提供居民满意度调查的方案及计划，提高满意度的整改报告及落实措施的过程资料，并有对整个过程（提供分析报告）的总结分析。

2. 机构应提供职工满意度调查的问卷及总结。

3. 机构应提供居民满意度调查的问卷及总结。

责任科室：医务科。

【A】符合"B"，并
1. 职工满意度不低于90%。 2. 居民满意度不低于90%。

创建要点：

参照【B】，指标达到【A】级要求。

材料指引：

参照【B】，指标达到【A】级要求。

责任科室：医务科。

3. 业务管理

3.1 执业管理与规范诊疗

3.1.1 执业管理

【C】
1. 建立本机构的医疗技术临床应用管理制度，并执行。 2. 执行卫生技术人员执业资格审核与执业准入相关规定。

创建要点：

1. 机构须依据国家卫生健康委印发的《医疗技术临床应用管理办法》（中华人民共和国国家卫生健康委员会令第1号），以及地方相关文件规定，制定符合本院（本章节“本院”特指迎接检查工作的乡镇卫生院/社区卫生服务中心）实际的《医疗技术临床应用管理制度》，梳理本院开展的医疗技术项目，建立医疗技术分级管理制度、医疗技术档案管理、手术分级管理等制度并授权。

2. 机构须制定《卫生技术人员执业资格审核与执业准入管理制度》，并严格落实，不得使用非卫生技术人员从事医疗卫生技术工作，未取得执业资质的卫生技术人员不得执业。卫生技术人员严格遵守有关法律、法规和医疗技术规范，不得超范围执业。机构外聘专家应依法办理执业机构备案或执业地点变更手续。

材料指引：

1. 机构应提供其制定的《医疗技术临床应用管理制度》，并确保各项制度在临床工作中执行。

2. 机构应提供其制定的《卫生技术人员执业资格审核与执业准入管理制度》，检查人员现场随机抽查医护人员的执业资格和执业注册情况，核查是否存在超范围执业现象；检查人员现场查看是否存在非卫生技术人员参加诊疗活动的问题；检查人员现场查看外聘专家是否办理了执业机构备案、地点变更等多点执业手续。

责任科室：医务科、各临床科室、医技科室。

【B】符合“C”，并
1. 在机构醒目位置公布诊疗科目、诊疗时间和收费标准，接受社会与公众监督。 2. 建立本机构依法执业自查工作制度，定期组织开展依法执业自查，并指导辖区村卫生室依法执业。

创建要点：

1. 机构在醒目位置及时向社会公众、服务对象公开医疗机构基本医疗服务内容、服务项目、服务价格、服务时间、服务变更等内容，并接受社会和公众监督。

2. 机构须制定《依法执业自查工作制度》，建立医务人员档案，个人档案需要收集本人的学历证书、执业资格及注册证书、手术医师分级授权信息、高风险诊疗技术操作资格授权信息、专科（业）培训证、进修培训证书等资料。定期检查执业资质和所授权限是否相符、特殊岗位是否具备相应的专业培训证书（比如放射工作人员证书、大型仪器上岗证），并有自查记录。检查科室开展的技术是否存在超范围诊疗，技术项目是否合规等。定期组织培训，指导、督导检查村卫生室依法执业，并提供记录。

材料指引：

1. 检查人员现场查看机构诊疗科目、诊疗时间和收费标准是否在醒目位置公示（在公示板或显示板等载体上公示）。核对公示内容与实际是否相符（如服务项目的价格等）。

2. 检查人员现场访谈抽查机构医务人员的执业资质证书，查看开展的技术项目、手术等记录，职能科室的自查记录，以及指导辖区村卫生室依法执业的活动记录。

责任科室：医务科、护理部、各临床科室、医技科室、公共卫生科

【A】符合“B”，并
对科室诊疗活动进行全程管理，发现问题及时整改。

创建要点：

职能科室对临床科室诊疗活动进行全程管理，至少每季度进行一次医疗质量

检查活动，并对反馈问题有系统分析，有持续改进措施。

材料指引：

现场查看职能科室每季度医疗质量检查工作记录、问题分析报告、改进措施等。

责任科室：医务科、护理部、各临床科室、医技科室。

3.1.2 规范诊疗

【C】
1. 本机构及其医务人员应当遵循临床诊疗指南、临床技术操作规范、行业标准等有关要求开展诊疗工作。 2. 定期对相关人员进行培训和考核，及时更新知识。

创建要点：

1. 机构须制定符合本机构的临床诊疗指南、临床技术操作规范，并组织培训学习、考核。机构医务人员应熟悉岗位相关指南、规范、标准、路径等，并遵循有关要求开展诊疗工作。

2. 机构对医务人员进行定期培训考核，使医务人员及时更新、掌握并严格遵循本专业岗位相关规范和指南开展医疗工作。

材料指引：

1. 根据机构情况，检查人员现场抽查、考核医务人员操作（如静脉穿刺）；现场抽查核心制度在医疗过程中的落实情况，比如在护理过程中是否按照要求执行查对制度；有病床的机构是否按要求进行三级查房制度等；访谈当日住院患者，查看患者住院病历。

2. 检查人员现场查看机构医务人员的业务学习培训记录（培训内容、培训时间、现场签到表、考核结果、现场照片）、考核记录等。

责任科室：医务科、护理部、各临床科室、医技科室。

【B】符合“C”，并
1. 设立专门职能科室，有专（兼）职人员负责管理和考核。 2. 根据医学发展和本机构实际，及时补充完善诊疗规范。

创建要点：

1. 机构须设立专门职能科室，由专（兼）职人员负责机构规范诊疗的管理和考核工作，必须有健全的诊疗规范管理体系，有持续改进的核心制度并能够落实。

2. 机构须根据医学发展和本机构工作特色特点，及时补充完善，形成符合本机构实际的诊疗规范，确保规范及时更新、推进实施。

材料指引：

1. 机构应建立规范的诊疗规范管理体系，检查人员查看是否设立专门职能科室负责机构规范诊疗的管理和考核工作；有无专（兼）职人员负责；查看核心制度落实情况。

2. 机构应提供相应的诊疗规范（如新技术、新设备应用等），检查人员查看是否及时补充完善。

责任科室： 医务科、护理部、各临床科室、医技科室。

【A】符合“B”，并
相关职能部门履行监管职责，定期评价、分析和反馈，持续改进。

创建要点：

机构的相关职能部门对规范诊疗进行监管，查看各科室是否按照诊疗规范与指南进行工作，至少每季度进行一次针对规范诊疗的检查、分析、反馈、持续改进工作。

材料指引：

检查人员现场查看医务科和护理部对规范诊疗督导监管工作的记录、分析结果、改进措施等工作记录。

责任科室： 医务科、护理部、各临床科室、医技科室。

3.2 医疗质量安全管理

3.2.1 医疗质量管理体系和制度建设

3.2.1.1 医疗质量管理体系

【C】
1. 成立医疗质量管理组织，有本机构医疗质量管理组织架构图，院长是第一责任人。 2. 有科室医疗质量与安全管理小组，科主任为第一责任人。 3. 有科室医疗质量与安全管理制度、工作计划和工作记录。

创建要点：

1. 机构成立以院长为第一责任人的医疗质量管理委员会或者管理工作小组。成员由医疗管理、质量控制、护理、医院感染管理、信息等相关职能部门负责人以及临床、药学、医技等科室负责人组成，有适合本机构医疗质量管理的组织架构图。

2. 机构成立以科（室）主任为第一责任人，由相关医务人员为成员的科室医疗质量与安全管理小组，职责明确，责任到人。

3. 机构各科室建立适合本科室的医疗质量与安全管理制度，明确科室质量与安全管理小组职责，年初制订年度科室质量与安全管理工作计划，有《科室质量与安全管理小组工作记录本》，每月开展一次质控活动并做好记录。

材料指引：

1. 检查人员现场访谈机构是否成立医疗质量管理委员会或者管理工作小组；是否建立医疗质量管理组织架构图，架构图设置及人员构成情况是否合理。

2. 检查人员现场查看机构各科室是否建立质量安全管理小组，组织架构设置是否合理（科室主任为第一责任人）。

3. 检查人员现场查看机构相关的工作制度、工作计划及活动记录。

责任科室：医务科、护理部、质控科、各临床科室、医技科室。

【B】符合“C”，并
1. 对科室医疗质量与安全指标进行资料收集和分析。 2. 对科室医疗质量与安全进行定期检查，提出改进措施并落实。

创建要点：

1. 机构给临床科室制定医疗质量与安全指标，职能部门每月对质量指标进行资料收集和分析，指标可包括疾病诊疗、处方和病历质量、合理使用抗菌药物和激素、合理输血、手术分级和围手术期管理、手术并发症、麻醉操作、医院感染、急危重症管理、医疗护理缺陷与纠纷等。

2. 职能部门至少每季度开展一次对科室医疗质量与安全进行督导、检查、总结、反馈工作，并提出改进措施，且临床科室有落实。

材料指引：

1. 检查人员现场查看职能部门质量总结分析的相关材料；现场查看历史处方（例如，抗生素使用情况，有无过度使用等）情况，并与职能部门记录进行核对。

2. 检查人员现场查看职能部门每季度对科室医疗质量安全的督导检查情况，有发现问题、改进措施、落实情况的资料。

责任科室：质控科、医务科、院感科、各临床科室。

【A】符合“B”，并
机构内职能部门对医疗质量管理工作进行定期考核，持续改进医疗质量管理水平，有证据表明成效显著。

创建要点：

职能部门每季度至少开展一次对科室医疗质量管理进行考核的工作，持续改进医疗质量管理水平，有数据分析表明医疗质量改进有成效。考核结果与绩效分配挂钩。

材料指引：

机构提供医疗质量相关数据及分析报告（如抗生素使用占比等），查看考核记录及落实医疗质量改进情况、考核结果是否与绩效分配挂钩。

责任科室：质控科、医务科、护理部、各临床科室。

3.2.1.2 医疗质量管理制度

【C】
1. 有完善的医疗质量管理规章制度，并有明确的核心制度。 2. 有持续改进医疗质量实施方案及配套制度、考核标准和质量指标。 3. 有医疗质量管理的考核体系和管理流程。 4. 有本机构及科室的相关培训制度，医务人员掌握并遵循本岗位相关制度。

创建要点：

1. 机构结合其实际情况制定相关医疗质量管理规章制度和医疗质量安全核心制度。核心制度可包括：首诊负责制度、三级查房制度、会诊制度、分级护理制度、值班和交接班制度、疑难病例讨论制度、急危重患者抢救制度、术前讨论制度、死亡病例讨论制度、查对制度、手术安全核查制度、手术分级管理制度、新技术和新项目准入制度、危急值报告制度、病历管理制度、抗菌药物分级管理制度、临床用血审核制度、信息安全管理制度等。

2. 机构须建立适合本机构的《医疗质量与医疗安全持续改进的实施方案》及配套制度，制定考核标准和质量指标。

3. 机构须建立适合本机构的院科两级医疗质量考核体系，制定相应的管理流程。

4. 机构须制定培训制度，组织围绕医疗质量管理规章制度加强培训，医务人员要掌握并遵循与其岗位相关的医疗质量管理制度。

材料指引：

1. 机构应提供以上相关医疗质量管理制度和医疗质量安全核心制度，制度要覆盖全部诊疗过程；检查人员现场查看各科室相关规章制度。

2. 机构应提供《医疗质量与医疗安全持续改进的实施方案》及配套制度，提供制定的考核标准和质量指标。检查人员查看医疗质量与医疗安全持续改进方案。

3. 检查人员查看机构医疗质量管理流程，查看院科两级考核体系，一级应为机构对科室进行考核，二级应以科室内部考核为基础。

4. 检查人员现场查机构及各科室培训计划与培训制度，根据培训记录抽查人员知晓情况。

责任科室：质控科、医务科、护理部、各临床科室、医技科室。

【B】符合“C”，并

1. 定期修订和及时更新制度，落实各项医疗质量管理制度，覆盖医疗全过程。
2. 医疗质量考核有记录，可查询。
3. 利用多种形式对医疗质量控制的结果及成效进行反馈通报。

创建要点：

1. 机构须根据相关法律法规、标准规范等更新情况，结合机构医疗质量管理过程中发现的问题及时修订《医疗质量管理制度》，管理制度应与医院的诊疗服务相一致，覆盖诊疗全过程。

2. 机构科室定期对医疗质量进行考核，对质量指标有收集整理、分析总结，并反馈给临床科室。

3. 针对医疗质量的结果和成效，机构应采用多种形式对结果进行通报，如医院内信息网络、院质量管理会议、医疗质量信息月刊等途径。

材料指引：

1. 医疗质量管理制度应为当年度制定，制定方法应与政策法规一致，根据国家指南要求，结合机构实际情况对制度进行合理修订。机构自查制度是否根据本机构诊疗科目制定、是否有缺项，及时更新情况。

2. 机构应准备医疗质量考核记录，考核记录要有数据、有反馈，机构职能部门及临床科室应知晓《医疗质量管理制度》。

3. 机构提供医疗质量控制结果通报记录，检查人员会现场查看。

责任科室：质控科、医务科、护理部、各临床科室、医技科室。

【A】符合“B”，并

对方案执行与制度落实有监督、检查分析、总结、反馈及改进措施，医疗质量持续改进效果明显。

创建要点：

职能部门至少每季度对《医疗质量持续改进方案》执行情况和医疗质量管理制度落实情况，进行一次检查、总结、反馈，并有改进措施，有显示医疗质量明显改进的数据。

材料指引：

机构应提供职能部门的监管记录及数据、总结分析报告。

责任科室：医务科、护理部、各临床科室、医技科室。

3.2.2 医疗质量管理制度落实

3.2.2.1 “三基”培训与考核

【C】
1. 有各专业、各岗位的“三基”培训和考核制度。 2. 有针对不同专业卫生技术人员的“三基”培训内容、要求、重点和培训计划。 3. 有与培训相适宜的培训设施、设备及经费保障。

创建要点：

1. 机构须建立本机构各专业、各岗位“三基”培训考核组织机构及培训考核制度。

2. 结合机构实际情况，制定分专业、分层次的“三基”培训计划。培训内容应包括基础知识、基础理论、基本技能等，培训要求要明确，重点要突出。

3. 机构应当配备“三基”培训设施设备，如培训场地、电脑及投影仪、医用模拟人等，并提供相关经费的保障文件。

材料指引：

1. 机构应提供机构内各专业（临床专业、护理专业、中医专业等）、各岗位（全科岗位、护理岗位等）的培训及其考核制度。

2. 机构应提供针对不同专业卫生技术人员的“三基”培训内容、要求、重点和培训计划。

3. 机构应完善“三基”培训设施、设备（如心肺复苏模拟人、胸穿、腹穿等）；结合机构实际情况设置相应的教学场地；将“三基”工作经费纳入到年度财务预算，做到经费有保障。

责任科室：医务科、护理部、各临床科室、医技科室。

【B】符合“C”，并
1. 落实培训及考核计划，在岗人员参加“三基”培训覆盖率达到90%以上。 2. 有指定部门或专职人员负责实施。

创建要点：

1. 机构须严格落实培训及考核计划，培训后应现场考核或另选时间进行考核，保留培训记录以供检查人员现场查看。

2. 机构应该设有专门的部门或专职人员负责“三基”培训的组织实施工作。

材料指引：

1. 机构应当落实培训和考核计划，提供内容包括培训通知、培训课件、培训场景照片、签到表等，在岗人员培训覆盖率≥90%。

2. 机构应该设有“三基”培训专职部门或有专职负责人员；应成立以分管院长为组长，相关部门负责人为成员的工作领导小组。

责任科室：医务科、护理部、各临床科室、医技科室。

【A】符合“B”，并
在岗人员参加“三基”考核合格率达到90%以上。

创建要点：

机构有在岗人员参加“三基”培训的考核相关资料，且合格率≥90%。

材料指引：

机构提供合格率≥90%的“三基”考核结果资料，相关资料包括培训计划、培训内容、培训课件、培训照片等。检查人员现场抽查相关内容。

责任科室：医务科、护理部、各临床科室、医技科室。

3.2.2.2　住院诊疗质量管理

【C】
1. 住院诊疗活动的医疗质量管理在科主任领导下完成，实行分级管理。 2. 对卫生技术人员有明确的岗位职责与技能要求。

创建要点：

1. 机构明确科主任是住院诊疗活动医疗质量管理第一责任人，结合本科室实际情况制定住院分级诊疗管理制度，进行分级管理。

2. 机构应当建立本科室各级各类卫生技术人员岗位职责，有相适应的技能要求（如本科室常见病诊疗规范和操作技能），医务人员应知晓本岗位职责并执行。

材料指引：

1. 机构应提供住院分级诊疗管理制度，科室内人员名单及分级管理相关材料。

2. 检查人员现场访谈机构医护人员的岗位职责，考核医护人员技能操作。

责任科室：各临床医技科室。

【B】符合“C”，并
1. 根据床位、工作量、医师的资质层次分成诊疗小组。 2. 有院科两级的质量监督管理，对存在的问题及时反馈。

创建要点：

1. 医疗机构根据床位使用率（医疗卫生许可证上核准的）、机构内医师的职称及专业等情况，逐步形成不同的专业诊疗小组诊治患者。

2. 机构有院科两级质量监督管理组织，职能部门至少每季度对住院诊疗活动质量进行一次督导、检查、总结，并提出改进措施反馈给临床科室。

材料指引：

1. 检查人员现场查看机构科室内人员名单、职称及诊疗小组等资料。

2. 机构应提供院科两级的质量督导检查及总结反馈资料。

责任科室：各临床科室、医技科室。

【A】符合“B”，并
持续改进住院诊疗质量，确保医疗质量与安全。

创建要点：

机构应用质量管理工具进行质量改进，有案例和数据表明机构住院医疗质量有明显改进，有成效。

材料指引：

机构应提供持续住院诊疗质量改进措施及效果分析报告。

责任科室：医务科、护理部、各临床科室、医技科室。

3.2.2.3 首诊负责制度

【C】
1. 建立首诊负责制度，有首诊处理流程。 2. 制定预检分诊、转科、转院等程序和流程。

创建要点：

1. 根据《关于印发医疗质量安全核心制度要点的通知》（国卫医发〔2018〕8号）的要求，建立适合本机构的首诊负责制度和首诊处理流程。检查人员现场访谈、查看相关内容。

2. 制定适合本机构的预检分诊、转科、转院程序和流程。

材料指引：

1. 机构应提供首诊负责制及处理流程相关资料。

2. 机构应提供预检分诊、转科、转院程序和流程资料，检查人员现场查看相关流程。

责任科室：医务科、护理部、各临床科室。

【B】符合“C”，并
1. 各科室医务人员应知晓和掌握首诊负责制度和处理流程。 2. 预检分诊、首诊负责制在日常工作中得到完全落实。

创建要点：

1. 机构须组织诊疗相关人员参加首诊负责制度和处理流程相关培训、考核，要求人人知晓和掌握。

2. 机构须制定预检分诊制度和流程。预检分诊护士应熟悉自己的岗位职责，首诊医师明确医师职责（在接诊过程中负责患者全程诊疗）。

材料指引：

1. 机构应提供首诊负责制度和处理流程培训记录，检查人员抽查医务人员知晓情况。

2. 机构提供预检分诊记录、诊疗记录（门诊日志、住院记录或诊疗系统），检查人员追踪机构门诊就医流程、查看门诊病历的书写。

责任科室：医务科、护理部、各临床科室。

【A】符合“B”，并
职能部门履行监管职责，对落实情况有评价，持续改进。

创建要点：

机构职能部门须对预检分诊、首诊负责情况进行监管，每季度至少开展一次督导、检查、总结、反馈相关工作，首诊负责制度持续改进。

材料指引：

机构应当提供对预检分诊、首诊负责情况的督导检查记录，相关评价结果和持续改进措施资料，改进效果分析报告。

责任科室：医务科、护理部、各临床科室。

3.2.2.4 查房制度

【C】
1. 各临床科室均建立查房制度。 2. 住院医师对所管患者实行24小时负责制，实行早晚查房，急危重症患者应随时观察病情变化并做出处理。 3. 对新入院患者，主治医师（上级医师）应在48小时内查看患者。

创建要点：

1. 机构须根据实际情况制定查房制度。

2. 机构的住院医师对所管患者实行24小时负责制，实行早晚查房，急危重症患者应随时观察病情变化并做出处理。及时书写病程记录。

3. 新入院患者，主治医师（上级医师）应在48小时内查房并在病程记录中书写××主治医师查房记录，查房过程中注意沟通交流，保护患者隐私。

材料指引：

1. 检查人员通过现场访谈、查阅资料、走访等形式，查看机构查房制度。

2. 检查人员现场访谈机构的住院患者、住院医师早晚是否两次到病房看望患者，查看病程记录，对于急危重症患者是否随时记录病情变化。

3. 机构提供对新入院患者上级医师48小时内的查房记录。

责任科室：提供住院病房的各临床科室。

【B】符合“C”，并
1. 各科医务人员应知晓查房制度并落实。 2. 科主任或副高级及以上医师每周至少查房2次。 3. 按规定准确、规范、完整记录查房内容。

创建要点：

1. 机构对查房制度进行培训且有资料，包括培训通知、培训课件、培训场景照片、签到册等。各科医务人员应知晓和掌握查房制度。

2. 科主任或副高级及以上医师每周至少查房2次，并记录××副主任医师查房记录。

3. 机构应当按《病历书写基本规范》要求，客观、真实、准确、及时、完整地记录查房内容。

材料指引：

1. 检查人员现场访谈医护人员是否知晓查房制度。

2. 检查人员访谈患者科主任或副高级及以上医师每周是否查房2次。

3. 检查人员查看病程记录是否准确、规范、完整。

责任科室：提供病房的各临床科室。

【A】符合“B”，并
职能部门履行监管职责，对落实情况有评价，持续改进有记录。

创建要点：

职能部门每季度至少1次督导检查查房制度的落实情况，总结分析问题、反馈，有改进措施，有证据显示持续改进。有总结分析报告。

材料指引：

机构应提供查房制度的督导检查、总结分析，有数据有记录，能体现持续改进。

责任科室：医务科、护理部、各临床科室。

3.2.2.5 值班和交接班制度

【C】

1. 建立本机构值班体系，包括临床、医技、护理部门以及提供诊疗支持的后勤部门。
2. 制定本机构及科室值班和交接班制度，明确岗位职责和相关规定。
3. 值班表向全院公开，值班人员资质符合岗位要求。

创建要点：

1. 机构须建立本机构值班体系。包括医院总值班系统，医疗、护理、行政后勤的院级值班指挥系统，临床、医技科室以及保卫、后勤保障服务、物业管理等部门的运行值班系统，其中包括一线值班，二线、三线的听班，并有科室值班表及交接班记录本。

2. 机构须建立医院及科室的值班和交接班制度，明确人员岗位职责，有制度培训资料，各科医务人员应知晓并掌握。

3. 各岗位值班表向全院公开，值班人员资质符合岗位要求。

材料指引：

1. 机构应提供本机构值班体系资料。检查人员现场访谈、查看科室值班及交接班制度、排班表等资料。

2. 检查人员现场访谈，查看值班及交接班制度、岗位职责，知晓及落实情况。

3. 检查人员现场查看机构值班表公示情况、抽取值班人员查看资质证书。

责任科室：临床、医技科室、行政后勤各科室。

【B】符合“C”，并

按要求落实值班和交接班相关制度、规定，及时记录值班情况，交接班记录规范、完整。

创建要点：

机构按要求严格落实值班和交接班相关制度、规定，交班医（护）师将新入院、危重患者、手术患者、危急值患者作为交班重点，提出注意事项，交班医

(护)师提出的注意事项接班人员应给予回应，规范记录于交接班记录本中。

材料指引：

检查人员现场查看机构交接班记录本，可以参加临床科室交班。

责任科室：临床、医技科室、行政后勤各科室。

【A】符合“B”，并
职能部门履行监管职责，对落实情况有评价、有记录，持续改进。

创建要点：

职能部门每季度至少1次督导值班和交接班制度落实情况，检查、总结、反馈，有改进措施，有落实，且有证据显示有持续改进。

材料指引：

机构提供督导值班和交接班等检查总结分析报告。

责任科室：医务科、护理部、临床科室、医技科室、行政后勤各科室。

3.2.2.6 手术、麻醉授权管理★

【C】
1. 有对实施手术、麻醉等高风险操作卫生技术人员的授权管理制度。 2. 有需要授权许可的高风险诊疗技术项目的目录。 3. 对实施手术、麻醉相关人员进行授权。

创建要点：

1. 机构有《实施手术和麻醉医师授权管理制度》。手术分级授权管理落实到每一位手术医师和麻醉医师，权限与其资格能力相符(表1-23)。

2. 组织本机构相关科室负责人及专家对本机构高风险诊疗技术项目进行梳理评估，列出项目目录，进行授权。根据机构的发展情况，定期对目录进行适当调整(表1-24)。

3. 机构有对实施手术、麻醉相关人员授权的相关制度和程序，首先是个人申请，由临床科室和职能科室组织专家评估，最后由机构授权。

材料指引：

1. 检查人员现场访谈，查看机构的《实施手术和麻醉医师授权管理制度》。

2. 机构应提供《高风险诊疗技术项目目录》及授权相关资料。

3. 检查人员现场访谈，查看机构的相关授权文件和工作流程。

责任科室：医务科、外科、手术室。

表 1-23　手术分级授权记录模板

手术项目名称	手术分级	授权医师	医师职称
剖宫产术	2级	妇产科　李××	
腹股沟斜疝	2级	骨外科　张××	
……			

表 1-24　高风险诊疗技术项目目录

编号	高风险诊疗技术项目
1	
2	
3	
4	
5	
6	
7	
……	

【B】符合“C”，并

1. 相关人员知晓本部门、本岗位的管理要求。

2. 无违反相关规定的行为。

创建要点：

1. 机构对实施手术、麻醉相关人员进行手术麻醉授权相关管理规定的培训并留存培训资料。包括培训通知、培训课件、培训场景照片、签到册等。职能部门管理人员、手术医师、麻醉医师及手术室相关医务人员应知晓制度、了解本科室及本岗位管理要求。

2. 机构的手术医师资格分级授权管理执行良好，无越级手术或麻醉行为，无未经授权擅自开展手术和麻醉的案例。

材料指引：

1. 检查人员现场访谈机构的外科医师、麻醉医师授权知晓情况，查看分级授权的相关资料。

2. 检查人员现场抽查机构的手术记录核实分级授权的落实情况。

责任科室：医务科、外科、手术室。

【A】符合“B”，并
1. 职能部门履行监管职责，根据监管情况，定期更新授权项目。 2. 有医疗技术项目操作人员的技能及资质数据库，并及时更新。

创建要点：

1. 职能部门对手术麻醉授权的管理至少每年开展1次检查，有检查记录；对授权实施动态管理，根据对医师能力评价进行再授权；根据乡镇卫生院/社区卫生服务中心的发展情况，至少每2年更新一次授权项目。

2. 机构应当建立本机构医疗技术项目操作人员的技能及资质数据库或目录，包括学历、职称、执业资格、培训和进修情况、目前承担工作、履职情况、考核情况等。根据乡镇卫生院/社区卫生服务中心及医疗技术项目的变更，项目操作人员技能和资质（职称、职位）的变化，定期更新（至少2年更新1次）数据库或目录。

材料指引：

1. 机构应提供职能部门对手术麻醉授权的督导检查以及动态管理情况资料。

2. 机构应提供医务科医疗技术项目操作人员的技能及资质数据库（定期更新）。

责任科室：医务科、外科、手术室。

3.2.2.7　病历书写规范管理

【C】
1. 有病历书写基本规范与住院病历质量监控管理规定，医师按照规范书写门诊、急诊和住院患者病历。 2. 将病历书写基本规范作为医师岗前培训内容和医师“三基”训练内容，医师知晓率达100%。

创建要点:

1. 根据《病历书写基本规范》《电子病历基本规范(试行)》《国家基本公共卫生服务规范(第三版)》等相关要求,建立本机构医疗文书书写相关的质量控制管理制度。医师按照规范书写门诊、急诊、住院病历。

2. 在本机构的医师岗位培训和医师"三基"训练中,均将病历书写基本规范作为主要内容加以培训和考核管理。医师对该项工作内容知晓率达100%。

材料指引:

1. 制定本机构的《病历书写基本规范》与《住院病历质量监控管理制度》,抽查门诊、急诊和住院患者病历。

2. 机构提供医师岗前培训内容和医师"三基"训练内容中的病历书写规范培训资料。检查人员现场提问、测试医师病历书写基本规范相关内容。

责任科室:医务科、护理部、各临床科室。

【B】符合"C",并
1. 有院科两级病历质控人员,定期开展质控活动,有记录。 2. 门、急诊病历书写合格率达到98%以上,住院病历书写合格率达到95%以上,甲级病历率达到90%以上,无丙级病历。

创建要点:

1. 机构须成立本机构和科室两级质控部门,或是有专(兼)职人员负责病历书写质量控制。乡镇卫生院/社区卫生服务中心最少每季度开展1次、科室最少每月开展1次对病历质量的督导检查,并有质控工作记录。

2. 医疗文书包括门急诊病历、住院病历、处方、各种申请单、检查报告单、居民健康档案等。

门急诊病历书写合格率=(抽查合格的门急诊病历份数/抽查的门急诊病历总份数)×100%,合格率大于98%。

住院病历合格率=(抽查合格的住院病历份数/抽查的住院病历份数)×100%,合格率大于95%。*甲级病历率=(抽查的甲级病历份数/抽查的合格病历份数)×100%*,甲级病历率大于90%,无丙级病历。

材料指引:

1. 机构应提供院科两级质控人员对病历质量的督导检查资料,要有质控活动记录。

2. 现场抽取当年度机构病历质量达标情况（资料按每月病历质量指标情况提交），检查人员现场抽查医师病历书写情况。

责任科室：医务科、护理部、各临床科室。

【A】符合“B”，并
有职能部门监管记录，对落实情况有评价、有记录，持续改进。

创建要点：

职能部门每季度至少对病历书写质量进行1次监管检查，且有质量数据显示有持续改进。

材料指引：

机构职能科室应提供对病历书写质量检查的总结分析报告。

责任科室：医务科、护理部、各临床科室。

3.2.2.8　手术管理★

【C】
1. 有符合本机构的手术分级管理、手术审批权限制度和手术分级目录。 2. 有患者病情评估制度，在术前完成病史、体格检查、影像与实验室资料等评估。 3. 有术前讨论制度，根据手术分级和患者病情确定参加讨论人员及内容。 4. 有落实患者知情同意管理的相关制度与程序。 5. 医务人员熟悉手术后常见并发症，对常见并发症有预防措施。 6. 定期对临床科室手术医师进行相关教育与培训。

创建要点：

1. 机构根据自身的实际情况，制定适合本机构的《手术分级管理制度》《手术审批权限制度》《手术分级目录》。并根据本机构的发展情况，至少每2年更新1次手术分级目录。

2. 机构须制定患者《病情评估制度》。在术前完成病史采集、体格检查、影像和实验室检查，并依据前述资料对患者病情进行综合评估，于病情评估单中记录。

3. 机构须制定《术前讨论制度》，术前讨论内容包括：患者术前病情评估的重点范围、术前准备、临床诊断、拟施行的手术方式、手术风险与利弊，以及明确是否需要分次完成手术、确定手术人员等。

4. 机构须制定《知情同意管理制度》和程序，知情同意书包括术前诊断、手术目的和风险、高值耗材的使用与选择，以及其他可选择的诊疗方法等。

5. 机构对高风险、高危手术患者有风险评估，有预防“深静脉血栓”“肺栓塞”等手术并发症的预防措施，并组织培训、考试。

6. 机构对手术的管理各项制度有培训，并留存有资料。资料包括：培训通知、培训课件、培训场景照片、签到册等。

材料指引：

1. 机构应提供其制定的《手术分级管理制度》和《手术审批权限制度》《手术分级目录》。（至少每2年更新1次手术分级目录）

2. 机构应提供《病情评估制度》及病历中病情评估单。

3. 机构应提供《术前讨论制度》，查看病历中术前讨论记录。

4. 机构应提供《知情同意管理制度》和程序，检查人员可查看病历中知情同意书的签署、可以访谈患者是否知晓。

5. 机构对高风险、高危手术患者有风险评估，检查人员可访谈医护人员、查看相关预案、流程及培训情况。

6. 机构应提供手术的管理各项制度及培训资料，检查人员可现场访谈手术医师、查看培训资料。

责任科室：医务科、外科、手术室。

【B】符合“C”，并
职能部门对制度落实情况定期检查有记录，并将结果进行反馈。

创建要点：

职能部门要有每季度至少进行1次对手术分级管理、病情评估、术前讨论、知情同意书的签署、手术并发症的预防等围手术期管理的督导检查记录及总结，有结果反馈。

材料指引：

机构应提供职能部门对手术管理制度落实情况的督导检查记录，确保临床科室有记录，知晓反馈问题。

责任科室：医务科、外科、手术室。

【A】符合“B”，并
职能部门对检查结果进行分析，持续整改并取得成效。

创建要点：

职能部门运用质量管理工具对每季度的督导检查结果进行总结分析，对发现的问题有反馈，临床科室有改进措施，有证据证明有持续改进并取得成效。

材料指引：

机构应提供职能部门对手术管理制度的落实情况及定期总结分析的资料。

责任科室：医务科、外科、手术室。

3.2.2.9　患者麻醉前病情评估和讨论制度★

【C】
1．有患者麻醉前病情评估制度，对高风险择期手术、新开展手术或麻醉方法进行麻醉前讨论。 2．有麻醉前由麻醉医师落实患者知情同意的相关制度。 3．向患者、近亲属或授权委托人说明所选的麻醉方案及术后镇痛风险、益处和其他可供选择的方案。 4．签署麻醉知情同意书，并存放在病历中。 5．有全身麻醉后的复苏管理措施，实施规范的全程监测并有记录。

创建要点：

1. 机构须制定《麻醉前病情评估制度》，评估内容包括：明确患者麻醉前病情评估的重点范围的评估，术前麻醉准备的评估，对临床诊断、拟施行手术、手术风险、麻醉方式及麻醉的风险与利弊进行综合评估，并对高风险择期手术、新开展手术或麻醉方法，进行麻醉前讨论，且记录在病历中。

2. 机构须制定《麻醉知情同意制度》，术前由麻醉师落实，患者签署知情同意书。

3. 麻醉知情同意书内容包括所选的麻醉方案及术后镇痛风险、益处和其他可供选择的方案。

4. 麻醉医师向患者及其近亲属或授权委托人讲解并完成麻醉知情同意书的签署，保存于病历中。

5. 麻醉复苏室应配备手术床、吸氧装置、吸引器、多功能监测仪、口咽通气道、喉镜、气管插管、呼吸器、除颤仪、输液泵、呼吸机（麻醉机）等设备及抢救药品。麻醉医师实施规范的全程监测，监护结果和处理均有记录并留存于病历中。

材料指引：

1. 机构应提供《麻醉前病情评估制度》，提供病历中麻醉前访视与评估记录单、麻醉前讨论记录。

2. 机构应提供其制定的《麻醉知情同意制度》，提供有麻醉知情同意书的病历。

3. 检查人员现场访谈患者家属，现场查看机构病历麻醉知情同意书的签字。

4. 检查人员现场查看机构麻醉复苏室的相关设备、药品和麻醉监护记录。

责任科室：医务科、外科、麻醉科。

【B】符合“C”，并
1. 评估与讨论的病历记录完整性达到100%。 2. 科室对变更麻醉方案的病例进行定期回顾、总结和分析。

创建要点：

1. 机构病历中有麻醉前病情评估、麻醉前讨论、麻醉知情同意书、麻醉记录等。完整性要达到100%。

2. 麻醉科定期对变更麻醉方案的病历进行回顾、总结分析，有针对性地提高麻醉质量的各项改进措施。

材料指引：

1. 机构应提供有麻醉前病情评估、麻醉前讨论、麻醉知情同意书、麻醉记录等相关评估与讨论的病历记录。

2. 机构应提供麻醉科的质控活动记录，提供定期对变更麻醉方案的分析报告。

责任科室：医务科、外科、麻醉科。

【A】符合“B”，并
职能部门履行监管职责，有监管检查、反馈和改进措施，并有记录。

创建要点：

职能科室每季度至少开展1次对麻醉科的各项制度落实情况的督导检查工作，对麻醉前评估、麻醉前讨论、知情同意书的签署、麻醉复苏室的管理等各项质量指标进行检查、总结、反馈，提出改进措施并督促落实。

材料指引：

检查人员现场查看职能部门对麻醉科的督导检查情况，机构要提供职能部门针对麻醉的质量指标进行总结分析及相关总结报告等材料。

责任科室：医务科、外科、手术室。

3.2.2.10　**输血管理 ★**

【C】
1. 制定本机构的相关管理制度，有临床输血管理组织和职能管理部门，对全院临床输血进行监管指导，并有工作记录。 2. 医务人员掌握输血适应证相关规定，合理用血。 3. 有输血前的检验和核对制度，实施记录及时、规范，且保存完好。 4. 有输血不良反应及处理预案，记录及时、规范。 5. 组织全院开展输血相关的法律、法规、规范、制度的培训。

创建要点：

1. 机构成立以院长或分管医疗的副院长为组长，医务科、检验科、护理部、临床科室等主要负责人参与，检验科总负责的输血质量管理小组，贯彻执行临床输血管理的相关法律法规、技术规范和标准，制定本机构临床输血的管理制度并监督实施，规范管理和技术指导。输血质量管理小组负责输血质量管理，并明确不同职能部门在输血全程中的职责。

2. 机构根据《中华人民共和国献血法》《医疗机构临床用血管理规范》《临床输血技术规范》《医疗机构输血科和血库基本要求》《血液储存要求》《全血

和成分血使用》《输血反应分类》《输血相容性检测标准》《静脉治疗护理技术操作规范》等标准要求制定本机构输血相关制度，包括输血查对制度、输血相容性检测实验室管理（室间质评管理、室内质量管理）制度、血液储存管理规定、交叉配血管理制度、临床医师输血培训管理制度、临床用血申请分级管理制度、临床用血医学文书管理制度、临床用血审核制度、临床用血前评估及输血后效果评价制度、输血应急预案及处置流程、血袋保存销毁规定及记录等。

3. 机构每年至少开展一次由检验科对新入职职工及相关医务人员进行输血相关法律法规、医院规章、输血不良反应处置及应急预案的培训及考核。相关医务人员掌握输血适应证相关规定，能在临床中正确应用，无不合理用血。

4. 机构每季度开展一次输血应急预案演练，医务人员能及时、规范地记录输血不良反应及其处理过程。

材料指引：

1. 机构应提供医院输血质量管理小组成立的文件及相关职责资料。
2. 机构应提供输血质量管理小组每半年召开一次讨论会的会议记录。
3. 机构应提供医院输血管理的制度、规范、技术操作流程、应急预案等文件资料。
4. 机构应当做好血液制品入院时、标本采集时、取血出检验科时、执行输血时的核对执行工作并有记录，记录及时、规范。
5. 机构应提供检验科对新入职职工培训的培训资料，培训资料包括培训通知、培训课件、培训场景、签到表等，以及考试考核记录。
6. 机构应提供各职能科室针对输血全程质量监控的原始资料。
7. 机构应提供检验科输血相关工作记录和质量检查原始资料。
8. 机构应提供输血病历，病历要有规范的输血记录。

责任科室：护理部、检验科、医务科。

【B】符合“C”，并
1. 开展输血不良反应的应急演练。 2. 各相关科室按照制度和流程要求，共同落实输血管理相关制度。

创建要点：

1. 机构确保输血不良反应应急预案齐全，且每季度演练一次。

2. 医院做好输血全程的质量管理工作，如查对制度、交叉配血、血液储存、血液输注、血袋销毁等，记录及时、全面、正确。

材料指引：

1. 机构应提供输血不良反应应急预案演练记录。

2. 机构应提供各职能部门输血全程相关质量监控记录，记录要有总结分析，有针对问题提出改进的措施。

责任科室：护理部、检验科、医务科。

【A】符合“B”，并

1. 机构合理用血相关评价指标（如输血申请、用血适应证合格率、成分输血比例）均达到相关标准。
2. 职能部门对输血适应证有严格管理规定，定期评价与分析本机构用血趋势。

创建要点：

1. 机构制定输血质量管理相关评价指标，如输血申请合格率、用血适应证合格率、成分输血比例等。

2. 检验科每半年根据相关评价指标评价，分析本机构用血情况，促进临床合理用血水平持续提高。

材料指引：

1. 机构应提供输血申请合格率、用血适应证合格率、成分输血比例检查等用血合理相关评价指标的原始记录和总结分析。

2. 机构应提供其输血管理小组每半年召开一次会议的会议记录。

责任科室：护理部、检验科、医务科。

3.2.2.11 放射或医学影像管理

【C】
1. 通过医疗机构执业诊疗科目许可登记，取得放射诊疗许可证并在校验期内，工作场所符合《中华人民共和国职业病防治法》《放射诊疗管理规定》。 2. 提供医学影像服务项目与本院功能任务一致，能满足临床需要。 3. 有明确的服务项目、时限规定并公示，普通项目当日完成检查并出具报告。 4. 诊断报告书写规范，审核制度与流程健全合理（如无执业医师审核报告，可开展远程影像诊断审核流程）。

创建要点：

1. 医疗机构执业许可证须加注医学影像科诊疗科目，放射诊疗许可证在校验期内，机构的放射影像设备均符合相关规定标准。工作场所符合《中华人民共和国职业病防治法》《放射诊疗管理规定》相关规定。

2. 机构须根据临床诊疗需要，开设与机构诊疗科目相一致的医学影像服务项目。

3. 根据本机构实际，明确服务项目和报告出具时限，并予以公示。胸部X线检查、B超等普通检查项目应当日出具报告。

4. 机构按照规范书写诊断报告，根据本机构实际制定诊断报告书写规范、报告审核制度与流程。如本机构无执业医师审核报告可开展远程影像诊断，但必须有相关的审核流程，与上级医院有远程服务的协议。协议须有审核流程、回报时限、质量管控等内容。

材料指引：

1. 检查人员现场查看机构医学影像科室及设备、医疗机构执业许可证、放射诊疗许可证。

2. 检查人员查看机构放射诊疗许可证诊疗项目和服务项目。

3. 检查人员现场查看机构公示的服务项目及时限要求。

4. 机构应当提供诊断报告书写规范、报告审核制度与流程。检查人员现场查看影像报告单是否规范，有无审核医师查看远程服务协议书。

责任科室：医学影像科。

【B】符合“C”，并
1. 提供24小时急诊服务。 2. 各类影像检查统一编码，实现患者一人一个唯一编码管理。 3. 科室每月对诊断报告质量进行检查，总结分析，落实改进措施。

创建要点：

1. 机构的医学影像科需要提供24小时急诊放射服务。

2. 机构确保各类影像检查统一编码，实现患者一人一个唯一编码管理，能够调取历次检查结果。

3. 医学影像科科室质控小组每月对诊断报告质量进行自查，对发现的问题总结分析，落实改进措施。

材料指引：

1. 检查人员现场查看医学影像科值班表及24小时服务记录。

2. 检查人员现场调取影像检查报告，查看各类影像检查是否为统一编码。

3. 机构应提供医学影像科科室质控小组活动记录，并提供对应的分析结果和改进措施资料。

责任科室：医学影像科。

【A】符合“B”，并
1. 医生工作站可以调阅影像报告，至少可实现1年在线查询。 2. 有针对对比剂过敏反应的培训和演练记录，并记录过敏反应的不良事件。 3. 职能部门有监督检查，追踪评价，评价结果纳入对科室服务质量与诊断医师技术能力评价内容。

创建要点：

1. 医生工作站可以实现1年在线查询影像报告。

2. 机构有对比剂过敏反应的应急预案和处置流程，相关培训、演练，以及对比剂不良反应事件的记录。

3. 职能科室每季度至少1次对科室的服务质量、诊断医师的技术能力、报告的书写规范等进行督导、检查、追踪评价，并作出总结、反馈，提出改进措施并督促落实。

材料指引：

1．检查人员现场查询机构1年在线影像报告。

2．机构应提供《对比剂过敏反应的应急预案和处置流程》。检查人员现场访谈值班医师，查看应急预案及演练记录、不良事件上报记录。

3．机构应提供职能科室每季度至少1次对影像科室的服务质量、诊断医师的技术能力、报告的书写规范等进行的督导检查及总结分析的报告。

责任科室：医务科、医学影像科。

3.2.2.12　临床检验管理

【C】
1．按照《医疗机构临床实验室管理办法》要求，实验室集中设置，统一管理。 2．有实验室安全管理制度和流程。 3．检验科质量控制相关制度及实验室生物安全管理制度健全。 4．检验报告单格式规范、统一，有书写制度。

创建要点：

1．实验室集中设置必须符合机构实际检验工作的要求，统一管理。

2．机构须制定符合本机构实际的临床实验室安全管理制度和流程，并有效执行。

3．机构须建立健全检验质量控制相关制度、实验室生物安全管理制度，并有效执行。

4．机构须制定《检验报告书写规范》，明确检验报告单的格式、内容、参考范围及签名等规定。

材料指引：

1．实验室集中设置必须符合机构实际检验工作的要求，检查人员现场查看整体规划，合理布局，是否满足临床科室的需求，是否实现统一管理、统一标准、统一质控。

2．检查人员现场查看机构临床实验室安全管理制度和流程，查看实验室布局，工作流程是否合理（区分清洁区、半污染区、污染区，以避免交叉感染）。

3．检查人员现场查看实验室生物安全区分是否合理（有无明确的实验室生物安全等级标识）及相关制度执行是否到位。

4．检查人员现场抽查检验报告单书写是否规范（包括患者姓名、性别、年龄、临床诊断、科别、标本种类、送检日期、送检医师等）。

责任科室：检验科。

【B】符合“C”，并

1．开展安全制度与流程管理培训，相关人员知晓本岗位履职要求。

2．能定期开展实验室室内质控和室间质评工作。

3．科室每年至少1次向临床科室征求项目设置的合理性意见，确保检验项目满足临床需求。

4．能提供24小时急诊检验服务。

创建要点：

1．机构须对检验人员开展实验室安全制度与流程的培训，保存培训资料。资料包括培训通知、培训课件、培训场景照片、签到册等，检验人员知晓其本岗位履职要求。

2．检验科指定专人定期对检验质量进行自查、反馈和整改，能定期开展实验室室内质控，参加区域室间质量评价，定期评估室内质控各项参数及失控率，对评价评估结果进行分析并持续改进。

3．检验科（室）每年至少1次主动与临床科室举行沟通会，征求项目设置合理性、质量等方面的意见，并及时安排整改。

4．机构能提供24小时急诊检验服务。

材料指引：

1．检查人员现场查看机构提供实验室安全制度与流程的相关培训记录，检查人员现场考核检验人员知晓岗位职责情况。

2．检查人员现场查看实验室室内质控、区域室间质评等相关质控记录。机构定期评估室内质控各项参数及失控率，对评价评估结果进行分析并持续改进。

3．检查人员现场查看机构与临床沟通会议记录。

4．检查人员查看机构24小时急诊检验服务项目、报告单时间及排班表。

责任科室：检验科。

【A】符合“B”，并
1. 微生物检验项目对医院感染控制及合理用药提供充分支持。
2. 有职能部门监督检查，落实整改措施，持续改进。

创建要点：

1. 机构须开展微生物检验项目，提供细菌耐药、抗菌药物敏感性报告，为医院感染控制和合理使用抗菌药物提供技术支持。

2. 职能部门至少每季度1次对检验科进行质量与安全的全面监督检查，提出改进措施，持续改进检验质量。

材料指引：

1. 机构应提供以书面或网络形式定期（至少每季度）向临床科室通报细菌耐药情况的记录。检查人员现场查看机构提供的相关记录。

2. 检查人员现场查看职能部门对检验科进行质量与安全的全面监督检查结果及持续改进措施。

责任科室：医务科、检验科。

3.2.2.13 **中医管理**

【C】
1. 有中医科工作制度、岗位职责及体现中医特色的诊疗规范，并落实。
2. 根据中医特色开展中医药人员培训与教育活动，并有相关记录。
3. 相关人员知晓上述制度、本岗位职责及诊疗规范。

创建要点：

1. 机构须制定中医科工作制度、人员岗位职责，有中医临床诊疗规范和适宜技术规范并在实际工作中严格执行。

2. 每年在机构内开展不少于2次的中医药人员培训教育活动，培训活动记录完整。

3. 机构对中医药人员培训学习本科室工作制度、本岗位职责、诊疗规范，并保存培训相关资料，做到人人知晓。

材料指引：

1. 机构应提供机构制定的中医科规章制度、岗位职责、中医临床诊疗规范、中医适宜技术操作规范，并提供有关制度培训资料。

2. 机构提供每年2次针对中医药人员的中医药知识培训记录。

3. 检查人员现场抽查考核机构中医药人员、查看门诊诊疗记录，测试中医技术操作。

责任科室：中医科、医务科、护理部。

【B】符合“C”，并
1. 按《中医病历书写规范》书写医疗文书。 2. 科室内应定期开展自查、评估、分析和整改。

创建要点：

1. 机构须按照《中医病历书写基本规范》的要求书写门诊病历、住院病历、处方等医疗文书。

2. 中医科科室内质控小组至少每月开展1次中医医疗质量情况自查、评估，并对结果进行分析和整改。

材料指引：

1. 机构应按照创建要点做好医疗文书管理工作，检查人员现场抽查中医门诊或住院病历、中药饮片处方。

2. 机构应提供中医科质控小组活动记录等资料。

责任科室：中医科。

【A】符合“B”，并
职能部门履行监管职责，定期评价、分析、反馈，中医管理持续改进有成效。

创建要点：

职能部门至少每季度1次对中医医疗质量进行督导、检查、总结、反馈，有改进措施和落实，并有资料或数据显示持续改进工作达到预期效果。

材料指引：

检查人员查看职能部门每季度1次对中医医疗质量的督导检查、总结分析报告和改进措施。

责任科室： 医务科、护理部、中医科。

3.2.2.14 康复管理★

【C】
1. 有规范的康复治疗工作制度、诊疗规范与操作规程。 2. 有康复科（室）管理制度和相关规定。 3. 有康复医学专业人员和专业设备。 4. 有具备康复资质治疗师、护士及其他技术人员实施康复治疗和训练。

创建要点：

1. 机构须建立与本机构服务能力相适应的康复治疗工作制度、诊疗规范与操作规程，并有效执行。

2. 机构须完善康复科内管理制度，明确康复科岗位设置、工作职责等相关管理制度和规定。

3. 机构须配备与业务开展相适应的康复医学专业技术人员和康复设备，达到相关要求。

4. 机构从事康复医学专业的技术人员资质应符合要求（含经过省级及以上专业机构培训取得合格证书的卫生技术人员），由医师、治疗师、护士及其他技术人员共同组织治疗小组进行康复治疗和训练。

材料指引：

1. 检查人员查看康复科工作制度、诊疗规范、操作流程及执行情况

2. 检查人员现场查看康复科岗位设置及相关制度、岗位职责。

3. 检查人员查看机构康复科人员配备情况（医师、治疗师、护士）及相关设备。

4. 检查人员现场查看康复科相关人员资质证书、训练计划、训练记录。

责任科室： 中医科、康复科。

【B】符合“C”，并
1. 对转入本机构或家庭的患者提供转诊后康复训练指导，保障康复训练的连续性。 2. 科室对落实情况有自查、评价、分析、反馈和整改。

创建要点：

1. 机构对上级医疗机构转入本机构的患者或居家康复的患者提供转诊后康复训练指导。

2. 康复科每月最少开展1次对康复治疗制度、诊疗规范、操作规程及科室管理制度的落实情况的自查、评价和反馈工作，并对评价结果进行分析，提出整改意见，落实整改措施。

材料指引：

1. 机构应提供转诊康复科患者的康复训练指导服务档案及机构工作记录。

2. 机构应提供康复科对康复治疗制度、诊疗规范、操作规程及科室管理制度的落实情况的督导检查资料、评价分析及持续整改资料。

责任科室：康复科。

【A】符合“B”，并
职能部门履行监管职责，定期评价、分析、反馈，康复治疗质量持续改进。

创建要点：

职能部门对康复科（室）各项制度的落实及康复治疗质量进行监管，每季度至少开展一次督导、检查、总结、反馈工作，并提出改进措施，保证落到实处，有资料或数据佐证其持续改进效果。

材料指引：

检查人员查看职能部门各项制度的落实情况及对康复治疗质量进行监管情况。

责任科室：医务科、中医科、康复科。

3.2.2.15 病案管理

【C】
1. 有病历书写基本规范与住院病历质量监控管理规定。 2. 保存来院就诊患者基本信息，有保护病案及信息安全相关制度和应急预案。 3. 有唯一识别病案资料的病案号。 4. 无电子病历系统的机构，要有电子病历系统的建设方案与计划。

创建要点：

1. 机构根据《病历书写基本规范》《电子病历应用管理规范（试行）》，建立适合本机构的病历书写规范和病历质量监管制度。

2. 机构应当保存来院就诊患者的基本信息，包括姓名、性别、年龄、身份证号、联系人、电话、就诊科室等信息。机构制定病案及信息安全管理制度和应急预案。

3. 机构有唯一识别病案资料的病案号，通过一个病案编号机构可获得同一患者所有的历史住院诊疗记录。

4. 医疗机构如无电子病历系统，要有电子病历系统的建设方案与计划。

材料指引：

1. 检查人员现场查看机构病历书写规范和病历质量监管制度。

2. 机构提供制定的病案及信息安全管理制度、应急预案资料。检查人员现场查看来院就诊患者的基本信息。

3. 检查人员现场抽查机构病案编号，查看能否获取同一患者历史诊疗记录。

4. 检查人员查看机构有无电子病历系统；无电子病例系统，查看其系统建设方案与计划。

责任科室：病案室。

【B】符合“C”，并
1. 病案工作人员知晓相关规定、应急预案及处置流程。 2. 有电子病历系统，并按照《电子病历应用管理规范》进行管理。

创建要点：

1. 机构对病案室工作人员进行《医疗机构病历管理规定》、病案管理制度、病案管理应急预案及处置流程等培训，人人知晓相关管理规定。

2. 机构应当按照《电子病历应用管理规范》建立适合本机构的电子病历管理制度，保证信息安全。

材料指引：

1. 机构应当提供《医疗机构病历管理规定》、病案管理制度、病案管理应急预案及处置流程。检查人员现场抽查、访谈病案人员知晓情况。

2. 检查人员现场查看机构是否有电子病历系统、是否建立电子病历管理制度。

责任科室：病案室。

【A】符合"B"，并
1. 质量管理相关部门、病案科及临床各科室定期对病历书写规范进行监督检查，对存在的问题与缺陷提出整改措施。 2. 职能部门定期对病历书写质量进行追踪与成效评价，持续改进病历质量。

创建要点：

1. 机构质控科、医务科、病案科及临床各科室定期对病历书写规范进行监督检查，对存在的问题与缺陷提出整改措施。

2. 职能部门每季度至少1次对科室病案管理工作进行督导、检查、总结、反馈，有改进措施并落实，有显示达到持续改进效果数据。

材料指引：

1. 检查人员查看机构院科两级的病历书写监督检查记录，查看是否提出问题及整改措施。

2. 检查人员查阅职能部门对病历书写质量的分析评价，进行追踪与成效评价。

责任科室：医务科、护理部、病案室、各临床科室。

3.3　患者安全管理

3.3.1　查对制度

【C】
1. 有查对规章制度和操作规程，并在诊疗活动中严格执行。 2. 有标本采集、给药、输血或血制品、发放特殊饮食、诊疗活动时就诊者身份确认的制度、方法和核对程序。 3. 对门诊就诊和住院患者的身份标识有制度规定。 4. 至少同时使用包括姓名在内的两种身份识别方式，如出生日期、年龄、性别、床号、病历号等，禁止仅以房间或床号作为识别的唯一依据。 5. 重点科室及对无法进行身份确认者，有身份标识的方法和核对流程。 6. 相关工作人员熟悉并遵循上述制度和工作流程。

创建要点：

1. 机构须建立适合本机构的查对制度，查对制度应包含医嘱查对，服药、注射、输液查对，血标本采集、取血、输血查对，手术安全核查，饮食查对，药品存储、药品出入库、药品调剂查对，检验标本采集和接收查对，放射超声查对，康复理疗查对，门诊输液查对，预防接种查对，仪器设备型号性能查对等内容。

2. 机构在修订患者身份识别制度时，应明确患者身份识别的方法、时机，完善对语言沟通障碍、意识不清、无法进行身份识别的无名患者的身份标识流程，门诊就诊实名制挂号，以患者身份证或社保卡作为办理门诊就诊和住院病历的唯一依据。

3. 机构开展所有诊疗活动前、中、后要严格落实查对制度，至少采用两种方式核对患者身份，杜绝仅用床号或房间号识别患者身份，同时采用反问式询问患者姓名，保证身份正确、操作正确。

4. 急诊、病房、手术室、意识不清、语言交流障碍、无法进行身份确认的无名患者等使用“腕带”作为识别标识。患者意识不清、语言交流障碍、镇静期间，有家属陪伴时由患者家属报患者姓名，核对腕带与操作物上的患者信息，无家属陪伴时由两名医务人员核对操作物与腕带上的住院号及姓名。

5. 机构对无法进行身份确认的无名患者：由接诊的医护人员临时命名，使用“无名氏编号+年龄段+性别”和就诊号/住院号。新生儿姓名：用其“母亲姓名之子/女”的方式命名，如母亲姓名为张三，新生儿为男孩，新生儿命名为张三之子。多胎可用“长子、次子、三子、长女、次女、三女”等进行区别，如张三长子、张三次子，以此类推。

6. 机构应当进行全员培训，确保医务人员知晓诊疗活动中正确落实识别患者身份和相关内容的方法及流程。机构在实施有创诊疗活动前，把实施者与患者（或家属）再次沟通作为最后确认的手段，保证患者身份正确。

材料指引：

1. 机构应当提供以上查对制度。
2. 机构应当提供患者身份识别制度。
3. 机构应当提供针对查对制度的培训和考核资料。

责任科室：医务科、护理部。

【B】符合“C”，并

1. 完善关键流程中对就诊者的识别措施。
2. 对就诊者住院病历身份实行唯一标识管理，如使用医保卡编号或身份证号码等。

创建要点：

机构应当建立急诊与病房患者交接、病房与手术室患者交接管理规定。

材料指引：

1. 机构应提供患者转运交接记录单（附录B）。

2. 机构应提供手术患者转运交接记录单（附录C）。

责任科室：医务科、护理部。

【A】符合“B”，并
1. 重点部门和关键环节（如急诊、产房、手术室等）患者使用条码管理。 2. 职能部门对上述工作有监管、反馈和改进措施。

创建要点：

1. ①腕带管理。急诊、病房、手术室、新生儿、意识不清、语言交流障碍、无法进行身份确认的无名患者等使用“腕带”作为识别标识。腕带内容包括患者科室、姓名、住院号、性别、年龄、条形码等，可以机打或手写，佩戴前应与患者或委托代理人再次核查患者姓名、住院号、年龄、性别，准确无误后佩戴在正确位置，不得随意移除，有损坏或不清晰时应及时更换。操作前仍应与患者家属语言沟通，反问式核查患者姓名。出院、转院或死亡后应及时摘除腕带。②科室监管。科主任、护士长、各科室负责人要把员工对患者进行有效身份识别和查对制度的落实作为长期监管的质量项目，每月进行常规检查和个人抽查，并将检查结果纳入科室人员的绩效考核。

2. 职能部门监管。医务科、护理部、门诊部等相关部门对各科室有效地落实身份识别和查对制度进行常规监管，每季度全院抽查1次，对落实情况进行总结分析，针对存在的问题提出改进措施。

材料指引：

1. 机构提供患者身份识别与查对制度规范落实检查表（表1-25）。

2. 监管指标。①身份识别正确率100%，*身份识别正确率=（身份识别正确人数/同期需进行身份识别总人数）×100%*。②查对制度规范落实率（提高），*查对制度规范落实率=（查对制度规范落实数/查对制度落实总条目数）×100%*。

责任科室：医务科、护理部。

表 1-25　××镇卫生院/社区卫生服务中心患者身份识别及查对制度规范落实检查表

检查日期：　　年　　月　　日　　　　　　　　　　　　　　　　　检查人：

科室	床号	姓名	住院号	身份识别						查对制度落实								责任人
				就诊患者信息与身份证或社保卡一致	反问式核查患者姓名	特殊患者佩戴腕带，信息正确	特殊患者身份标识规范、正确	诊疗操作前再次核对患者信息	无身份错误不良事件发生	医嘱处理班班核对、每周总核对有签名记录	服药、注射、输液执行“三查八对”，无错误	除紧急抢救患者外不执行口头医嘱	输血标本采集、取血、输血时双人核对、签名，有记录	有创诊疗项目实施前再次核对	标本采集与核收查对正确，无错用试管	药剂人员处方、医嘱核对正确，司药正确	无查对不正确不良事件发生	

身份识别正确率＝（身份识别正确条目数/身份识别总条目数）×100%

查对制度规范落实率＝（查对制度规范落实条目数/查对制度落实总条目数）×100%

3.3.2　手术安全核查管理★

【C】

1. 有围手术期患者安全管理的相关规范与制度。
2. 有手术部位识别标识相关制度与流程。
3. 有手术安全核查与手术风险评估制度与流程，明确由手术医师、麻醉医师、护士三方共同核查。
4. 择期手术患者须在完成各项术前检查、病情和风险评估以及履行知情同意手续后，方可下达手术医嘱。

创建要点：

1. 此条款应和“3.2.2.6手术、麻醉授权管理★”“3.2.2.8手术管理★”“3.2.2.9患者麻醉前病情评估和讨论制度★”结合完善相关制度。

2. 机构修订围手术期患者安全管理相关制度并进行培训，有考核记录，培训内容应包括术前管理、手术日管理、术后管理三部分内容，涵盖与手术相关的多个制度，如《择期手术术前准备制度》《手术部位标识管理制度》《术前讨论制度》《手术风险评估制度》《围手术期管理制度》《手术分级管理制度》《重大手术报告审批制度》《手术医师定期能力评价与再授权制度》《手术安全核查制度》《手术患者体位管理制度》《手术室口头医嘱执行制度》《手术室抢救工作制度》《手术物品清点制度》《手术标本管理制度及送检流程》《手术室应急预案》《手术操作规程》《手术室仪器设备管理制度》《手术室药品管理》《手术室医院感染管理制度》《麻醉前病情评估制度》《麻醉讨论制度》《麻醉医师资格分级授权管理制度》《麻醉医师定期能力评价与再授权制度》等。

3. 有关手术部位标识。由实施手术的医师标记手术部位，标记时应该在患者清醒和知晓的情况下进行。规范手术部位标识制度与工作流程。对涉及双侧、多重结构（手指、脚趾、病灶部位）、多平面部位（脊柱）的手术时，对手术侧或部位有规范统一的标记。对标记方法、标记颜色、标记实施者及患者参与有统一明确的规定。确保患者送达术前准备室或手术室前，已标记手术部位。机构须要求对所有手术部位进行标识。

4. 有关手术安全核查。①归档病历中《手术安全核查表》记录完整、规范，手术安全核查表格式参照本地区病历书写与管理基本规范（如《山东省病历书写与管理基本规范2020年版》）。②现场落实手术核查重点体现“三方”“三步”。“三方”即手术医师、手术护士、麻醉医师。“三步”：第一步，麻醉实施前，由麻醉师主导，三方按《手术安全核查表》依次核对患者身份（姓名、性别、年龄、病案号）、手术方式、知情同意情况、手术部位与标识、麻醉安全检查、皮肤是否完整、术野皮肤准备、静脉通道建立情况、患者过敏史、抗菌药物皮试结果、术前备血情况、假体、体内植入物、影像学资料等内容；第二步，手术开始前，由手术医师主导，三方共同核查患者身份（姓名、性别、年龄）、手术方式、手术部位与标识，并确认风险预警等内容，手术物品准备情况的核查由手术室护理人员执行并向手术医师和麻醉医师报告；第三步，患者离开手术室前，由护士主导，三方共同核查患者身份（姓名、性别、年龄）、实际手术方式，术中用药、输血的核查，清点手术用物，确认手术标本，检查皮肤完整性、动静脉通路、引流管，确认患者去向等内容。③三方核查人员将三次核查结果分别在《手术安全核查表》上进行记录并签名，随病历归档，手术安全核查表格式参照本地区病历书写与管理基本规范。④门诊手术和产房均应按照以上规范实施手术安全核查进行记录并签名。

5. 有关择期手术术前风险评估。①完善患者术前检验、检查及生命体征的采集，做好患者病情的综合评估。②除危及生命的紧急手术外，所有手术要进行术前讨论，内容包括患者术前病情评估的重点范围、手术风险、术前准备、临床诊断、拟施行的手术方式、手术风险与利弊、明确是否需要分次完成手术等。要对术前讨论医护有明确的记录时限并记录在病历中。③患者或家属签署知情同意书，同意手术后再开立手术医嘱，知情同意书格式参照本地区病历书写与管理基本规范。

6. 加强手术室管理（遵循手术室建设与管理指南规定）。①手术室布局符合规范，分区合理，有导引标识。环境清洁，消毒记录规范。②手术室有专人管理，职责明确落实到位。③手术室质控组织健全，有明确的质量标准和质量指标，手术室每月至少进行一次质控活动。④手术室专业培训计划健全，有落实记录。⑤手术室仪器设备性能良好，有年检标识，有仪器故障应急保障。⑥无菌物品与有菌物品分区放置，无菌物品放置有序有标识、数物相符，无过期。⑦医院感染控制措施到位，空气、物表消毒记录规范，环境微生物每月检测1次，结果正常，清洁工具处理符合要求。⑧手术室应急预案齐全，有演练记录，医务人员知晓紧急情况的处理流程，特别是消防、猝死、手术中并发症、仪器故障等。⑨药品管理规范，包括标识清晰、放置规范、数物相符、交接记录完整、无过期药等。

材料指引：

1. 机构应提供围手术期各项制度。

2. 机构应提供对围手术期相关制度培训与考核资料。

3. 机构应当提供手术病历、术前病情评估、术前讨论记录、知情同意书、手术安全核查记录单。

4. 检查人员现场考核手术医师手术部位标识。

责任科室： 医务科、护理部。

【B】符合“C”，并
1. 落实择期手术术前准备制度，执行率达到90%以上。 2. 手术核查、手术风险评估按制度执行。

创建要点：

1. 手术科室主任、护士长要对手术患者按照围手术期各项管理制度落实相关工作。

2. 科室每月、医务科护理部每季度至少一次对手术患者及病例进行追踪检查，总结分析，针对问题提出整改措施，持续改进。

材料指引：

1. 机构应提供择期手术术前准备检查表、手术安全核查正确执行检查表（表1-26、表1-27）。

2. 机构应提供科室与职能部门对手术病例督导检查资料、总结分析、问题改进措施。

3. 监控指标。①择期手术术前准备执行率≥90%。*择期手术术前准备执行率=（术前准备执行到位病例数/同期抽查病例总数）×100%*。②手术安全核查正确执行率100%。*手术安全核查正确执行率=（手术安全核查执行到位病例数/同期抽查病例总数）×100%*。

责任科室： 医务科、护理部。

【A】符合“B”，并
相关职能部门履行监管职责，有检查、分析，持续改进有成效。

创建要点：

职能部门每季度开展一次、每年开展四次专项检查，对发现的问题提出改进措施并有改进记录，总结分析能用数据显示相关指标逐步改善。

材料指引：

机构提供医务科、护理部每年四次检查总结分析报告。

责任科室：医务科、护理部。

表 1-26　××镇卫生院/社区卫生服务中心择期手术术前准备规范执行检查表

检查日期：　　年　　月　　日　　　　　　　　　　　　　　检查人：

科室	床号	姓名	住院号	术前准备项目								责任人
				患者住院病历按规范书写	术前检查、检验结果粘贴在病历中	术前小结体现对病情评估，记录规范	有术前讨论，记录规范	手术知情同意书内容全面、签署规范	患者或家属知晓手术方式、风险、替代方法等	手术医嘱时间在知情同意时间后	手术部位标识正确、规范	
择期手术术前准备执行率＝（术前准备执行到位病例数/同期抽查病例总数）×100%												

表1-27　××镇卫生院/社区卫生服务中心手术安全核查执行检查表

检查日期：　　年　　月　　日　　　　　　　　检查人：

手术间号	姓名	性别	住院号	麻醉实施前																手术开始前								离开手术室前									责任人
				由麻醉医师主导，医、护、麻三方参与	患者姓名、性别、年龄正确	手术方式确认	手术部位与标识正确	手术知情同意	麻醉知情同意	麻醉方式确认	麻醉设备安全检查完成	皮肤完整	术野皮肤准备正确	静脉通道建立完成	患者过敏史有记录	标注抗菌药物皮试结果	必要时术前备血	查对影像学资料	手术医师、麻醉师、护士签名	由手术医师主导，医、护、麻三方参与	患者姓名、性别、年龄正确	手术方式确认	手术部位与标识正确	预计手术时间、预计失血量、手术关注点、其他	麻醉关注点、其他	物品灭菌合格、仪器设备完好、术前术中特殊用药情况	相关影像资料	由手术护士主导，医、护、麻三方参与	患者姓名、性别、年龄正确	实际手术方式确认	手术用药、输血核查	手术用物清点正确，医护签名	手术标本确认	皮肤完整	各种管路通畅并标示	患者去向记录正确	
手术安全核查执行率＝手术安全核查执行条目数/手术安全核查总条目数×100%																																					

3.3.3 危急值报告管理

【C】

1. 有符合本机构的临床危急值报告制度与工作流程。
2. 医技部门（含临床实验室、医学影像部门、心电图检查等）有危急值项目表。
3. 相关人员熟悉并遵循上述制度和工作流程。

创建要点：

1. 机构须制定适合本机构的《危急值报告制度与流程》，含危急值项目表及报告流程，如临床检验、影像、超声、心电图等，医院未开展的检验、检查项目不能列在危急值项目清单内。

2. 危急值报告流程应分别明确门诊、住院患者报告的流程，符合医院实际。机构制定规范、统一的危急值报告登记记录本，登记信息正确，并能及时通知临床医师。保证病历及“危急值”记录登记本时间节点的一致性、顺序性。

3. 临床医技、职能部门人员知晓并能及时识别危急值，并按规定时限报告和处理。

材料指引：

1. 机构应提供危急值报告制度与流程，含项目清单和门诊、住院报告流程。

2. 机构应提供危急值报告登记记录本，登记信息全面、正确，可追溯。机构提供有危急值处置记录和交班内容的病历。

3. 机构提供有关危急值制度的培训及考核记录的相关资料。

责任科室：医务科。

【B】符合“C”，并

1. 严格执行危急值报告制度与流程，并规范记录。确保危急值信息报告全流程的人员、时间、内容等关键要素可追溯。
2. 根据临床需要和实践总结，更新和完善危急值管理制度、工作流程及项目表。

创建要点：

1. 制定并严格落实本机构的《危急值报告制度与流程》，含危急值项目表及报告流程，如临床检验、影像、超声、心电图等，医院未开展的检查项目不能列在危急值项目清单内。有规范、统一的危急值报告登记记录本，登记信息正确，并能及时通知临床医师。保证病历及“危急值”记录登记本时间节点的一致性、顺序性。确保危急值信息报告全流程的人员、时间、内容等关键要素可追溯。

2. 临床医技、职能部门人员知晓并能及时识别危急值，并按规定时限报告和处理。结合法律法规、医院学科建设、检验检查技术开展情况和科室需求，进行《危急值报告制度与流程》的修订。

材料指引：

1. 机构应提供危急值报告制度与流程含项目清单和门诊、住院报告流程。有危急值处置记录和交班内容，危急值报告登记记录本登记信息全面、正确，可追溯（表1-28）。

2. 机构应提供危急值修订制度的会议记录，以及提供修订前、后危急值报告制度与流程。

责任科室：医务科。

表1-28　××镇卫生院/社区卫生服务中心危急值报告登记记录本

序号	申请科室	患者姓名	住院号	报告科室	危急值项目	危急值结果	报告日期时间	报告人	联系电话	接获人签名	通知医生时间	医生签名

【A】符合“B”，并
职能部门每年对本机构危急值报告制度的有效性至少开展一次评估。

创建要点：

1. 医务科每季度对危急值报告管理制度执行情况及危急值登记记录进行一次检查，发现问题提出整改措施。

2. 医务科根据季度检查结果，每年一次对危急值报告制度进行评估，评估了解该制度的效果、执行情况、存在问题等，并根据情况进行修订和改进。

3. 机构根据评估报告，结合法律法规、医院学科建设、检验检查技术开展情况和科室需求，进行《危急值报告制度与流程》的修订。

材料指引：

1. 机构应提供危急值报告管理分析资料。
2. 机构应当提供每年对危急值报告制度的评估报告。
3. 机构应提供危急值制度修订的会议记录。
4. 机构应提供危急值报告制度与流程修订前、后的对比资料。

责任科室：医务科。

3.3.4 患者安全风险管理

【C】
1. 有本机构质量安全（不良）事件的报告制度与流程。 2. 有防范患者跌倒、坠床的相关制度，并体现多部门协作。 3. 有患者跌倒、坠床等意外事件报告相关制度、处置预案与工作流程。 4. 主动告知患者跌倒、坠床风险及防范措施并有记录。 5. 有压疮风险评估与报告制度、工作流程。 6. 相关工作人员熟悉并遵循上述制度和工作流程。 7. 本机构内有防止跌倒、烫伤等安全措施。

创建要点：

1. 医疗安全不良事件管理。中国医院协会发布的《医疗安全不良事件管理标准》（简称“管理标准”）于2018年7月1日实行。各医疗机构要根据管理标准修订本机构的《医疗安全不良事件报告制度与流程》，包括不良事件的概念、组织体系、管理科室、事件预防、分级分类、事件报告、事件处置、考评激励措施、事件的监测控制及教育培训等相关内容。①所有安全（不良）事件应纳入医院安全（不良）事件统一管理。②医院应设专人负责安全（不良）事件的常态化管理，包括事件报告、分析、整改、追踪、持续改进等。③护理安全（不良）事件上报应至少包括用药错误、药物外渗、输液（血）反应、非计划性拔管、标本错误、输血错误、器械故障、氧气压伤害、误吸、烫伤、自杀、走失、信息系统瘫痪等。

2. 跌倒管理。跌倒是指住院患者在医疗机构任何场所，未预见地倒于地面或倒于比出事位置更低的地方，可伴有或不伴有外伤。若患者从床上落至垫子（地面）上也视为跌倒。①护理部应建立《住院患者跌倒预防、报告及处置制度》，内容包括跌倒的定义、跌倒风险的评估、跌倒风险告知、跌倒预防措施、跌倒伤情评估、伤情等级判定与跌倒不良事件报告等，从医院环境、设施设置、患者家属教育等方面体现全院多科室、多人员、多环节的防控措施。②护士应根据患者病情变化对住院患者跌倒风险进行动态评估，实施个性化护理方案并记录。③高风险患者应有醒目“防跌倒”警示标识。④护士应对住院患者及照护者进行预防跌倒的指导，内容包括风险识别及防范措施。⑤医院环境宜配置预防跌倒的安全措施，如走廊、卫生间安装扶手，卫生间安装呼叫系统及地面铺设防滑垫等。⑥护理部应对护士进行预防跌倒知识培训，并保留培训记录。⑦护士应知晓患者发生跌倒的处置流程及报告程序。⑧护理部应对跌倒的质量指标数据进行收集及分析，有持续改进措施。

3. 压力性损伤（压疮）管理。①护理部应建立《住院患者压力性损伤预防、报告及处置制度》。②护士应根据患者病情变化对住院患者皮肤进行动态评估，实施个性化护理方案并记录。医师病程记录与护理压力性损伤描述一致。③高风险患者应有醒目“防跌倒标识”。④护士应对住院患者及照护者进行预防皮肤压力性损伤的指导，内容包括风险识别及防范措施。⑤护理部应对护士进行压力性损伤的预防及处置相关培训，并保留记录。⑥护士应知晓患者发生压力性损伤的处置流程及报告程序。⑦护理部应对压力性损伤的质量指标数据进行收集及分析，有持续改进措施。

4. 根据2020年版压力性损伤诊疗指南修订《压疮护理常规》。

5. 对上述制度和护理规范进行培训、考核，相关医务人员应知晓。

材料指引：

1. 机构应提供《医疗安全不良事件报告制度与流程》《患者跌倒防范管理制度》《患者跌倒伤情评估与报告制度》《住院患者跌倒应急预案及处置流程》《住

院患者压疮风险评估与压疮报告制度》《压疮护理常规》等资料。

2. 机构整体环境中有防跌倒安全措施，如走廊扶手、卫生间及地面防滑、小心跌倒和防烫伤警示标识、无障碍通道、高危住院患者“防跌倒”警示标识。

3. 机构应提供医疗安全不良事件汇总分析及问题改进措施。

4. 机构提供住院患者跌倒风险评估单、住院患者跌倒风险告知书、跌倒应急预案演练记录、跌倒不良事件上报及改进记录单。

5. 机构提供住院患者压疮风险评估单、住院患者压疮风险告知书、院内外压疮的上报记录单和季度汇总分析。

6. 机构提供护理文书，包括对跌倒、压疮患者的护理记录。

7. 提供患者安全风险管理的培训、考核资料。

责任科室：医务科、护理部、总务科。

【B】符合“C”，并
对患者安全风险质量监控指标数据进行收集和分析。

创建要点：

医务科每季度对医疗安全不良事件汇总分析，针对问题制定改进措施，及时反馈到临床各科室，持续改进有成效。

材料指引：

医务科每季度不良事件汇总分析、反馈，有数据证明改进效果（见附录D至附录G）。

责任科室：医务科。

【A】符合“B”，并
定期分析患者意外事件，持续改进，降低事件发生率。

创建要点：

参照【B】。

材料指引：

参照【B】。

责任科室：医务科。

3.3.5　患者参与医疗安全

【C】
1. 有医务人员履行患者参与医疗安全活动责任和义务的相关规定。
2. 有邀请患者主动参与医疗安全管理的具体措施与流程。
3. 有宣传并鼓励患者参与医疗安全活动的相关记录。

创建要点：

1. 机构须完善《医务人员履行患者参与医疗安全活动的责任和义务的规定》，内容包括诊疗活动前医务人员与患者或家属的沟通、患者提供真实信息和病情的引导、相关检查和疾病知识的宣教。

2. 医务人员知晓患者医疗安全重点环节，有针对性地向患者及其近亲属提供相应的安全教育，争取患者及其家属的主动参与。如知情同意、手术部位标识、跌倒预防、安全用药等。

3. ①健康教育，为患者创造并提供多种形式的参与医疗安全活动的机会，如宣传告知在就诊时提供真实病情和有关信息对保障诊疗服务质量与安全的重要性，尤其是患者在接受有创诊疗前、使用药物治疗前、输液输血前等。②用药咨询，制定机构内药学人员定期向患者提供安全用药咨询制度，组织药学人员在机构内对患者及家属提供安全用药咨询。药房窗口粘贴“用药咨询”标识，有专人负责。

材料指引：

1. 机构应提供以上相关制度内容。

2. 机构应当提供健康教育宣教资料。

责任科室：医务科、护理部、药剂科。

【B】符合“C”，并
1. 药学人员向患者提供安全用药咨询。
2. 患者及家属、授权委托人了解针对病情的可选择诊疗方案。

创建要点：

1. 门诊药房设“用药咨询”窗口，专人值班完成咨询工作。

2. 做好知情同意书的完善和告知工作，患者或家属参与手术、用药时的身份识别。

材料指引：

提供上述涉及的患者及家属知情同意书。

责任科室：医务科、护理部、药剂科。

【A】符合“B”，并
1. 职能部门定期对“患者主动参与医疗安全活动”进行检查、总结和反馈，并持续整改。 2. 有数据证实“患者主动参与医疗安全活动”取得成效。

创建要点：

1. 职能部门医务科、药剂科、护理部等每季度至少一次对患者参加用药咨询、健康教育知晓、知情同意、跌倒预防等安全落实情况进行督导检查，并进行总结，针对问题提出改进措施。

2. 各部门检查总结能够用数据显示持续改进有效。

材料指引：

1. 职能部门检查记录。

2. 职能部门检查总结。

责任科室：医务科、护理部、药剂科。

3.4 护理管理

3.4.1 护理组织管理体系

【C】
1. 有在院长（或副院长）领导下的护理组织管理体系，定期专题研究护理管理工作，实施目标管理。 2. 按照标准配置护理管理人员，岗位职责明确。 3. 有护理工作中长期规划和年度计划，与机构总体发展规划和护理发展方向一致。 4. 相关人员知晓规划、计划的主要内容。

创建要点：

1. 根据《国家卫生健康委办公厅关于进一步加强医疗机构护理工作的通知》（国卫办医发【2021】11号）要求，各级医疗机构要完善护理管理体系，加强对护理工作的领导。医疗机构主要负责人要高度重视护理工作，将护理工作发展纳入本单位医疗卫生工作整体发展规划，定期组织研究并解决护理工作发展中的困难问题。要建立人事、财务、医务、护理、后勤等多部门联动机制，切实保障护士福利待遇、改善护士工作条件，健全后勤支持系统，加大支持保障力度，减少护士从事非护理工作，让护士回归临床。二级以下医疗机构应当结合实际指定分管护理管理工作的部门或指定专人负责护理管理工作。医疗机构可以成立护理管理委员会或护理管理小组，由人事、财务、医务、护理、医院感染管理、后勤、设备、信息及其他相关部门主要负责人组成，主要职责是认真贯彻护理管理相关法律法规及技术规范标准；研究制定本单位护理工作发展规划等；定期研究护理工作发展中的困难问题，并提出解决方案和支持保障措施；其他护理工作发展的重要事宜。

2. 机构应当建立护理管理层级。实行二级护理管理体制（护理部主任—护士长）或一级护理管理体制（总护士长）。明确各级护理管理岗位任职条件及岗位职责，同时明确护理部的职责。制定本院护理规章制度、服务流程、技术操作规范、应急预案、质量管理标准及计划、培训考核计划等。

3. 根据医院发展规划及《全国护理事业发展规划（2021—2025年）》，制定本机构护理工作3年或5年规划。护理规划应包括制定规划的原则、目标、任务、措施等，同时将规划内容纳入医院发展规划中。根据护理工作中长期规划制订机构年度计划，计划应体现坚持"以患者为中心"的理念，夯实基础护理，提高护理质量，有保障护理安全的目标及措施，便于推进工作计划。

4. 在规划和计划制订后，机构应当及时召开会议进行传达，护理人员知晓并按计划落实。

材料指引：

1. 机构应当提供护理组织管理体系（图1-1）。

2. 机构应当提供目标管理计划。机构应当提供岗位职责（附录H）。

3. 机构应当提供护理工作五年发展规划（附录I）。

4. 机构提供召开传达会议的会议资料及机构当年度的护理工作计划。

责任科室：护理部。

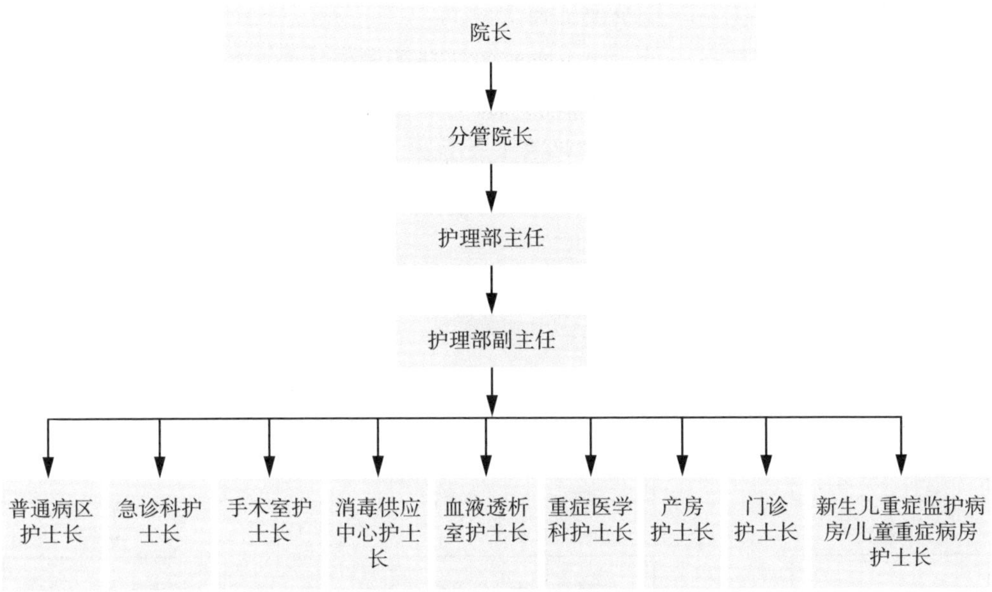

图 1-1　××乡镇卫生院（社区卫生服务中心）护理组织管理体系

【B】符合“C”，并

1. 落实岗位职责和管理目标，建立并落实各层次护理管理人员考核评价机制。
2. 有效执行年度计划，并有总结。
3. 护理部门对《护士条例》执行落实情况开展监督检查。
4. 护理部门能够按照临床护理工作量对临床科室护士进行合理配置和调配。

创建要点：

1. 护理部根据医院护理岗位设置情况，制定各岗位护士职责，制定护理管理人员考核标准，按计划进行定期考核。

2. 根据护理年度工作计划，护理部将完成情况进行半年总结，年底再对全年的工作完成情况进行总结。

3. 护理部门对于护士的工作环境、福利待遇、表彰荣誉、培训教育、执业注册、职业防护监督落实情况，对于护士是否遵守法律、法规和诊疗技术规范进行督导检查，对于存在的问题进行分析整改，并有记录。

4. 机构制定护理人员调配方案，调配流程，并有按方案及流程进行调配的记录。

材料指引：

1.机构应提供护士长考核表（附录J）。

2. 机构应提供上一年度护理工作总结。

3. 机构提供护理部门对《护士条例》执行落实情况督导检查后的整改报告。

4. 机构需要提供护理人员调配方案，机构需要提供护理人员调配流程（图1-2）。机构需要提供护理人员调配记录（表1-29）。

责任科室：护理部。

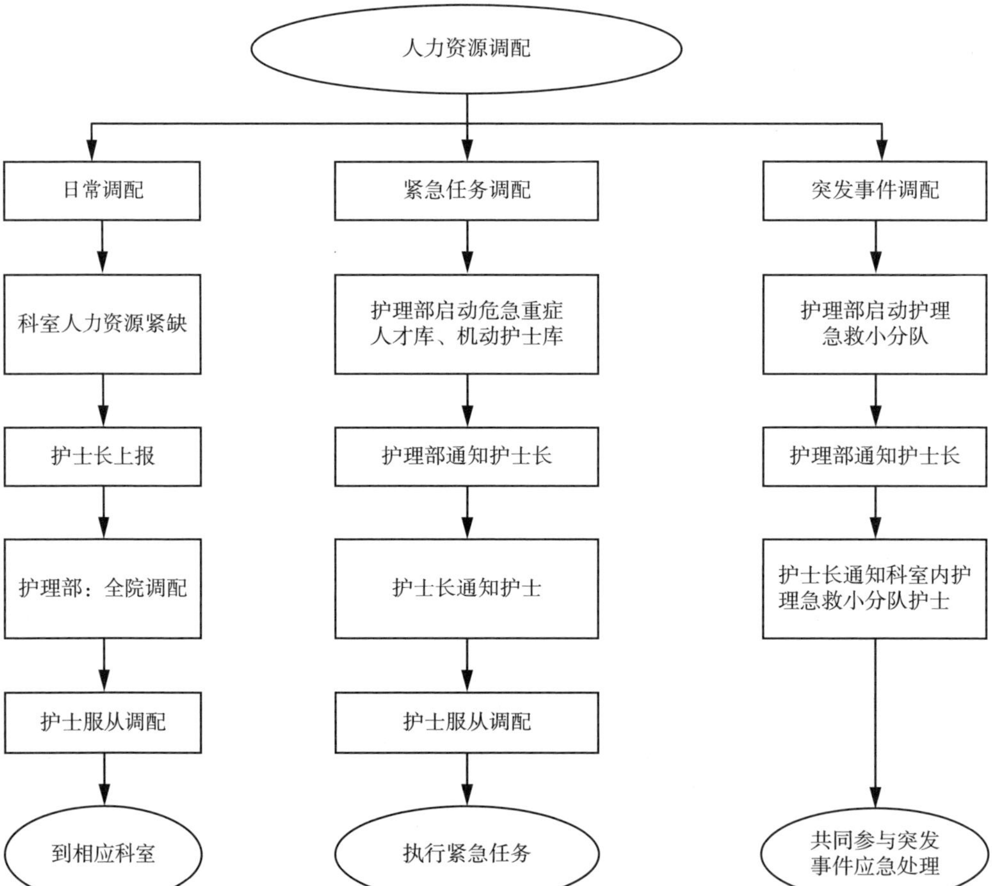

图1-2　××机构护理人员人才资源弹性调配流程

注：文件编号：LYDC-009-P-008-B-03-2021

文件名称：护理人员人力资源弹性调配流程

适用范围：所有护理人员

制定部门：护理部

修订人：________

内审人：________

表 1-29　护理人员调配记录

序号	被借调科室	姓名	借调科室	开始时间	结束时间	借调天数	借调原因
1							
2							
3							
4							
5							
6							
7							
8							
……							

【A】符合“B”，并

1. 开展延续性护理和个案管理。
2. 对规划和计划落实过程中存在的问题与缺陷进行追踪分析，持续改进。

创建要点：

1. 护理部根据患者的需求及疾病的特点，开展延续护理和个案管理，相关内容在年度计划中体现，从而满足患者多样化的就医需求。

2. 护理部每半年对规划和计划进行总结，对未落实的计划进行原因分析，制定改进措施，将未落实计划放至下一年度计划中，逐步推进规划和计划的落实。

材料指引：

1. 护理部提供开展延续护理的记录、个案管理的案例（表 1-30）。

2. 机构提供对规划和计划落实情况的分析说明，体现持续改进措施。

责任科室：护理部。

表 1-30　居家护理出诊登记表

序号	出诊时间	出诊项目	出诊人员
1			
2			
3			
4			
5			
6			
7			
8			
……			

3.4.2　临床护理质量管理

【C】

1. 依据《分级护理指导原则》制定符合本机构的分级护理制度，有护理质量评价标准。
2. 护士掌握分级护理的内容，有年度护理培训计划，定期开展相关培训和教育。
3. 有定期护理查房、病例讨论制度及流程，有相关工作记录。

创建要点：

据基层医疗相关专家反馈，近年来对基层医疗机构评审中发现，多数机构对护理质量管理体系概念及项目指标不了解，认识不深刻，故笔者在此处增加了护理质量管理体系相关内容，以期对基层创建有所帮助。

1. 护理质量管理体系。机构须建立临床护理质量管理组织体系：院级质控小组以分管院长任第一责任人，护理部、医务科、院感科等参与，科级小组由护理部主任、护士长及骨干护士组成。

2. 护理质量指标体系。

（1）指标的概念：指的是衡量目标的单位或方法，也即预期中打算达到的指数、规格、标准，一般用数据表示。质量改善的起点始于质量的测量，“没有测量就没有改善”。指标数据的重要意义在于能够让管理者“心中有数”“用数据说话”。因此，数据的可靠性、准确性、同质性至关重要。

（2）护理敏感质量指标：是体现护理工作特点，符合质量管理规律，与患者的健康结果密切相关的指标。敏感指标是质量管理的重要抓手，从敏感指标入手，有助于管理者以点带面地进行重点管理。为推动护理质量的科学管理，2016年国家卫生计生委医院管理研究所护理中心编写出版了《护理敏感质量指标实用手册》（以下简称《实用手册》）。随后，国家护理质量控制中心采纳了《实用手册》所推荐的13项护理敏感质量指标，把这些指标纳入“国家护理质量数据平台”的监测收集范围。全国千余家医疗机构首次尝试按照统一的指标定义和数据统计口径采集质量相关数据，测算质量指标，分析质量问题。2018年国家卫生健康委员会医院管理研究所护理中心发布15项护理敏感质量指标。

（3）建立护理质量敏感指标的意义：实现组织目标往往是管理者的第一要务，管理者围绕目标建立指标的过程，就是将目标“具体化”的过程，可以帮助管理者确定哪些是核心的行动步骤。当管理者评估行动有效时，指标便成为管理者判断的标尺，为此，管理界一直很推崇“目标管理”，认为目标管理可以让组织成员众志成城，形成合力，共同推进组织发展。目标管理的关键一步是将目标分解为操作化的行动指引，让各个组织成员的工作能够有的放矢。从指标与目标的关系可以看出，目标分解的过程与指标构建的过程是相吻合的。可以断言，没有合理的指标做指引，实现组织目标便没有了保障。此外，管理者做决策时要求“以数据（证据）说话”，因为这样可以避免主观臆断，避免感情用事。然而，要做到这样，首先要回答的便是“数据从哪里来。应当用到哪里去”。从指标的特征来看，构建和应用指标开展管理工作，给管理者提供了一个落实科学管理的切入点。

（4）护理敏感质量指标的内容（2018版）。

1）床护比。

2）护患比。

3）每住院患者24小时平均护理时数。

4）非计划拔管率。

5）导尿管相关尿路感染发生率。

6）呼吸机相关肺炎发生率。

7）中心血管导管相关血流感染发生率。

8）住院患者身体约束率。

9）住院患者跌倒发生率。

10）住院患者跌倒伤害率。

11）住院患者院内压力性损伤发生率。

12）住院患者压力性损伤现患率。

13）不同级别护士配置。

14）护士离职率。

15）护士执业环境。

（5）2020年8月国家卫健委发布《护理专业医疗质量控制指标（2020年版）》，护理专业医疗质量控制指标如下。

1）床护比（NQI-01）。

2）护患比（NQI-02）。

3）每住院患者24小时平均护理时数（NQI-03）。

4）不同级别护士配置占比（NQI-04）。①病区5年以下护士占比（NQI-04A）；②病区20年及以上护士占比（NQI-04B）。

5）护士离职率（NQI-05）。

6）住院患者身体约束率（NQI-06）。

7）住院患者跌倒发生率（NQI-07）。①住院患者跌倒发生率（NQI-07A）；②住院患者跌倒伤害占比（NQI-07B）。

8）住院患者2期及以上院内压力性损伤发生率（NQI-08）。

9）置管患者非计划拔管率（NQI-09）。

10）导管相关感染发生率（NQI-10）。

11）呼吸机相关性肺炎（VAP）发生率（NQI-11）。

12）护理级别占比。①特级护理占比；②一级护理占比；③二级护理占比；④三级护理占比。

本机构结合实际情况借鉴以上指标纳入质量管理。

3. 机构制订护理质量检查计划。机构临床科室每个月检查一次，职能部门每季度检查一次。

4. 护理质量检查表。机构提供护理质量检查相关表格，如护理文书书写规范检查表、分级护理落实检查表、药品管理检查表、病房管理检查表等。

5. 护理质量总结分析。机构根据每季度汇总分析结果，查找原因，持续改进，同时向质量委员会汇报。

6. 按照WS/T 431—2013护理分级行业标准，制定适合本机构的《分级护理制度》，明确各级别护理的适应证及护理工作标准，依据分级护理要求为患者提供护理服务。

7. 培训计划。参照3.2.2.1“三基”培训与考核条款要求，护理部应制订完善的护士培训及考核计划，并组织落实。

（1）机构根据2016年国家卫生计生委印发的《新入职护士培训大纲（试行）》

（国卫办医发〔2016〕2号）制订新入职护士的培训计划，包括相关法律法规、医院规章制度、服务理念、医德医风及医患沟通等内容。

（2）机构根据《卫生部关于实施医院护士岗位管理的指导意见》（卫医政发〔2012〕30号），培养以岗位需求为导向、岗位胜任力为核心，突出专业内涵，注重实践能力的人才，提高队伍整体人文素养，适应临床护理发展的需要。岗位规范化培训应当包括岗位职责与素质要求、诊疗护理规范和标准、责任制整体护理的要求及临床护理技术等，以临床科室带教式为主，在医院内科、外科等科室进行轮转培训，提高护士为患者提供整体护理服务的意识和能力。

（3）加强专科护理培训。根据临床专科护理发展和专科护理岗位的需要，按照国家卫生行政主管部门和省级卫生行政部门要求，开展对护士的专科护理培训，重点加强重症监护、急诊急救、血液净化、中医、老年、康复等专业领域的骨干培养，提高专业技术水平。

8. 将《分级护理制度》培训纳入年度培训计划中，临床医护人员须参加。

9. 建立护理查房及病例讨论制度。

（1）护理查房重点。①以本机构开展的常见病、多发病、危重症、疑难病例、新开展手术及治疗方法等个案护理为重点。②讨论前准备工作：对于要讨论的问题参加人员可提前发布通知，针对问题做行业规范的准备工作。③做好“分析现况—借鉴同行—学行业规范”工作。④通过查房发现临床诊疗护理中存在的问题，针对问题提出改进措施，逐步提高护理质量。⑤根据查房形成新决议或修订流程、护理常规并做好记录等。

（2）护理查房记录格式。①标题。②查房时间。③查房人员：主查人、汇报病例人员、参与查房人员。④患者一般情况与病情介绍。⑤护理评估（各系统、活动、运动、睡眠、心理等，床边体检与辅助检查结果），护理计划与措施。⑥重点解决问题。⑦护理讨论、小结。

材料指引：

1. 机构应提供分级护理制度。

2. 机构应提供分级护理质量检查相关资料（表1-31至表1-33）。

3. 机构应提供护理部质量目标计划（表1-34）。

4. 机构应当提供护理部理论知识培训计划、护理部操作技能培训计划、新入职护士规范化培训操作计划（表1-35至表1-37）。

5. 机构应当提供护理查房制度、病例讨论制度、护理查房流程、病例讨论流程文件。

6. 机构应当提供护理查房计划、护理查房记录、病例讨论记录的相关资料（附录K至附录M）。

表1-31　××镇卫生院/社区卫生服务中心分级护理落实检查表

科室	床号	姓名	住院号	分级护理措施落实																			责任人
				护理分级正确	自理能力评估与患者实际情况相符	护理分级标识正确	护士掌握患者病情	落实分级护理巡视要求	床单位干净整洁、平整、无渣屑，每周更换1次	病员服干净整洁，每周更换1次	胡须、指（趾）甲短	卧位舒适安全	卫生处置及时，头发、会阴、足部清洁	协助不能进食患者进食水	按常规进行口腔护理	留置导尿管的患者每天进行会阴消毒2次	跌倒高危患者预防措施到位	压疮高危患者预防措施到位	管道护理措施到位	无护理并发症（压疮、烫伤、跌倒等）	根据病程实施健康教育	护理记录及时规范，体现病情动态变化	

检查日期：　　　　　　　　　　　　　　　　检查人：

表1-32　××年××镇卫生院/社区卫生服务中心护理文书规范落实查检表

科室	床号	姓名	住院号	体温单书写规范									医嘱执行规范					手术安全核查记录		手术物品清点	责任人
				眉栏书写正确	体温、脉搏、呼吸、血压、体重，绘制记录规范	体温≥39℃，有降温措施，并记录	体温监测频次符合要求	脉搏短绌者绘制记录符合要求	血压记录频次与医嘱相符	血压、体重每周监测记录一次	出入量记录与实际相符	大便每天记录一次，三天无大便，有处理措施	执行医嘱者为注册护士	执行医嘱，准确无误	非抢救不执行口头医嘱	皮试结果经双人核对有标识	医嘱按要求核对并签名	内容填写完整规范	三方均签字	内容填写完整规范	

表1-33　××镇卫生院/社区卫生服务中心药品管理规范落实检查表

科室	备用基数药品有备案	基数药品用后及时补充	标示规范：名称、规格、数量	药品存储符合要求	无混放	无过期	个人用药标明床号、姓名	监测冰箱温度每日2次（2～8℃），有记录	有低温保存和高警示药品清单，护士知晓	高警示药品加药时，双人核对	麻醉药品使用后有登记	自备药品遵医嘱执行	近效期药品有标识，近期先用	注射用药品现用现配	严格执行三查十对	静脉与非静脉用液体分开悬挂	非静脉用液体有标识	账物相符，班班交接，有记录	护士长每周检查一次，有记录	责任人

检查日期：　　　　　　　　检查人：

注：*药品管理规范落实率（%）=全部选择“是”的患者例数/同期检查的患者总例数。*

表 1-34　××年××镇卫生院/社区卫生服务中心护理部质量目标计划案例

指标		指标改善	监管频次	1月	2月	3月	4月	5月	6月	7月	8月	9月	10月	11月	12月	负责人
1. 执业护士总人数		上升	次/半年						√						√	护理部
2. 不同工作年限/学历/职称护士配置	病区5年以下护士占比															
	病区20年及以上护士占比															
3. 床护比	医疗机构床护比	上升														
	病区床护比															
4. 医护比		上升（1 ∶ 1.25）														
5. 护理级别占比	一级护理占比															
	二级护理占比															
	三级护理占比															
6. 护士离职率		下降														
7. 患者身份识别正确率		100%	次/季度	√			√			√			√			护理部
8. 查对流程规范落实率		上升		√			√			√			√			
9. 药品管理规范落实率						√			√			√			√	
10. 值班/交接班规范落实率				√			√			√			√			
11. 分级护理措施落实率																
12. 体温单绘制规范落实率				√			√			√			√			
13. 手术物品清点规范落实率		100%				√			√			√			√	
14. 手术安全核查规范落实率						√			√			√			√	

续　表

指标		指标改善	监管频次	1月	2月	3月	4月	5月	6月	7月	8月	9月	10月	11月	12月	负责人
15．住院患者2期及以上院内压力性损伤发生例数		0	次/季度			√			√			√			√	护理部
16．住院患者跌倒发生	住院患者跌倒发生例数	下降														
	住院患者跌倒伤害占比															
17．给药错误发生例数		0														
18．患者误吸/误食/窒息发生例数		下降														
19．住院患者对护理工作满意度		≥95%														
20．护理有效投诉例数		下降														
21．护理人员满意度		上升	次/半年						√						√	
22．护士理论考核合格率		≥80分为合格							√						√	
23．护士操作考核合格率		≥85分为合格							√						√	

护理部

××年××月××日

表1-35　2022年护理部理论知识培训计划案例

培训日期	科室	培训人	讲课内容	层级 N1	层级 N2	层级 N3	培训形式	培训时长	培训地点	自学内容	考核内容	考核时间
3.2日 16：00-18：00			交接转运的重要性	√	√		讲座	各30分钟		基础护理学第十章、第十二章	培训+自学内容	培训结束后
			核心制度：查对制度、分级护理制度、护理值班与交接班制度	√	√							
			瞳孔的观察及其临床意义	√	√							
			安全注射相关知识点	√	√							
6.7日 16：00-18：00			护理安全警示教育	√	√	√	讲座	各30分钟		基础护理学第十七章	护理部上半年内容和科室上半年内容	6.20-6.24年中理论考核
			心电图波形基础知识	√	√	√						
			患者病情观察	√	√	√						
			个案护理在乳腺疾病患者中的应用	√	√	√						
9.7日 15：00-17：00			护理角度浅谈糖尿病	√	√		讲座	各30分钟		基础护理学第四章、十六章	培训+自学内容	培训结束后
			电除颤、心肺复苏	√	√							
			心衰患者的急救处理	√	√							
			基于循证医学脑卒中并发吞咽障碍的饮食管理	√	√							
12.7日 16：00-18：00			法律法规	√	√	√	讲座	各40分钟		基础护理学第五章、第六章	护理部下半年内容和科室下半年内容	12.19-12.23年终理论考核
			护理核心制度解读	√	√	√						
			护理安全警示教育	√	√	√						
			非计划拔管的安全警示	√	√	√						

表1-36　××年护理部操作技能培训及考核计划

月份	项目	培训老师	考核人员			考核地点
			N1	N2	N3	
1	生命体征监测、氧气吸入、口腔护理（抽考一项）					
2	单人心肺复苏（成人球囊-面罩通气）					
3	心电图机、电除颤（抽考一项）					
4	密闭式静脉输液、静脉采血					
5	洗胃、导尿					
6	皮下注射、肌内注射、皮内注射					
7	铺备用床、为卧床患者更换床单					
8	测血糖、雾化吸入					
9	防护用品穿脱、手卫生					
10	鼻咽拭子采集					
11	灌肠、物理降温					
12	无菌技术、留置针静脉输液					

表1-37　新入职护士规范化培训计划——操作

培训阶段		理论培训内容	培训人	技能培训项目	培训人
岗前期	第1月	医院概况		洗手	
		护士行为规范		无菌技术	
		护理核心制度		穿脱防护服	
		应急预案		咽拭子采集	
		职业暴露		单人心肺复苏（成人球囊）技能操作	
		不良事件报告		体温、脉搏、呼吸、血压监测技能操作	
		岗位职责		密闭式留置针静脉输液技能操作	
		请销假制度		静脉血标本采集技能操作	
		护士管理制度		肌内注射技能操作	
		服务规范流程		皮下注射技能操作	
		护理安全管理		皮内注射技能操作	
				口服给药法	
				口腔护理技能操作	
				氧气吸入技能操作	

续 表

培训阶段		理论培训内容	培训人	技能培训项目	培训人
岗前期	第1月			氧气驱动雾化吸入技能操作	
				更换引流袋技能操作	
				置胃管、鼻饲技能操作	
				大量不保留灌肠技能操作	
				经口腔、鼻吸痰技能操作	
				快速测血糖技能操作	
试用期（公共操作技能）	第2月	疾病护理常规		协助患者翻身及有效咳痰（扣背）技能操作	
		护理文书书写标准		患者约束法	
		护理评估		患者搬运法	
	第3月	参与应急预案演练		除颤技术	
				微量泵技能操作	
				心电监护技能操作	

【B】符合“C”，并

1. 依据患者的个性化护理需求制定护理措施，并能帮助患者及其家属、授权委托人了解患者病情及护理的重点内容。
2. 科室对分级护理落实情况进行定期检查，对存在的问题有改进措施。

创建要点：

1. 实行责任制整体护理，根据护士的能力进行排班，护理不同级别的患者，护士知晓患者病情、用药、手术、护理风险及治疗护理效果等。根据患者病情和存在的护理问题提供有针对性的护理措施和实时的健康教育，有护理记录。

2. 病区每月至少一次对不同护理级别患者的基础护理、专科护理落实情况进行督导检查，有总结分析，针对存在的问题制定改进措施，确保护理措施落实到位。

材料指引：

1. 病区护士排班表和岗位职责资料。

2. 临床护士对患者病情和护理风险评估记录、健康教育及护理记录（或交班报告）。

3．病区对分级护理落实情况督导检查原始记录、汇总分析报告及改进效果。

责任科室：护理部、病区。

【A】符合“B”，并

1．职能部门对落实情况进行定期检查、评价、分析，对存在的问题及时反馈，并提出整改建议。

2．有护理质量持续改进的成效和结果。

创建要点：

1．护理部每季度对责任制整体护理开展情况、不同级别患者基础护理/专科护理措施落实情况、护士对分管患者病情掌握情况、健康教育指导等进行督导检查，有总结分析，针对存在的问题制定改进措施，确保护理措施落实到位、改进有效。

2．每季度有对患者进行满意度调查并及时总结、分析、反馈。

材料指引：

1．护理部每季度对分级护理落实情况督导检查记录及汇总分析报告。

2．每季度患者满意度调查报告。

责任科室：护理部。

3.4.3　护理安全管理

【C】

1．制定并落实临床护理技术操作常见并发症的预防和处理规范。

2．有重点环节应急管理制度，有紧急意外情况的应急预案，并开展演练。

3．严格执行针对患者服药、注射、输液的查对制度，减少操作差错。（三查：操作前查、操作中查、操作后查；查药品的有效期，配伍禁忌，查药品有无变质、混浊，查药品的安瓿有无破损，瓶盖有无松动。八对：查对床号、查对姓名、查对药名、查对剂量、查对时间、查对浓度、查对用法、查对药品有效期。一注意：注意严密观察药效及副作用。）

创建要点：

1．此条款须结合“3.3患者安全”相关条款完善护理核心制度及服务规范。

2. 机构须制定临床护理技术操作规范及常见并发症预防与处理规范。

3. 机构须建立紧急意外情况的应急预案和处理流程，如跌倒和坠床、用药错误、身份辨识错误、转运意外、导管意外、猝死、消防、停电停水、网络瘫痪等。

4. 机构应提供应急预案演练计划及记录，每季度开展一次应急演练。

5. 护理人员在诊疗过程中应认真落实查对制度，保证护理工作有序进行，减少护理差错及护理纠纷。

6. 护理部至少每季度进行一次临床常见护理技术操作考核，并有针对性地加强技术操作培训，提升常见护理技术操作水平。

7. 针对重点人群、重点环节制定完善护理安全管理措施，护理部至少每季度开展一次护理质量安全评价，总结分析，持续质量改进。

8. 机构做好护理不良事件分析改进记录工作，护理人员知晓跌倒、坠床、用药错误等不良事件的上报流程，追踪不良事件的处理。

材料指引：

1. 机构应提供护理操作规程及评分标准（附录N）。

2. 机构应提供临床护理技术操作并发症预防与处理规范（附录O）。

3. 机构应提供重点环节应急管理制度（附录P）。

4. 机构应当提供护理应急预案演练记录（附录Q至附录S）。

5. 机构应当提供医嘱核对记录本（表1-38）。

责任科室：护理部。

表1-38　医嘱执行查对记录本

日期	频次	当日新开新停医嘱	医嘱执行情况	查对存在的问题	每周总核对
	白班				
	夜班				
	白班				
	夜班				
	白班				
	夜班				
	白班				
	夜班				
	白班				
	夜班				

续　表

日期	频次	当日新开新停医嘱	医嘱执行情况	查对存在的问题	每周总核对
	白班				
	夜班				
	白班				
	夜班				
	白班				
	夜班				
	白班				
	夜班				
	白班				
	夜班				
	白班				
	夜班				
	白班				
	夜班				
	白班				
	夜班				
	白班				
	夜班				

【B】符合“C”，并

1．本机构为护士实施治疗及护理时提供必要的防护措施，护士熟练掌握常见技术操作及并发症预防措施及处理流程。

2．职能部门定期进行临床常见护理技术操作考核评价。

创建要点：

1．医院应当根据可能发生危险的场所、过程，建立职业安全防护相关制度及提供相应的防护用品。护士知晓本岗位相关的护理技术并发症和紧急意外情况的预防和处理流程。护理部每季度进行一次技术操作考试考核，科室每月进行一次。

2．护理部根据护理人员操作技能分层次制订培训与考核计划，包括新入职护士规范化培训操作计划，定期对全体护理人员进行技能考核，评价掌握情况。

材料指引：

1. 机构应当提供医务人员职业安全防护制度（附录T）。

2. 机构应当提供医护人员职业暴露的应急预案及处理流程、医疗防护用品清单（附录U）。

3. 护理部应当提供护理人员操作考核成绩。

4. 护理部应当提供护理安全不良事件汇总分析。

责任科室：护理部。

【A】符合“B”，并
职能部门对在护理安全管理中存在的问题进行追踪和成效评价，持续改进。

创建要点：

参照【B】

材料指引：

参照【B】

责任科室：护理部。

3.5 医院感染管理

3.5.1 医院感染管理组织

【C】
1. 健全医院感染管理组织体系，合理配备专（兼）职人员承担医院感染管理和业务技术咨询、指导工作。 2. 制定符合本机构实际的医院感染管理规章制度，相关人员知晓本部门、本岗位在医院感染管理方面的职责并履行。 3. 将医院感染管理纳入本机构工作计划和质量与安全管理目标。 4. 针对各级各类人员制订医院感染管理培训计划。

创建要点：

1. 机构须根据《医院感染管理办法》要求设立部门负责医院感染管理工作，其中，100张床位及以上的医院应当设立医院感染管理委员会和独立的医院感染管理部门；100张床位以下的医院应当设立医院感染质控小组，指定分管医院感染管理工作的部门。医院感染管理委员会及医院感染质控小组应由医院感染管理部门、医务部门、护理部门、临床科室、消毒供应室、手术室、临床检验部门、药事管理部门、设备管理部门、后勤管理部门及其他有关部门的主要负责人组成，主任委员由医院院长或者主管医疗工作的副院长担任。

2. 机构应当明确各部门、各成员岗位职责，包括医院感染管理委员会/医院感染管理质控小组职责、医院感染管理科职责、医务科职责、护理部职责、药剂科职责、检验科职责、设备科职责及总务后勤科职责、医院感染部门兼职人员职责及科室医院感染管理小组职责等。

3. 机构须依据相关法律法规、标准规范等制定符合本机构实际的医院感染管理规章制度：包括医院感染管理制度，医院感染预防与控制制度，临床科室医院感染管理小组工作制度，医院环境表面清洁与消毒管理制度，感控监测及报告制度，医务人员感染性病原体职业暴露预防、处置及上报制度，清洁消毒与灭菌、隔离、手卫生管理制度，医源性感染监测、医源性感染暴发报告制度，一次性使用无菌医疗器械管理、医务人员职业卫生安全防护、医疗废物管理等。

4. 机构应当有针对各级各类人员制订的医院感染管理培训计划，培训内容有医院感染相关法律法规、医院感染管理相关工作规范和标准、专业技术知识等。

材料指引：

1. 机构应提供医院感染管理委员会/医院感染质控小组成立的红头文件及医院感染专职人员档案。

2. ①机构应当提供医院感染管理相关制度，包括但不限于以下制度，《医院感染管理制度》《医院感染预防与控制制度》《临床科室医院感染管理小组工作制度》《手卫生管理制度》《医疗废物管理制度》《传染病预检分诊制度》《消毒隔离制度》《医院环境表面清洁与消毒管理制度》《感控监测及报告制度》《医务人员感染性病原体职业暴露预防、处置及上报制度》《医疗废物暂存处医院管理制度》等。②机构应当提供各岗位职责，包括《医院感染管理小组职责》《医院感染办公室工作职责》《医院感染管理专职人员职责》《医务科职责》《护理部职责》《总务科职责》《药剂科职责》《检验科职责》《各科室医院感染管理小组职责》《各科室医院感染兼职医生职责》《各科室医院感染兼职护士职责》《各科室医务人员职责》等。

3. 机构应提供院科两级医院感染防控年度工作计划、工作总结。

4. 机构应提供针对不同岗位制订的详细培训计划。

责任科室：院感科、各临床科室、总务科。

【B】符合“C”，并
1. 有院科两级医院感染管理工作制度和督查记录，每月召开专题会。 2. 及时整改上级部门检查发现的问题，并及时调整、完善工作计划和内容。

创建要点：

1. ①机构应当制定各科室医院感染管理质量考核标准，落实院科两级督导检查，现场反馈及以反馈单形式反馈，有督导记录，医院感染重点部门如手术室、口腔科、检验科、发热哨点及预检分诊等每月督导检查一次，一般诊室及病区每季度督导检查一次。②机构应当组织重点部门及相关职能部门负责人每月召开专题会，会议采取多种形式，汇报职能科室日常督导发现的重点突出问题及需要多部门协调解决的相关问题，有针对性地提出整改方案，部署下月重点工作。

2. 机构应该针对上级卫生健康行政管理部门或者上级专家对疫情防控或污水处理等方面的专项检查，及时撰写整改报告，包括检查时间、检查人员、存在问题、原因分析及整改措施，在规定时限内进行整改，利用PDCA循环达到持续质量改进。

材料指引：

1. 机构提供各科室医院感染管理质量考核标准，机构提供科室自查记录，机构提供院感科督导记录。

2. 机构提供上级部门督导检查整改报告。

责任科室：院感科、各临床科室、总务科。

【A】符合“B”，并
职能部门对医院感染管理定期评估，对存在问题有反馈和改进措施，持续改进。

创建要点：

院感科须每半年对相关工作完成情况进行汇总，分析医院感染管理存在的问题、针对问题梳理下半年工作重点，通过医院感染管理委员会会议进行汇报，落实下半年工作方案，达到持续改进。

材料指引：

机构应提供院感科半年工作总结汇报材料。

责任科室：院感科。

3.5.2　医院感染相关监测

【C】
1. 机构配备医院感染管理专（兼）职人员，监测设施配备符合要求。 2. 有符合本机构实际的医院感染监测计划、监测的目录/清单，开展感染发病率监测，符合医院感染监测规范（WS/T312—2009）、医疗机构消毒技术规范（WS/T367-2012）。 3. 有针对本机构重点环节、重点人群和高危险因素管理与监测计划，并落实。 4. 对感染高风险科室及感染控制情况进行风险评估，制定针对性措施。

创建要点：

1. 医院感染管理专兼职人员配备及职责同3.5.1C条款。

2. 医院感染监测设施设备齐全，如紫外线灯性能监测指示卡、含氯消毒液浓度监测试纸、邻苯二甲醛浓度监测试纸、医院感染病例监测的系统软件、酒精灯、规格板、微生物监测的仪器设备等。

3. 依据《医院感染监测规范》制定本机构《医院感染控制监测与报告管理制度》。

4. 机构应制订医院感染监测计划清单，涵盖综合性监测、目标性监测，包括监测时间、监测项目、监测指标、监测人员、监测频次等内容。

（1）综合性监测包括环境卫生学监测（空气、物体表面、工作人员手监测）、医院感染发病率和医院感染漏报率监测、消毒灭菌效果监测（使用中的消毒剂、紫外线灯、内镜、压力蒸汽灭菌、低温等离子灭菌、血透相关监测）。

（2）目标性监测包括手术部位感染监测、呼吸机相关肺炎监测、导尿管相关泌尿系感染监测、临床抗菌药物应用与细菌耐药性监测等。

（3）医院感染现患病率调查应每年开展一次。

5. 机构应当加强重点人群如手术、老年、儿童、血透、传染病等患者的医院感染监测。加强医疗废物转运、医疗用品使用、抗生素使用等环节监测。加强医务人员职业暴露的监测。

6. 机构应加强对感染高风险科室如手术室、口腔科、中医科、检验科、血透、内镜室、消毒中心、病区等的风险评估，从管理制度、人员培训、制度落实、个人防护、手卫生及医疗废物等方面梳理风险点，制定风险评估表，从风险发生的可能性、严重性及可探测度进行评分，从高到低进行排列，针对评分较高的3～5项风险点进行原因分析，制定切实可行的整改措施并落实，定期进行效果评价。

7. 院感科负责全院医院感染监测及报告工作的统筹安排，进行汇总分析，针对问题提出整改措施并指导实施。每月召开专题会议，并向全员反馈存在的问题及整改要求，每半年向医院感染管理委员会汇报。

材料指引：

1. 机构提供监测项目计划（表1-39）。
2. 机构提供环境卫生学监测报告单。
3. 机构提供紫外线监测清单。
4. 机构提供发病率等综合性监测汇总。
5. 机构提供职业暴露监测汇总。
6. 机构提供风险评估表及评估报告（表1-40）。

责任科室：院感科、临床及医技科室。

表1-39　环境卫生学监测计划（模板）

科室	监测项目或物品	监测标准	监测频率	监测时间（机构根据实际情况拟定）
内镜中心	空气	≤4cfu/（5min直径9cm平皿）	每季度	
	物体表面	≤10cfu/cm^2		
	医务人员手表面	≤10cfu/cm^2		
	消毒后内镜	≤20cfu/件		
	消毒剂	浓度监测及染菌量监测≤10cfu/ml		
	内镜清洗水	≤10cfu/100ml		
	灭菌后内镜	无细菌生长	每月	
	消毒内镜用消毒液浓度监测	对比指示卡监测合格	每天	

续 表

<table>
<tr><th>科室</th><th colspan="2">监测项目或物品</th><th>监测标准</th><th>监测频率</th><th>监测时间（机构根据实际情况拟定）</th></tr>
<tr><td rowspan="6">手术室</td><td colspan="2">空气</td><td>净化级别不同细菌菌落数要求不一样/（30min直径9cm平皿）结果见GB50333—2013</td><td rowspan="6">每季度</td><td rowspan="6"></td></tr>
<tr><td colspan="2">物体表面</td><td>≤5cfu/cm^2</td></tr>
<tr><td rowspan="2">医务人员手表面</td><td>卫生手消毒</td><td>≤10cfu/cm^2</td></tr>
<tr><td>外科手消毒</td><td>≤5cfu/cm^2</td></tr>
<tr><td colspan="2">使用中的皮肤黏膜消毒液</td><td>≤10cfu/ml</td></tr>
<tr><td colspan="2">卡式压力灭菌器各项监测</td><td>按WS310.3—2016中4.4.2执行</td></tr>
<tr><td rowspan="5">口腔科</td><td colspan="2">空气</td><td>≤4cfu/（5min直径9cm平皿）</td><td rowspan="5">每季度一次</td><td rowspan="5"></td></tr>
<tr><td colspan="2">物体表面</td><td>≤10cfu/cm^2</td></tr>
<tr><td colspan="2">医务人员手</td><td>≤10cfu/cm^2</td></tr>
<tr><td colspan="2">使用中的皮肤黏膜消毒液</td><td>≤10cfu/ml</td></tr>
<tr><td colspan="2">口腔注水</td><td>≤100cfu/ml</td></tr>
<tr><td rowspan="5">医学检验科</td><td colspan="2">空气</td><td>≤4cfu/（5min直径9cm平皿）</td><td rowspan="4">每季度一次</td><td rowspan="4"></td></tr>
<tr><td colspan="2">物体表面</td><td>≤10cfu/cm^2</td></tr>
<tr><td colspan="2">医务人员手表面</td><td>≤10cfu/cm^2</td></tr>
<tr><td colspan="2">使用中的皮肤黏膜消毒液</td><td>≤10cfu/ml</td></tr>
<tr><td colspan="2">压力蒸汽灭菌器各参数</td><td>符合设备说明要求</td><td>每年一次</td><td></td></tr>
<tr><td rowspan="5">急诊科（监护室、手术室）</td><td colspan="2">空气</td><td>≤4cfu/（5min直径9cm平皿）</td><td rowspan="5">每季度一次</td><td rowspan="5"></td></tr>
<tr><td colspan="2">物体表面</td><td>≤10cfu/cm^2</td></tr>
<tr><td colspan="2">医务人员手表面</td><td>≤10cfu/cm^2</td></tr>
<tr><td colspan="2">使用中的皮肤黏膜消毒液</td><td>≤10cfu/ml</td></tr>
<tr><td colspan="2">呼吸机湿化水</td><td>无细菌生长</td></tr>
<tr><td rowspan="3">救护车</td><td colspan="2">空气</td><td>≤4cfu/（5min直径9cm平皿）</td><td rowspan="3">每季度一次</td><td rowspan="3"></td></tr>
<tr><td colspan="2">物体表面</td><td>≤10cfu/cm^2</td></tr>
<tr><td colspan="2">医务人员手表面</td><td>≤10cfu/cm^2</td></tr>
</table>

续 表

科室	监测项目或物品	监测标准	监测频率	监测时间（机构根据实际情况拟定）
各科室	紫外线灯管、移动紫外线灯管	辐射强度≥70μW/cm^2	每半年一次，更换新灯管	
	循环风紫外线空气消毒机	每季度清洗过滤网，并根据说明书相关内容执行	每半年一次	
普通科室	使用中的皮肤黏膜消毒液	≤10cfu/ml	每季度一次	

表 1-40　××科室医院感染风险评估表

风险项目	风险发生的可能性（P）			风险发生的严重性（S）			可探测度（D）			RPN＝P×S×D
制度不健全	5	3	1	5	3	1	5	3	1	
手卫生不规范										
手卫生设施配置不全										
人员培训不到位										
防护用品配备不足										
环境清洁消毒不到位										
违反无菌操作										
……										
……										

【B】符合“C”，并
1. 手术部位感染按手术风险分类，对切口感染率进行统计、分析与反馈。 2. 医院感染管理人员对监测资料进行分析、总结和反馈，对存在的问题进行督促整改。

创建要点：

1. 开展手术的医疗机构，根据《医院感染监测规范》（WS/T312—2009）要求开展手术部位感染监测，包括手术部位感染发生率、Ⅰ类切口感染发生率。

2. 至少每季度对监测指标进行统计、分析，针对存在问题提出改进措施，并反馈给科室。

材料指引：

1. 机构应提供手术部位目标性监测汇总。

2. 机构应提供院感科每季度监测报告。

责任科室：院感科。

【A】符合“B”，并
开展医院感染监测工作，提高本机构医院感染管理水平，成效明显。

创建要点：

1. 开展手术医疗机构，根据《医院感染监测规范》（WS/T 312—2009）要求开展手术部位感染监测，包括手术部位感染发生率、Ⅰ类切口感染发生率。

2. 至少每季度对监测指标进行统计、分析，并反馈给科室；监测指标逐渐改善，体现持续质量改进。

材料指引：

机构应提供手术部目标性监测汇总。

责任科室：院感科。

3.5.3 手卫生管理

【C】

1. 定期开展手卫生知识宣传与技能的培训、考核，并有记录。
2. 手卫生设施种类、数量、安置位置、手卫生用品等符合医务人员手卫生规范（WS/T 313—2019）要求。
3. 医务人员手卫生知识知晓率100%。

创建要点：

1. 机构根据手卫生管理规范（2019版）制定手卫生管理制度，至少每年开展1次全员手卫生知识与技能的培训，包括洗手、卫生手消毒、外科手消毒等内容。

2. 手卫生设施齐全，包括洗手图、洗手池、非手触式水龙头、洗手液、干手用品、手消毒剂、带盖生活垃圾桶等。

3. 机构需要定期对相关科室人员进行手卫生相关知识提问、考核，手卫生知晓率=（知晓手卫生知识人数/调查人数）×100%。

材料指引：

1. 机构应提供手卫生知识培训材料，包括培训通知、培训课件、培训照片、人员签到表、培训记录、试卷及成绩汇总分析。

2. 机构应提供洗手操作考核评分表（表1-41）。

责任科室：院感科、临床及医技科室、总务科。

表1-41 洗手操作考核评分表

项目	具体内容	分值	扣分	得分
目的（5分）	去除手部皮肤污垢、碎屑及部分致病菌细菌			
用物准备（5分）	洗手液、纸巾、流动自来水及水池设备			

续　表

项目	具体内容	分值	扣分	得分
操作方法及程序（75分）	1．备齐用物，洗手前取下手表及饰物；洗手前修剪指甲。 2．双手揉搓，打开水龙头，湿润双手，取洗手液，均匀涂抹至整个手掌，手背、手指和指缝（按洗手七步法步骤）。 3．按照正确的揉搓步骤。 （1）取适量洗手液于手掌表面，掌心相对，手指并拢，相互揉搓。 （2）手指交叉，掌心对手背揉搓。 （3）手指交叉，掌心相对揉搓。 （4）弯曲手指指关节在掌心旋转揉搓。 （5）拇指在掌中揉搓。 （6）指尖在掌心中揉搓。 搓洗时间不少于15秒。 4．双手下垂，流动水冲洗干净；取一次性纸巾擦干双手。 5．操作熟练规范。			
注意事项（10分）	1．洗手时注意清洗指尖、指缝、指关节、指背、拇指等处，以免漏洗；范围为双手、手腕及腕上10cm；搓洗时间不少于15秒。 2．洗手后应防止手的再污染。			
提问问题（5分）	1．洗手的指征。 2．手消毒的指征。			

注：根据操作系统及步骤扣除得分。

【B】符合“C”，并

1．有院科两级对手卫生规范执行情况的监督检查记录，并有整改措施。

2．随机抽查医务人员手卫生依从性达到70%以上，洗手方法正确率达到70%以上。

创建要点：

1．机构制定手卫生依从性及洗手方法正确率调查表，定期开展院科两级手卫生督导检查。机构各科室每月进行手卫生依从性及洗手方法正确率统计汇总，院感科每季度汇总一次。

2．*洗手方法正确率=（正确的洗手次数/实际进行的洗手次数）×100%；手卫生依从性=实做次数/应做次数 ×100%*。

材料指引：

1. 机构需要提供院科两级的手卫生依从性调查表及洗手方法正确率（表1-42）。

2. 机构需要提供手卫生物品出入库记录。

责任科室：院感科、临床及医技科室。

【A】符合“B”，并

随机抽查医务人员手卫生依从性达到80%以上，洗手方法正确率达到80%以上。

创建要点：

1. 机构制定手卫生依从性及洗手方法正确率调查表，定期开展院科两级手卫生督导检查。机构各科室每月进行手卫生依从性及洗手方法正确率统计汇总，院感科每季度汇总一次。

2. *洗手方法正确率＝（正确的洗手次数/实际进行的洗手次数）×100%，手卫生依从性＝（实做次数/应做次数）×100%。*

材料指引：

1. 机构应提供院科两级的手卫生依从性调查表（表1-42）。

2. 机构应提供手卫生物品出入库记录。

责任科室：院感科、临床及医技科室、总务科。

表1-42　手卫生依从性调查表

日期	岗位	操作项目	洗手指征																		
			接触患者前			进行清洁/无菌操作前			接触患者血液、体液后			接触患者后			接触患者周围环境后			洗手方法		手卫生知识知晓情况	
			应执行次数	洗手	手消	应执行次数	洗手	手消	应执行次数	洗手	手消	应执行次数	洗手	手消	应执行次数	洗手	手消	正确次数	不正确次数	知晓	不知晓
合计																					

3.5.4 消毒及灭菌工作管理

【C】

1. 有满足消毒要求的消毒设备、设施与消毒剂（可依托有资质的第三方机构）。
2. 定期对有关设备设施进行检测、对消毒剂的浓度和有效性等进行监测。
3. 有本机构重点部门消毒与隔离工作制度和措施，并执行。
4. 有消毒供应室的机构，应有清洗消毒及灭菌技术操作规范，有清洗消毒及灭菌效果监测程序、规范和判定标准。

创建要点：

1. 消毒供应中心应符合《消毒供应中心建设规范》，分区明确，布局流程合理，清洗消毒和灭菌设备齐全，标识清楚，制度健全，制定相关工作流程，由经过专业培训的专人负责；不具备消毒供应中心条件的医疗机构，应与有资质的第三方签署委托协议（盖章协议），本医疗机构应设有污染物品暂存间和无菌物品存放间，建立物品交接与发放记录。

2. 含氯消毒剂现用现配，配置后及时进行浓度监测，合格方可使用，超过24小时及时更换。

3. 使用中的消毒剂如乙醇、聚维酮碘（碘伏）等应每季度进行卫生学监测。

4. 其他按照标准执行。

材料指引：

1. 机构有消毒供应中心的，提供医院感染管理相关制度及操作流程，高压锅上岗证，消毒设备的物理监测、化学监测、生物监测的记录。

2. 不具备自行消毒灭菌条件的医疗机构应提供第三方协议，且保证协议在有效期内。

3. 机构需要提供消毒监测记录。

责任科室：消毒供应中心、院感科。

【B】符合“C”，并
职能部门对医用耗材、消毒隔离相关产品的采购质量有监管，对设备设施和消毒剂检测结果定期进行分析、总结、反馈，发现问题及时整改。

创建要点：

院感科每季度对医用耗材及消毒相关产品的采购质量进行监管并有记录，对存在的问题有反馈、整改措施，体现持续改进。

材料指引：

院感科需要提供医用耗材及消毒相关产品的采购审核材料，院感科需要提供相应频次的整改反馈资料、持续改进分析报告。

责任科室：院感科。

【A】符合“B”，并
职能部门对持续改进情况进行追踪和成效评价，并有记录。

创建要点：

院感科每季度对医用耗材及消毒相关产品的采购质量进行监管并有记录，对存在的问题有反馈、整改措施，体现持续改进。

材料指引：

医院感染科应提供医用耗材及消毒相关产品的采购审核材料及改进报告。

责任科室：院感科、药剂科。

3.6 医疗废物管理

3.6.1 医疗废物和污水处理管理

【C】

1. 有本机构的医疗废物管理和污水处理管理规章制度和岗位职责，并及时更新。
2. 有专（兼）职人员负责医疗废物和污水处理工作，上岗前经过培训。
3. 专（兼）职人员定期对本机构开展相关培训，并指导辖区村卫生室工作，有记录。
4. 相关工作人员熟悉并遵循上述制度和工作流程。

创建要点：

1. 机构成立医疗废物、污水处理管理领导小组，小组成员职责明确，配备专（兼）职人员。

2. 医疗废物及污水处理选址应符合要求：①远离医疗区、食品加工区、人员活动区和生活垃圾存放场所，方便医疗废物运送人员及运送工具、车辆的出入。②有严密的封闭措施，设专（兼）职人员管理，防止非工作人员接触医疗废物，采取防盗措施。③有防鼠、防蚊蝇、防蟑螂、防盗的安全措施。④防止渗漏和雨水冲刷，设有冲洗设施设备，便于清洁消毒。⑤设有明显的正确的医疗废物警示标识和“禁止吸烟、饮食”的警示标识。

3. 机构根据《医疗废物管理条例》《医疗机构医疗废物管理办法》《医疗废物分类目录》及《医疗机构污水排放标准》等制定本医疗机构医疗废物和污水处理相关工作制度，包括医疗废物管理制度、医疗废物暂存处管理制度、医疗废物处置人员职业防护制度、“医疗废物流失、泄漏、扩散应急预案”、医疗污水处理管理制度、医疗污水处理监测制度等。

4. 机构明确医疗废物及污水处理工作人员岗位职责。

5. 未被患者血液、体液污染的输液瓶的管理。设有独立暂存点，远离医疗废物暂存处，有防盗设施，分类收集，制度上墙，有未被污染输液袋回收处置管理要求、交接登记制度；科室收集容器脚踏式加盖，定点定位放置，有分类标识。

6. 医疗废物暂存处信息和污水处理站相应制度及处置流程上墙。

7. 医院感染科负责每年一次开展对全院职工及辖区村卫生室人员的培训，有培训通知、人员签到表、培训课件、培训影像资料、考核及成绩汇总等。培训包括两个方面：一是岗前（考试，合格）培训；二是近一年的（新规定及时性）培训，鼓励持证上岗。

材料指引：

1. 机构应提供医疗废物及污水处理相关制度。
2. 机构应提供医疗废物流失、泄漏、扩散应急预案演练记录。
3. 提供相关培训、考核资料。
4. 机构提供医疗废物交接登记本。

责任科室：院感科、总务科、医务科、护理部。

【B】符合“C”，并
职能部门对制度和岗位职责落实情况进行监管，持续改进。

创建要点：

1. 总务科、院感科、医务科、护理部每月对医疗废物及污水处理情况进行监管，有反馈、原因分析及整改措施。

2. 医疗机构对卫生监督局（所）、环保部门或本院职能部门作出的对医疗废物及污水处理的督导结果，进行原因分析，提出整改措施并落实，进行持续质量改进。

材料指引：

1. 机构应提供职能部门督导反馈单。
2. 机构应提供上级部门督导整改报告。

责任科室：院感科、总务科、医务科、护理部。

【A】符合“B”，并
根据监管情况，职能部门对医疗废物和污水处理管理工作开展成效评价，并有记录。

创建要点：

1. 总务科、院感科、医务科、护理部每月对医疗废物及污水处理情况进行监管，有反馈、原因分析及整改措施。

2. 医疗机构对卫生监督局（所）、环保部门或本院职能部门作出的对医疗废物及污水处理的督导结果，进行原因分析，提出整改措施并落实，进行持续质量改进。

材料指引：

1. 机构应提供职能部门督导反馈单。

2. 机构应提供上级部门督导整改报告。

责任科室：院感科、总务科、医务科、护理部。

3.6.2 医疗废物处置和污水处理

【C】

1. 医疗废物分类收集，并与生活垃圾分开存放，医疗废物的处理符合《医疗废物处理条例》要求，有运行日志。
2. 建有污水处理设施并且运转正常，有运行日志与监测的原始记录。
3. 医疗废物处理符合环保要求，无环保安全事故发生。

创建要点：

1. 医疗废物产生科室的管理。①正确处置医疗废物，医疗废物容器定点定位放置，标识规范。②制度上墙，应当有医疗废物分类目录、医疗废物管理制度。③医疗废物盛放不宜超过容器的3/4，应使用有效的封口方式，使包装物或容器的封口紧密、严实。④科室与医疗废物转运人员移交时，应做好医疗废物交接，包括医疗废物的来源、种类、重量或数量、交接时间、去向，双方在《医疗废物交接登记本》上签名，登记本保存3年。

2. 有关医疗废物转运交接管理。①医疗机构应与医疗废物集中处置单位签署协议，保证协议在有效期内。②医疗废物交接分科室与暂存点交接和暂存点与医疗废物集中处置公司的交接。③院内交接登记及院外交接登记资料必须重量（按千克）相等。一般院内24小时内交接，交接记录保存3年。④暂存点与医疗废物集中处置公司48小时内交接，开具“危险废物转运联单”，保存5年。⑤医疗废物的分类、储存容器、交接登记内容符合要求。⑥有条件的单位可以建立医疗废物追溯系统，按照系统设置规范记录并打印保存。

3. 污水处理站的管理。20张床位以下无处理站的机构，污水必须先消毒再排放；20张床及以上的机构，污水处理设施应满足机构需求，能正常运行。采用含氯消毒剂消毒时，接触池出口总余氯每日监测不得少于2次，详细记录监测结果，留存原始记录至少3年。污水处理设施运行、日常监测记录规范；排放标准符合规范要求，无环保事件。

材料指引：

1. 机构应提供科室及暂存处医疗废物登记本。
2. 机构提供医疗废物暂存处清洁消毒记录。
3. 机构提供医废转运车/工具清洁消毒记录。
4. 机构提供与医疗废物集中处置单位签署的协议。
5. 机构提供医疗废物转移联单。
6. 机构提供污水处理设施运行、日常监测记录。
7. 机构需要提供环保部门对污水处理的监测报告。

责任科室：院感科、总务科、临床医技科室。

【B】符合“C”，并
定期开展医疗废物处置和污水处理的培训，并有记录。

创建要点：

医院感染科每年至少1次对医疗废物暂存处及污水处理专职人员进行相关知识培训，有培训通知、人员签到表、培训课件、影像资料、考核及成绩汇总资料。

材料指引：

机构提供以上培训相关材料。

责任科室：院感科。

【A】符合“B”，并
1. 医疗废物全部由医疗废物集中处置单位集中进行处置。 2. 机构定期对污水进行相关监测，并达标。 3. 机构有根据监管情况改进工作的具体措施并落实。

创建要点：

1. 按照标准执行，机构的医疗废物全部由医疗废物集中处置单位集中进行处置。

2. 机构根据《医疗机构污水排放标准》的要求完成相关指标检测，粪大肠菌群数的监测每月不得少于1次；采用含氯消毒剂消毒时，接触池出口总余氯每日监测不得少于2次；沙门菌的监测，每季度不少于1次；志贺菌的监测，每年不少于2次，pH每日监测不少于2次，医疗机构无法自行完成的监测指标应由具有资质的第三方检测机构进行检测，并按时出具检测报告。

3. 机构对卫生监督局（所）、环保部门或本院职能部门作出的对医疗废物及污水处理的督导管理结果有反馈，提出整改措施，对整改情况进行追踪检查，评价整改效果，做好相关记录，体现质量的持续改进及整改措施落实。

材料指引：

1. 机构提供污水处理运行日志、余氯监测报告（表1-43）。

2. 机构提供第三方环评检测报告。

3. 机构提供整改报告。

责任科室：院感科、总务科。

表1-43　含氯消毒液监测记录簿

日期	时间	浸泡物品名称				含氯消毒液浓度/（mg/L）			配制人签名	监测结果	监测人签名
						500	1000	2000			

3.7 放射防护管理

【C】

1. 有院领导及专（兼）职人员组成的管理部门负责此项工作，制定工作人员和受检人员放射防护制度并配备相应设施。
2. 放射诊疗设备实行统一保养、维修、校验和强检，建立防护用品使用台账，实行标识管理。
3. 定期开展放射设备及周围环境检测并确保达标，按照《放射工作人员职业健康管理办法》开展工作人员个人剂量监测及职业健康检查。

创建要点：

1. 机构须组建放射卫生防护管理小组，由分管副院长级别以上管理者任组长；医疗机构应当配备专（兼）职的管理人员，负责放射诊疗工作的质量保证和安全防护。组织制定并落实放射诊疗和放射防护管理制度，配备相应设施设备，如铅衣、铅帽、铅围裙、铅眼镜、铅围脖、铅手套及剂量监测仪，个人剂量计须每人一个。

2. 医疗机构应有专（兼）职职能科室对放射诊疗设备进行统一的管理。新安装、维修或更换重要部件后的设备，应当经省级以上卫生行政部门资质认证的检测机构对其进行检测，合格后方可启用；定期进行稳定性检测、校正和维护保养，由省级以上卫生行政部门资质认证的检测机构每年至少进行一次状态检测；放射诊疗设备及其相关设备的技术指标和安全、防护性能，应当符合有关标准与要求。不合格或国家有关部门规定淘汰的放射诊疗设备不得购置、使用、转让和出租。建立防护用品使用台账，实行标识管理。

3. 机构须定期开展放射设备及周围环境检测。检查人员现场查看是否在必要处张贴放射警示标识；现场查看是否具有醒目的工作状态指示灯，灯箱应设立警示语句；放射诊疗工作人员应当按照有关规定佩戴个人剂量计。外照射个人剂量监测周期一般为30天，最长不能超过90天。原则上应终身保存个人剂量监测档案，查看放射工作期间所有监测报告，原则上工作期间监测时间不可断档。机构应当按照有关规定和标准，对放射诊疗工作人员进行上岗前、在岗期间和离岗时的健康检查，定期进行专业及防护知识培训，并分别建立个人剂量、职业健康管理和教育培训档案。

材料指引：

1. 机构应提供放射诊疗和放射防护管理制度，相应设施、设备配备齐全，如铅衣、铅帽、铅围裙、铅眼镜、铅围脖、铅手套、剂量监测仪，个人剂量计需每人一个。要熟悉掌握孕妇、婴幼儿等特殊受检人群的检查注意事项；必要时检查受检人员防护设备的完好性、运行情况、洁净程度。

2. 机构应提供诊疗设备的保养维护记录，设备使用情况的登记记录，防护用品使用台账，职能科室的监管情况资料。现场查看设备的校验及强检标识。

3. 检查人员现场查看环评等相关报告、警示标识。现场查看放射诊疗工作人员是否按照有关规定佩戴个人剂量计。机构提供个人剂量监测报告、在岗人员的上岗前查体报告、在岗期间的职业健康查体报告。

责任科室：医学影像科、设备科。

【B】符合“C”，并
1. 有根据监管情况进行改进的措施并得到落实，有记录。 2. 操作人员能执行日常保养和维护，有放射医学设备故障维修情况的分析报告，用于指导设备的规范使用。

创建要点：

1. 机构定期检查其放射诊疗管理相关法律、法规等制度的落实情况，保证放射诊疗的医疗质量和医疗安全。检查人员查看卫生监督部门对医疗机构关于放射诊疗方面的监管记录，查看监督意见书，卫生监督部门对医疗机构进行每年至少一次监督检查，机构根据监管意见进行及时整改，有措施，有整改报告。

2. 科室内有日常保养和维护记录，有放射医学设备故障维修情况的分析报告。

材料指引：

1. 机构应提供符合创建要点的监管记录。

2. 机构应提供上述日常保养和维护记录、分析报告。

责任科室：医学影像科、设备科。

【A】符合“B”，并
1. 职能部门对设备检测、操作人员个人剂量监测结果进行定期分析，及时反馈和整改。 2. 有职能部门或委托机构定期检测检查的相关记录，并持续改进。

创建要点：

1. 职能部门定期组织对放射诊疗工作场所、设备和人员进行放射防护检测、监测和检查，定期（与制度制定吻合，但设备、个人都应与每次监测同步）分析，特别是数值超标时要进行整改反馈，有持续改进措施。

2. 机构有职能部门或委托机构定期对设备进行检测检查的相关记录，对提出的问题有整改措施并持续改进。

材料指引：

1. 机构应提供职能部门对放射防护检测、监测和检查的报告及相关分析结果，特别是给临床科室的反馈与整改措施的资料。

2. 机构应提供职能部门的检测及改进报告。检查人员必要时询问是否允许放射工作人员查阅、复印本人的个人剂量监测档案。

责任科室：医务科、医学影像科。

3.8 药事管理

3.8.1 药品管理

【C】

1. 设立药事与药物治疗管理组织，有相应工作制度并落实。
2. 药品采购供应管理制度与流程符合相关规定，严格落实“毒麻精放”药品管理，有药品贮存相关制度并执行。
3. 疫苗的流通、储存、领发、登记及使用等符合相关规定。
4. 药品库存量及进出量、调剂室库存量及使用量定期盘点，账物相符。
5. 中药饮片相关管理制度健全，采购验收、储存、调剂、煎煮等符合相关规定。
6. 本机构应建立以基本药物为主导的“1+X”用药模式，用药目录符合相关规定。有优先配备和合理使用国家基本药物、国家组织集中采购和使用药品及医保目录药品相关规定并执行。

创建要点：

1. 机构应当成立药事管理委员会（小组），成员含药学、医务、护理、医院感染、临床科室等部门负责人；有职责及分工，分管领导担任主任委员（组长），药学和医务负责人担任副主任委员（副组长）；有工作制度，制订工作计划并有效执行；定期召开药事会（每季度一次），有会议记录。

2. 机构有药品“两票制”执行情况记录，有药品采购计划审批流程及记录，有药品储存情况记录，药品储存的条件要符合要求，执行药品分类储存制度，对特殊管理药品要按照特殊药品管理办法执行，专库或专柜存放，有药品养护记录、出入库记录，双签执行到位。

3. 疫苗的流通、储存、领发登记等符合相关规定。机构自查疫苗来源，（年内）票、账、货、款一致；接收疫苗时应向疫苗运输商索取储存运输全程的温度记录粘贴在入库记录单上；机构内冷链完好，储存疫苗按规定记录冷链设备温度。疫苗储存符合要求，疫苗领发登记信息（名称、规格、生产批号、数量、有效期、生产企业等）完整正确，接种记录完整（品种、生产企业、最小包装单位识别信息、批号、有效期、接种时间、接种医护、受种者基本信息等）。

4. 药库至少每月盘点一次并有记录，落实数量化管理，药房至少每半年盘点一次并有记录，实行数量化管理。做好账差的原因分析，针对问题整顿培训。

5. 机构有中药饮片（包括免煎颗粒）质量管理的相关制度。中药饮片验收人员必须是具有相应资质的专业技术人员，根据《医院中药饮片管理规范》第九条，负责中药饮片验收的人员，在一级医院应当是具有初级以上专业技术职称和饮片鉴别经验的人员，验收中药饮片时，验收人员应通过眼观法、手感法、鼻闻法、口尝法对饮片真伪进行鉴别并对品名、产地、生产企业、产品批号、生产日期、合格标识、质量检验报告书、数量、验收结果及验收日期逐一登记并签字。药材贮存必须符合标准，药材与地面保持距离，注意避光、通风、温湿度控制（有监测设备和记录），贵重中药等需要特殊贮存的药品保存符合规定，贮存养护要有记录。调剂环节注意处方签上的先煎后下等的标注，严格按照处方调剂并核对发药，核对发药人员符合资质，有正确的用药交代。中药煎药室设置符合相关要求，有煎药流程并严格执行。如因医疗资源限制，煎药室实行外包服务的，应有服务质量保证。

6. 机构应当制定基本药物优先使用的管理办法（有配备、引进流程，有保证基本药物被优先使用的相关措施），公示基本药物使用比例，基本药物使用金额占全部药品总金额的比例符合各地方卫生行政部门的规定，并开展基本药物使用的处方点评工作。

材料指引：

1. 检查人员现场查看机构药事管理组织成立的文件、工作制度、活动记录。

2. 检查人员现场查看药品采购供应管理及药品贮存相关制度、执行情况。

3. 检查人员现场查看疫苗的管理相关制度、记录等，查看停电后的应急预案。

4. 检查人员现场抽查药品的库存与进出库管理等情况。

5. 检查人员现场查看中药饮片的管理，查看中药处方的调剂、发药等。

6. 检查人员现场查看基本药物优先使用的管理规定、基本药物各种目录、基本药物使用情况。

责任科室：药剂科（中药房、西药房、药库）、医务科。

【B】符合“C”，并

1. 药品采购、贮存、供应实行信息化管理。
2. 根据药品用量、金额评估药品储备情况，药品储备适宜，与机构用药相衔接，满足临床用药需求。
3. 定期开展药师和其他药学技术人员培训。
4. 开展药品使用监测，及时准确采集报送监测数据。

创建要点：

1. 机构保证HIS药品管理计算机软件系统与医院整体信息系统联网运行情况良好，对药品价格及其调整、医保属性等信息综合管理情况良好，药库和调剂室药品进、销、存、使用等实时管理系统情况良好。

2. 机构须建立科学的药物采购供应管理制度与流程，定期检查总结药品采购供应制度的执行情况，评估药品储备情况，有分析报告和改进措施。

3. 机构须定期开展药师和其他药学技术人员培训，并留存培训资料、培训课件、培训记录。

4. 机构须及时准确采集报送药品使用监测数据。

材料指引：

1. 检查人员现场查看机构信息化管理情况。

2. 检查人员场查看情况药物采购供应管理机构。

3. 检查人员查看机构对药师和其他药学技术人员培训的资料。

4. 检查人员现场查看机构药品使用网络上报情况。

责任科室：药剂科（中药房、西药房、药库）。

【A】符合“B”，并
1. 开展药品采购、贮存、发放、调配、使用全过程监管，制定合理用药相应指标，并纳入绩效考核。 2. 能组织开展药品监测数据分析应用，用于指导合理配备使用药品。

创建要点：

1. 机构通过信息化管理，对药品采购、贮存、发放、调配、使用全过程监管。医院制定合理用药相应指标，细化到各临床科室，并纳入绩效考核，且有效实施。有质控小组，每季度进行1次药品质量管理监督，有改进分析，持续改进有成效。

2. 机构定期分析药品监测数据，可用于指导本机构合理配备使用药品。

材料指引：

1. 检查人员查看机构药品采购、贮存、发放、调配、使用全过程监管记录，查看合理用药的指标、绩效考核方案。

2. 检查人员现场查看药品监测数据分析报告。

责任科室：药剂科（中药房、西药房、药库）。

3.8.2 临床用药

【C】
1. 临床药物治疗遵循合理用药原则、药品说明书、临床诊疗指南及临床路径等相关规定。 2. 制定抗菌药物临床应用和管理实施细则及抗菌药物分级管理制度，并落实。

创建要点：

1. 机构应当有临床用药的管理规定及质量指标，并根据实际情况开展相关工作。可用以下数据来反映检查内容，包括处方合格率、抗菌药物使用率、糖皮质激素使用率等。

2. 机构要有抗菌药物临床应用和管理实施细则、抗菌药物分级管理目录等制度；各级医师使用抗菌药物的处方权限目录（有授权培训及文件）；抽查处方、住院病历，查看有无违规越级处方的现象，有无特殊使用级抗菌药物的处方，如果有是否符合标准。

材料指引：

1. 检查人员现场抽查50张处方，看是否合规。
2. 检查人员现场查看机构临床用药相关制度及落实情况。

责任科室：医务科、药剂科（药房、药库）。

【B】符合“C”，并
1. 建立健全抗菌药物临床应用管理工作制度和监督管理机制。 2. 满足临床用药需求，有临床用药监控体系，有干预和改进措施。 3. 开展医师、护士的合理用药知识培训。

创建要点：

1. 机构须制定抗菌药物临床应用管理工作制度和监督管理机制。按照《抗菌药物临床应用管理办法》，主要负责人是抗菌药物临床应用管理第一责任人，将抗菌药物临床应用管理作为医疗质量和医院管理的重要内容纳入工作安排。机构应当将临床科室负责人列为本科抗菌药物临床应用管理第一责任人，将抗菌药物临床应用管理作为本科质量考核，并纳入医师能力评价。医师和药师均参加抗菌药物临床应用知识和规范化管理培训，有考核记录。

2. 机构有超说明书用药管理相关规定，有临床诊疗指南及临床路径。建立临床超常用药预警制度和流程，对临床超常用药趋势及时干预并有改进记录，对不合理处方进行干预，并有记录可查。

3. 机构应当对医师、护士定期进行合理用药知识培训并保存培训资料。

材料指引：

1. 检查人员现场查看相关制度和监管资料。
2. 检查人员现场查看相关干预和改进措施。
3. 检查人员现场查看培训资料

责任科室：医务科、药剂科（药房、药库）、护理部及各临床科室。

【A】符合“B”，并
1. 配备临床药师，积极参与临床治疗，开展专科药学服务。 2. 在家庭医生签约服务中，积极开展用药咨询、药物治疗管理、重点人群用药监护、家庭药箱管理、合理用药科普等服务。 3. 职能部门对药物临床应用进行监测与评价，持续改进见成效。

创建要点：

1. 机构应当配备临床药师，参与临床会诊、用药咨询等服务。

2. 家庭医生签约服务中有药师参与，为患者提供用药咨询、药物治疗管理、重点人群用药监护、家庭药箱管理、合理用药科普等服务。

3. 医务科、质控科等对临床合理用药进行定期检查、分析、反馈、整改、效果评价。

材料指引：

1. 检查人员查看机构临床药师资格证书及工作记录。

2. 检查人员查看机构药师人员配备情况、开展的家庭医生签约服务记录。

3. 检查人员现场查看机构评价报告及分析反馈整改记录。

责任科室：医务科、药剂科（药房、药库）、各临床科室。

3.8.3 处方管理

【C】
1. 根据《处方管理办法》制定本机构处方管理实施细则，对注册执业（助理）医师处方权、医嘱或处方开具等有明确要求。 2. 按《医院处方点评管理办法（试行）》等文件要求制定处方审核、调配、点评等制度，并实施。 3. 每月至少抽查100张门、急诊处方（含中药饮片处方）进行点评，设病房的机构每月至少抽查30份出院病历进行点评（不足30份的，全部点评）。

创建要点：

1. 机构须制定处方管理实施细则等制度；医师处方签名或签章式样，分别在医务科、药剂科或药房留样备案；医师在处方和用药医嘱中的签字或签章与留样一致。

2. 机构有处方审核、调配、点评制度，组织健全，责任明确，有处方点评实施细则和执行记录；有处方点评制度及实施方案（将点评结果、奖惩管理纳入质量考核），有处方点评、通报、干预记录。

3. 机构应当每月抽查100张门、急诊处方（含中药饮片处方）、抽查30份出院病历进行点评。

材料指引：

1. 检查人员现场访谈、查看机构相关制度。

2. 检查人员现场查看机构相关制度。

3. 检查人员现场查看处方点评情况及结果。

责任科室：医务科、药剂科（药房、药库）、各临床科室。

【B】符合“C”，并
1. 处方评价结果纳入质量考核目标，实行奖惩管理。 2. 对不合理处方进行干预，并有记录。

创建要点：

1. 机构每月对处方进行点评，点评结果汇总分析并反馈。将评价结果纳入医疗质量控制考核目标，文件有体现，并进行绩效考核，实行奖惩管理（相应材料支撑）。

2. 机构应当有对不规范处方、用药不适宜处方进行干预；不合格处方及时登记（登记本），反馈临床科室（与登记本相适应），督促整改，并记录；对超常处方3次以上的医师提出警告，未改正仍连续2次超常处方的，医院取消其处方权。

材料指引：

1. 检查人员现场查看相关资料。

2. 检查人员现场查看相关记录。

责任科室：医务科、药剂科（药房、药库）、各临床科室。

【A】符合“B”，并
有案例证实，根据点评结果，落实整改措施，持续促进本机构合理用药。

创建要点：

检查人员随机抽查机构某月（建议在检查当月前3～6个月为宜，可以体现工资发放）的处方点评档案，并查看通报的结果与工资是否挂钩，是否有整改措施并落实，要求有完整案例。

材料指引：

检查人员现场查看上述相关资料。

责任科室： 医务科、药剂科（药房、药库）、各临床科室。

3.8.4　药品不良反应管理

【C】
1．有药品不良反应与药害事件监测报告管理的制度与程序。 2．医师、药师、护士及其他人员相互配合对患者用药情况进行监测，并有记录。 3．制定严重药品不良反应或药害事件处理办法和流程，并按规定上报卫生健康行政部门和药品监督管理部门。

创建要点：

1. 机构须制定药品不良反应与药害事件监测报告管理的制度与程序，检查药品不良反应报告信息平台运行情况，核查网络上传的资料的规范性。机构须注意报告时限，新增、严重的药品不良反应事件应在15日内报告，其中死亡病例须立即报告，其他药品不良反应应当在30日内报告。

2. 机构应当对患者用药情况进行监测，明确岗位职责、实施路径的管理方案，有监测记录，并将患者发生的药品不良反应如实记入病历中。

3. 机构须有应对严重药品不良反应或药害事件处理的办法和流程，要求各科室的医护熟练掌握，若遇上述事件可及时按要求上报卫生健康行政部门和药品监督管理部门。

材料指引：

1. 检查人员现场访谈、查看相关制度与程序。

2. 检查人员现场查看监测记录。

3. 检查人员现场访谈，查看相关处理办法和流程，查看医护是否均掌握应知应会内容。

责任科室：医务科、护理部、药学部（药房、药库）、各临床科室。

【B】符合“C”，并
1. 有药品不良反应与药害事件报告的奖惩措施并执行。 2. 建立药品不良反应或药害事件报告数据库或台账。

创建要点：

1. 机构应当有关于药品不良反应与药害事件报告的奖惩措施或绩效考核办法。与制度相结合（其他制度明确体现也可以），并有效实施。

2. 机构应该建立药品不良反应或药害事件报告数据库或台账。注意及时性与阶段性，并以年为周期上报、汇总数据。

材料指引：

1. 检查人员现场查看相关奖惩办法及奖惩记录。

2. 检查人员现场查看数据库或台账。

责任科室：医务科、药剂科（药房、药库）、各临床科室。

【A】符合“B”，并
对药品不良反应或药害事件进行及时调查、分析，有整改措施。

创建要点：

机构须对每个药品不良反应或药害事件进行调查，进行针对性分析整改，并于每年汇总，形成分析整改报告。

材料指引：

检查人员现场查看机构的调查分析整改报告。

责任科室：医务科、药剂科（药房、药库）、各临床科室。

3.9 公共卫生管理

3.9.1 建立健全公共卫生管理制度

【C】
1. 机构设有公共卫生服务项目管理科室，明确责任人，有年度工作计划和总结。 2. 有本机构的公共卫生服务工作制度、绩效考核与经费分配方案。 3. 及时修订、完善突发公共卫生事件应急预案，定期开展培训及演练。 4. 按规定向卫生健康行政部门和专业公共卫生机构如实、完整报送相关服务数据。

创建要点：

1. 机构应当制定基本公共卫生服务项目实施方案，明确相关科室及责任人，有年度工作计划和总结。

2. 机构应该建立健全公共卫生服务工作制度，制定绩效考核方案及经费分配方案，要有落实制度、方案的相关支撑材料。

3. 根据疫情防控形势及上级文件要求，机构应该及时对传染病和突发公共卫生事件的报告制度、方案、应急预案及时进行修订，定期对全院职工及乡村医生开展培训及演练。

4. 机构应当按照国家公共卫生服务项目信息统计报表要求及时将相关数据上报，确保各项数据完整、准确。

材料指引：

1. 机构应当提供基本卫生服务项目实施方案［明确科室设置、职责、人员分工等、有专（兼）职人员名单、年度计划、年度总结等］。

2. 机构应当提供规范、统一的工作制度，包括管理制度、绩效考核方案、经费分配方案，并提供开展项目工作记录、绩效考核过程资料等。

3. 机构应当提供传染病和突发公共卫生事件报告制度及方案，提供应急预案，提供应急演练、培训计划和培训记录（培训通知、现场照片、人员签到表、培训课件、培训小结、培训试卷等）资料。

4. 机构应提供当年度国家基本公共卫生服务项目报表。

责任科室：公共卫生科。

【B】符合“C”，并
1. 年度公共卫生服务工作总结内容充实、有分析评价。 2. 定期开展居民调查，了解服务对象对公共卫生服务项目的知晓率和获得感。

创建要点：

1. 机构须对整个年度的基本公共卫生服务工作进行总结，做到内容翔实，各项分析有数据支撑、评价全面，能进一步反映与上一年度对比在项目开展、项目效果上的提升情况。

2. 机构须根据辖区人口数，按照一定比例，对辖区内服务对象开展基本公共卫生服务项目知晓率、获得感和服务质量调查，并根据调查情况做总结分析。

材料指引：

1. 机构应提供上一年度总结分析评价报告。

2. 机构应提供知晓率和获得感调查分析报告、调查问卷。

责任科室：公共卫生科。

【A】符合“B”，并
针对存在的问题有持续改进措施并跟踪管理。

创建要点：

机构须根据上级卫生健康行政部门的督导考核反馈结果，对存在的问题进行梳理整改，整改后制定持续改进措施，并跟踪管理落实措施后的改进情况。

材料指引：

机构应提供上级卫生健康行政部门的督导考核反馈问题清单，提供针对反馈问题的整改报告（含传证材料）、持续改进分析报告、跟踪管理工作记录等。

责任科室：公共卫生科。

3.9.2　落实村卫生室公共卫生服务任务与经费补助

【C】
1. 有村卫生室基本公共卫生服务项目绩效评价方案，原则上每季度评价一次；考核结果与资金分配挂钩。 2. 村卫生室承担相应比例公共卫生服务内容和服务量；根据评价情况，按要求落实40%左右基本公共卫生服务经费补助用于村卫生室。

创建要点：

机构须制定村卫生室基本公共卫生服务项目绩效评价方案，并按频次对村卫生室开展绩效评价，考核结果与资金分配挂钩，并且村卫生室公共卫生服务工作任务及经费补助不低于人均国家基本公共卫生服务经费的40%。

材料指引：

机构应提供村卫生室基本公共卫生服务项目绩效评价方案、村卫生室资金拨付情况报表，提供考核过程资料（考核通知、分数排名、考核得分、结果通报、过程照片、考核记录表、核查表、整改报告、整改佐证、评价验收、结果应用及公示、财务凭证等资料）。

责任科室：公共卫生科。

【B】符合“C”，并
考核公平、公正，指标涵盖评价对象承担的服务内容和服务量，评价记录完整。

创建要点：

机构须制定乡村两级分工方案，按照比例对项目服务量进行划分，按照乡医工作量进行成本测算核定绩效总量，通过考核结果发放乡医绩效补助，确保考核公平、公正，指标涵盖基本公共卫生服务十二项内容，保证评价记录完整性。

材料指引：

机构应提供乡村两级分工方案，其他同【C】，检查人员查看指标及评价记录完整性。

责任科室：公共卫生科。

【A】符合“B”，并
针对存在的问题有持续改进措施并跟踪管理。

创建要点：

机构须针对绩效评价反馈结果，对存在的问题进行梳理整改，整改后制定持续改进措施，并跟踪落实措施后的改进情况。

材料指引：

机构应提供上级卫生健康行政部门的督导考核反馈问题清单，机构的整改报告、整改佐证、持续改进分析报告、跟踪管理工作记录等材料。

责任科室：公共卫生科。

4. 综合管理

4.1 党建管理

4.1.1 党的组织建设

【C】
1. 成立党组织，分工明确，按期换届，制定党员花名册。 2. 严格党的组织生活，落实“三会一课”制度，按要求召开民主生活会、组织生活会和党建述职，认真开展党的各类主题学习教育实践活动。 3. 设党务公开栏，严格落实党务公开，按时足额收缴党费。 4. 坚持“两个确立”，增强“四个意识”，坚定“四个自信”，做到“两个维护”。

创建要点：

正式党员三人以上的，成立党组织；不足三人的，成立联合党支部。每届任期三至五年。

三会一课：定期召开党支部委员会、党支部党员大会、党小组会、按时上好党课。

党支部委员会：每月召开一次，由党支部书记主持。主要内容如下。①研究贯彻上级党组织的决议和指示。②讨论制定完成工作任务的措施。③研究党的建设和党员管理方面的问题。④研究关于干部选拔、调整方面的问题。⑤研究培养、发展新党员方面的问题。⑥讨论研究协调群众工作方面的问题。

党支部党员大会：每季度召开一次，由书记或副书记主持，如果书记或副书记缺席，可以由党支部委员主持。主要内容如下。①传达和学习党的路线、方针、政策和上级党组织的决议、指示、制定本单位贯彻落实的计划、措施。②定期听取、讨论党支部委员会的工作报告，对党支部委员会的工作进行审查和监督。③讨论和接收新党员和预备党员转正，讨论决定对党员的表彰和处分。④选举支部委员会和出席上级党代表大会。⑤讨论决定其他需要由党支部党员大会讨论决定的重要问题。

党小组会：每季度召开一次，由党小组组长主持。主要内容如下。①学习上级组织有关文件精神，学习党报、党刊及其他相关材料，学习先进党员的模范事迹等。②汇报党员个人思想和工作情况，分析本小组党员和群众思想状况，开展批评与自我批评。③研究积极分子的培养和教育情况，以及党员发展、转正情况。④改选小组长、酝酿支委候选人和出席上级党代会的代表候选人。⑤评选优秀党员、讨论对党员的处分及党务方面的工作等。

党课：每季度进行一次。主要内容：对党员和入党积极分子进行党性、党的基础知识、时事政治、科技文化等方面的教育。

组织生活会：参加人员为党支部全体党员。召开时间为每季度或半年一次。主要作用是统一支部全体党员的思想，增强党性和组织观念，加强支部的自身建设，充分发挥支部的战斗堡垒作用。

民主生活会：参加人员为党员领导干部。召开时间为每年一次。主要作用是在领导班子内部分清是非，增进团结，克服缺点，改进工作，促进领导班子思想作风建设。

组织生活会和民主生活会二者的联系：有关形式上，组织生活会和民主生活会都属于党的组织生活，都是党的组织生活的表现形式。在主体上，党员领导干部，作为党员，既要参加组织生活会，也要参加民主生活会。在内容上，二者解决的问题具有相通性。党员在组织生活会上的问题，往往也会反映到民主生活会上来。在方法上，二者都要使用批评和自我批评的方法，方法具有相通性。

党建述职：①深入学习贯彻习近平新时代中国特色社会主义思想，增强“四个意识”，坚定“四个自信”，做到“两个维护”等情况。②党支部书记履行抓党建和全面从严治党工作第一责任人职责，包括推动党支部履行抓党建工作主体责任、班子其他成员履行党建工作责任等情况。③落实党建工作重点任务，推进党组织建设，加强党支部建设和党员队伍建设，联系服务群众等情况。④充分发挥基层党组织战斗堡垒作用和党员先锋模范作用等情况。⑤推动基层党组织落实党风廉政建设责任制、意识形态工作责任制等全面从严治党有关工作情况。

主题党日：是指党支部每月相对固定的一天，这一天集中组织党员开展集中学习、过组织生活、进行民主议事，通常上级党组织会下发明确的规范性要求。是支部落实“三会一课”制度、加强党员教育管理、促进党员发挥先锋模范作用的有效载体（多以室内理论学习党章、党中央精神、总书记重要讲话、上级党组织文件精神为主）。

主题实践活动：通常是以户外的、有针对性、有主题的形式开展专题类活动，如党支部开展关爱留守儿童、走访敬老院、红色基地参观、警示教育基地走访等，其重点是以实践指导理论学习，加强特定主题的教育，巩固教育成果（以户外的实践性主题教育为主）。

两个确立：党确立习近平同志党中央的核心、全党的核心地位，确立习近平新时代中国特色社会主义思想的指导地位。

四个意识：政治意识、大局意识、核心意识、看齐意识。

四个自信：中国特色社会主义道路自信、理论自信、制度自信、文化自信。

两个维护：坚决维护习近平总书记党中央的核心、全党的核心地位，坚决维护党中央权威和集中统一领导。

党务公开内容：学习贯彻党中央和上级组织决策部署，坚决维护以习近平同志为核心的党中央权威和集中统一领导情况；任期工作目标、阶段性工作部署、重点工作任务及落实情况；加强思想政治工作、开展党内学习教育、组织党员教育培训、执行“三会一课”制度等情况；换届选举、党组织设立、发展党员、民主评议、召开组织生活会、保障党员权利、党费上交使用管理及党组织自身建设等情况；防止和纠正“四风”现象，联系服务党员和群众情况；落实管党治党政治责任，加强党风廉政建设，对党员作出组织处理和纪律处分情况；其他应当公开的党务。

党费使用：上交比例如下。月工资收入（税后）在3000元以下（含3000元）者，上交月工资收入的0.5%；3000元以上至5000元（含5000元）者，上交1%；5000元以上至10000元（含10000元）者，上交1.5%；10000元以上者，上交2%。离退休干部、职工中的党员，每月以实际领取的离退休费总额或养老金总额为计算基数，5000元以下（含5000元）的按0.5%上交党费，5000元以上的按1%上交党费。

党费使用范围：①培训党员。②订阅或购买用于开展党员教育的报刊、资料、音像制品和设备。③表彰先进基层党组织、优秀共产党员和优秀党务工作者。④补助生活困难的党员。⑤补助遭受严重自然灾害的党员和修缮因灾受损的基层党员教育设施。

材料指引：

1. 机构应提供党支部成立及换届、改选的相关批文，提供党支部书记、纪检委员、组织委员、宣传委员等职责分工文件、党员花名册。

2. 机构应提供其组织开展党支部大会、支部委员会、党小组会、党课、民主生活会、组织生活会、党建述职及其他各类主题学习教育实践活动的通知、签到表、照片、活动记录表、课件等。

3. 机构应提供党务公开清单、党务公开栏公开内容的照片、党费上交单、党员工资表等资料。

4. 机构应提供日常工作尤其是新冠病毒感染疫情防控工作中党支部及党员干部的四个意识、四个自信、两个确立、两个维护的具体表现情况的资料。

责任科室：党建办

【B】符合“C”，并
1. 实现党务工作与业务工作相结合。 2. 定期组织开展党建主题日活动，有活动记录和照片。

创建要点：

1. ①充分发挥党把方向、管大局、做决策、促改革、保落实的领导作用。②改革完善重大事项决策机制，将党的领导进一步融入医院管理的决策机制中。③将党建工作写入医院章程。始终围绕医院工作目标融合党建和业务，构建以党建为引领、统筹推进各项工作的新机制，不断增强党建“指挥棒”作用，推进医院高质量发展。④始终坚持党管干部、党管人才的原则。⑤科学谋划医院“十四五”发展规划。

2. 机构须定期组织开展党建主题日活动。

材料指引：

1. 机构提供党支部年度工作计划报告，内容能体现出对业务工作支持、引导、配合（尤其是党支部及党员干部在新冠病毒感染疫情防控工作中发挥的先锋模范带头作用）。

2. 提供“主题党日”及“两学一做”相关的制度、学习计划、活动通知、人员签到表、现场照片、活动记录表、学习总结等资料（“主题党日”每月要时间固定、主题明确、精心组织；“两学一做”学习教育要常态化、制度化）。

【A】符合“B”，并
党的基层组织获得上级党组织表彰，或支部内党员获得上级党组织表彰。

创建要点：

机构须获得镇级及以上党组织表彰文件、证书。

材料指引：

机构应提供近三年党支部或党员获得与党建相关的镇级及以上的表彰、荣誉证书。

责任科室：党建办。

4.1.2　党风廉政建设

【C】
1. 落实党风廉政建设主体责任，建立健全岗位风险分级和监管等制度。 2. 定期开展党风党纪教育、廉政警示教育活动。 3. 贯彻落实中央“八项规定”精神，驰而不息反对“四风”。 4. 落实“三重一大”集体决策制度。

创建要点：

党风廉政建设责任制：是指各级党委、政府及其职能部门的领导班子、领导干部在党风廉政建设中应当承担责任的制度。

党风廉政建设的责任主体：各级党政领导班子及其成员，各级党政领导班子中的正职为党风廉政建设第一责任人。

党风廉政建设的责任清单：贯彻落实关于党风廉政建设的部署和要求，结合实际研究制定党风廉政建设工作计划、目标要求和具体措施，每年召开专题研究党风廉政建设工作会议，对党风廉政建设工作任务进行责任分解，明确领导班子、领导干部在党风廉政建设中的职责和任务分工，并按照计划推动落实；开展党性、党风、党纪和廉洁从政教育，组织党员、干部学习党风廉政建设理论和法规制度，加强廉政文化建设；贯彻落实党风廉政法规制度，从源头上预防和治理腐败；监督检查党风廉政建设情况和廉洁从政情况；严格按照规定选拔任用干部，防止和纠正选人用人上的不正之风；加强作风建设，纠正损害群众利益的不正之风，切实解决党风政风方面存在的突出问题。

党风廉政建设岗位风险分级（供参考）：根据行使权力大小、与群众关系密切程度以及产生腐败可能性大小，可将各岗位分为高、中、低三个风险级别进行监管。①高级，领导班子“三重一大”方面；直接面对服务对象的科室和负责人岗位；从事人事、财务、物资、采购等管理的科室和负责人岗位。②中级，从事其他日常业务管理的科室和负责人岗位。③低级，一般工作岗位。

领导班子副职岗位等级划分，按照其所分管科室、单位和岗位风险等级划分，采取就高不就低的办法确定。

各岗位等级的确定，要通过干部职工评议、领导班子集体研究。

中央“八项规定”部分内容：①要改进调查研究，到基层调研深入了解真实情况，总结经验、研究问题、解决困难、指导工作，向群众学习、向实践学习，多同群众座谈，多同干部谈心，多商量讨论，多解剖典型，多到困难和矛盾集中、群众意见多的地方去，切忌走过场、搞形式主义。②要精简会议活动，切实改进会风，不开泛泛部署工作和提要求的会；提高会议实效，开短会、讲短话，力戒空话、套话。③要厉行勤俭节约，严格遵守廉洁从政有关规定，严格执行住房、车辆配备等有关工作和生活待遇的规定。

“四风”：①形式主义，群众反映最突出的是追求形式、不重实效，图虚名、务虚功、工作不抓落实。②官僚主义，群众最不满意的是办事推诿扯皮多，效率低下，不作为、不负责任。③享乐主义，基层和群众反映最多的是一些领导干部安于现状、贪图安逸，缺乏忧患意识和创新精神。④奢靡之风，主要是条件好了，许多方面做过头，大手大脚、铺张浪费。

“三重一大”集体决策制度：重大事项决策、重要干部任免、重要项目安排、大额资金的使用，必须经集体讨论做出决定的制度。

材料指引：

1. 机构提供党风廉政工作制度、计划、班子成员职责分工、责任清单，风险岗位分级制度、监管制度及相关监管记录等资料。
2. 机构提供党风党纪教育和廉政警示教育活动的计划、活动场地、活动通知、人员签到表、现场照片、活动记录表、总结等资料。
3. 机构提供其落实中央“八项规定”精神相关制度、无违规案件证明。
4. 机构提供“三重一大”集体决策制度、议事记录（凡“三重一大”事项均经集体决策，流程清晰）等资料。

责任科室：党建办。

【B】符合“C”，并
重点风险岗位制度完善、有监督机制，提醒管理常态化。

创建要点：

制定与机构契合的重点岗位清单及相关制度。

重点风险岗位监督机制如下：明确岗位工作职责及廉政风险，确定项目建设、基建维修、药品招标采购、医用耗材及设备招标采购等重点防范环节，从体制、制度和实际运作入手，寻找预防岗位廉政风险的途径，形成防范机制和规范化的防范措施。

材料指引：

机构提供重点风险岗位清单、制度及监督和谈话提醒记录。

责任科室：党建办。

【A】符合“B”，并
党风廉政建设方面获得上级党组织表彰。

创建要点：

机构应提供镇级及以上党组织表彰文件、证书。

材料指引：

机构应提供镇级以上党风廉政建设相关表彰文件、荣誉证书。

责任科室：党建办。

4.2　人员管理

4.2.1　绩效考核制度

【C】
1. 建立人力资源管理制度，包括考核、培训、继续教育等。 2. 有基于医德医风、服务质量和数量并综合考虑岗位、技术、资历、风险和政策倾斜的绩效考核方案。 3. 绩效考核公平、公开、公正，考核结果与岗位聘用、职称晋升、个人薪酬挂钩。 4. 按照相关基层医疗卫生机构绩效考核的文件开展考核。

创建要点：

1. 机构须建立人力资源管理制度，包括招聘录用、岗位聘任、考核、培训、继续教育、薪酬管理、考勤、请销假、档案管理、辞职管理等制度。

2. 机构须建立绩效考核方案，包括指导思想、分配原则、计算方法、考核单元、考核内容、考核办法、保障措施等，考核内容体现医德医风、服务数量、服务质量、满意度等内容，能综合考虑岗位技术、资历、风险系数等因素，政策向疫情防控、家庭医生签约等重点岗位倾斜等。

3. 关于机构绩效考核开展工作，机构须成立绩效考核领导小组，按照相关绩效考核文件开展考核工作，确保相关记录资料的完整性，将考核结果作为岗位聘用、职称晋升、个人薪酬的重要依据，考核公平公正，考核结果须公示。

材料指引：

1. 机构须提供岗位聘用制度、职称晋升制度、职工考核制度、培训与继续教育制度等人力资源管理制度。

2. 机构须提供经职代会审议通过的绩效考核方案，以及体现绩效的工资表，供检查人员现场查看。

3. 机构须提供绩效考核开展过程中的相关资料，包括开展绩效考核的相关记录。

【B】符合“C”，并

1. 绩效分配方案（包含家庭医生签约服务）体现多劳多得、优绩优酬，向重点工作岗位倾斜，合理拉开差距。
2. 对绩效考核方案动态调整，考核公平合理。
3. 绩效考核落实“两个允许”（允许医疗卫生机构突破现行事业单位工资调控水平，允许医疗服务收入扣除成本并按规定提取各项资金后主要用于人员奖励）。

创建要点：

1. 机构须基于社会经济发展水平，在保障机构正常运行情况下，结合单位绩效总额、年度工作重点及时对绩效考核方案进行修订，动态调整，目的是提高员工薪资水平，调动员工积极性。公平合理，落实“两个允许”。

2. 绩效分配方案应包括医疗服务、公共卫生服务、家庭医生签约服务等内容，要体现多劳多得、优绩优酬、同工同酬等，政策向疫情防控、急诊急救、家庭医生签约服务团队、业务骨干等关键重点岗位和有突出贡献的人员倾斜。综合考虑全科医生有效签约、有效服务、有效控费，以及签约居民数量和构成、门诊工作量、服务质量、居民满意度等因素；绩效考核方案不与药品、检查、治疗等收入挂钩。

材料指引：

1. 机构须提供绩效分配方案、绩效分配记录。

2. 机构须提供绩效考核方案动态调整记录、公示或职代会通过记录，能体现绩效考核记录中落实“两个允许”内容。

责任科室：办公室、人事科、财务科。

【A】符合“B”，并
用信息化手段开展绩效考核。

创建要点：

通过HIS、LIS、PACS、人力资源等业务系统，调取数据开展绩效考核。实现“考核－分析－反馈－应用－改进－追踪”的PDCA循环，实现持续改进、数据共享、精细化管理。

材料指引：

机构提供信息系统统计服务数量、质量和满意度等数据的截图。

责任科室：办公室、人事科、信息科、财务科及相关科室。

4.2.2　人才队伍建设

【C】
1. 制定卫生院人力资源规划、岗位管理、人才招聘、人才培养计划。 2. 每年组织卫生技术人员到县（市、区）级及以上医疗卫生机构进修。 3. 做好专业技术人员岗前培训，新员工须经卫生法律法规培训后方可上岗。

创建要点：

机构每年对人力资源规划、人才招聘培养计划要有短期规划，同时要有3～5年的长期规划。其中人才招聘计划，机构可根据自身实际情况、机构总体发展规划、岗位空缺情况等制定。

材料指引：

1. 机构须提供人力资源规划、岗位管理、人才招聘、人才培养（发展目标、措施、保障条件等方面的内容）相关的计划与总结。

2. 机构须提供员工进修记录及进修人员学习总结。

3. 机构提供专业技术人员岗前培训（包括院纪院规、医疗核心制度、卫生法律法规等）的资料，包括培训通知、培训签到表、现场照片、培训课件、活动记录表、培训总结等。

责任科室：医务科、人事科。

【B】符合“C”，并

1. 人才梯队建设合理，满足卫生院持续发展需要，按规定选派符合条件的临床医师参加住院规范化培训或助理全科医师培训。
2. 在岗人员按照规定完成医学继续教育要求的相应学分，学分达标率达到80%以上。

创建要点：

领导班子及人事部门要定期汇总分析人员年龄段、学历层次、职称情况、临床缺口、护理比例、院感专职人员数等，合理制订人才招聘培养计划，满足卫生院持续发展需求。

材料指引：

1. 机构提供专业技术人员花名册（含年龄、学历与职称等信息）、参加住院医师规培或助理全科医师培训情况资料。

2. 机构提供关于继续教育的年度工作计划、总结、开展情况、职工学分记录汇总表（学分达标率≥80%）、职工学分明细等资料。

责任科室：医务科、人事科。

【A】符合“B”，并

1. 有人才引进优惠措施。
2. 在岗人员按照规定完成医学继续教育要求的相应学分，学分达标率达到90%以上。

创建要点：

1. 本院或所在区县根据实际情况，制定切实可行的人才引进相关优惠政策，吸引人才、留住人才。

2. 机构岗位人员继续教育学分达标率达到90%以上，*继续教育学分达标率=（在岗人员数/完成相应学分人数）×100%*。

材料指引：

1. 机构提供本院或所在区县人才引进相关优惠政策文件。

2. 机构提供职工学分记录汇总表（年度学分达标率≥90%）。

责任科室：医务科、人事科。

4.3 财务管理

【C】

1. 根据相关法律法规的要求，制定符合实际的财务管理制度，加强预算管理。

2. 全面落实价格公示制度，收费价格透明。

3. 健全固定资产管理制度，有固定资产明细目录，台账完整，账物相符。

4. 财务人员配置到位，具备相应专业能力。财务集中核算管理的机构配备经过培训合格的报账员。

创建要点：

1. 机构财务管理制度包括资金使用审批、预算管理、资产管理、监督稽核等。

2. 机构可通过电子屏、公示栏、价目表、住院费用结算清单等方式进行价格公示。

3. 机构固定资产管理制度包括固定资产购置、验收、分类、计价、领用、保管、维修及转移调拨、处置、报废、清查盘点等管理内容。

材料指引：

1. 机构提供财务管理制度、财政部门批复的年度预算文件；合理编制预算，按财政部门批复后的预算执行。

2. 机构提供价格公示照片，向患者提供药品、医用材料和医疗服务价格情况查询服务的照片，收费票据明细照片（含项目名称、规格、数量、单价）。

3. 机构提供固定资产管理制度、固定资产明细目录、台账和盘点记录。

4. 机构提供财务人员会计证或相关资格证，提供负责财务集中核算管理的机构报账员的培训合格证。

责任科室：财务科。

【B】符合“C”，并
1. 认真执行卫生院年度预算，定期进行经济（财务）运行分析，有分析报告。 2. 有内部监督和控制制度，明确部门和岗位职责权限，定期开展财务管理制度培训，定期财务内审或自查，并有持续改进措施。 3. 加强成本管控，采取措施降低运行成本，成本控制纳入绩效考核。

创建要点：

1. 机构经济（财务）运行分析报告应包括资产、负债、收支等财务状况数据分析，预算执行结果和业务开展成果进行分析，总结、存在问题、解决措施、未来工作计划等。

2. 内控制度应涵盖预算、收支、政府采购、国有资产、建设项目、合同、“三重一大”等方面，明确岗位职责权限，规定内部监督的程序和要求。

3. 成本控制包括采购成本、耗材成本、服务成本、日常费用、风险费用等的控制措施，并在绩效考核中体现。

材料指引：

1. 上级财政部门批复的年度预决算文件、决算报表、经济（财务）运行分析报告。

2. 机构提供内控制度相关文件，包括培训记录、内审计划、方案、报告等材料，以及持续改进分析报告。

3. 机构提供绩效考核方案、成本管控措施资料。

【A】符合“B”，并
有定期财务资金管理总结分析报告，持续改进相关工作。

创建要点：

定期财务管理总结分析报告应包括业务开展、预算执行、财务收支状况、资产使用管理，以及存在的主要问题和改进措施等。

材料指引：

机构应提供定期财务管理总结分析报告、财务管理制度和操作规程修订记录。

责任科室：财务科。

4.4 医保基金使用内部管理

【C】

1. 制定本机构医保管理办法及实施细则。
2. 执行实名就医和购药管理规定，核验参保人有效身份凭证。
3. 严格执行医保协议，合理诊疗、合理收费，严格执行医保药品、医用耗材和医疗服务项目等目录。
4. 按照诊疗规范提供合理、必要的医疗服务，向参保人员如实出具费用单据和相关资料。

创建要点：

机构根据《医疗保障基金使用监督管理条例》等制定本机构医保管理办法及实施细则、实名就医购药管理规定，严格基金使用和监管。

材料指引：

1. 机构提供本机构医保管理办法、实施细则。
2. 机构提供实名就医和购药管理规定。检查人员现场调查核验参保人有效身份凭证情况。
3. 检查人员现场查看医保协议、合理诊疗合理收费情况、医保目录执行情况。
4. 机构确保按照诊疗规范提供合理必要的医疗服务。检查人员通过查看处方、病历、费用清单及其他相关资料，核实医疗服务合理性、必要性。

【B】符合“C”，并

1. 医保支付的药品、耗材应当按规定在医疗保障行政部门规定的平台上采购，并真实记录“进、销、存”等情况。
2. 定期开展医疗保障基金相关制度、政策培训。

创建要点：

1. 机构在规定平台采购医保药品，并真实记录“进、销、存”信息。
2. 及时传达医保制度政策并组织培训。

材料指引：

1. 机构提供药品、耗材网上采购记录及“进、销、存”记录

2. 机构提供医疗保障基金相关政策的培训资料，包括培训计划、培训通知、人员签到表、现场照片、培训课件、培训总结等。

【A】符合“B”，并
定期检查本单位医疗保障基金使用情况，及时纠正医疗保障基金使用不规范的行为，有记录并持续改进。

创建要点：

医保基金使用应严格进行身份识别、合理检查、合理治疗、合理用药；无伪造、更改病历现象；严格执行有关部门制定的收费标准，禁止自立项目收费或抬高收费标准。

材料指引：

机构按照上述要求，提供定期检查记录及反馈、整改、持续改进相关资料。

责任科室：医保办公室。

4.5 安全生产

【C】
1. 有水、电、气、电梯等后勤保障的操作规范和消防安全管理制度，有明确的故障报修、排查、处理流程。 2. 水、电、气供应的关键部位和机房有规范的警示标识，定期进行检查、维护和保养。 3. 制订耗材、物资和设备采购计划，加强后勤物资管理。 4. 按照《医疗纠纷预防和处理条例》《医疗机构投诉管理办法》等文件要求，建立健全医患沟通机制、投诉接待制度等。 5. 按照《关于加强医院安全防范系统建设的指导意见》，制定有本机构安全防范制度、应急处置机制等。

创建要点：

机构提供本机构的安全防范制度、应急处置机制、后勤保障操作规范、消防安全管理制度、医患沟通机制、投诉接待制度和耗材物资设备采购计划。有警示标识、定期检查维护保养。

材料指引：

1. 有水、电、气、电梯等后勤保障相关人员的上岗证或第三方资质证书；机构提供水、电、气、电梯等后勤保障规章制度、措施、预案、操作规范；提供消防安全制度，故障报修、排查、处理流程，以及相应的记录；提供消防设施及消防通道照片，并提供定期检查、保养、强检记录。

2. 机构提供供水、供电、供氧、供气、电梯、污水排放等关键部位的规范统一标识照片；提供配电间、氧气房、煤气供气阀、污水处理房、生活垃圾房、医用废弃物垃圾房等显著部位警示标识照片；提供水、电、气供应等后勤保障设备的年检合格证，定期检查、维护、保养记录。

3. 提供耗材、物资月度采购计划及设备采购计划；提供后勤物资采购、验货、入库、领用记录及每月盘点表；提供设施、设备年度盘点表，其中固定资产须编号，每年至少盘点1次，对报废设备有报废审批记录。

4. 提供医患沟通机制、投诉接待制度。

5. 提供安全防范制度、应急处置机制。

责任科室：办公室、安全生产办公室。

【B】符合“C”，并

1. 有节能降耗、控制成本的措施和目标，并落实到相关科室。
2. 有后勤安全保障应急预案，每半年至少组织1次演练。
3. 设置有投诉管理部门或者配备专（兼）职人员，对医务人员开展医患沟通技巧培训。
4. 配备有专（兼）职保卫人员，聘用足够的保安员，为在岗保卫人员配备必要的通信设备和防护器械，在出入口和主要通道安装视频监控装置。

创建要点：

1. 做好节能降耗、控制成本工作，包括制定用水、用电、车辆耗油、办公耗材的成本控制措施及目标。

2. 后勤安全保障应急预案和演练应涵盖消防、停电、地震、设备故障、通信故障等内容。

材料指引：

1. 机构提供节能降耗、控制成本的年度计划及其目标分解表和完成记录。

2. 机构提供设置投诉管理部门或者配备专（兼）职人员的文件、医患沟通技巧的培训记录。

3. 机构提供安保人员聘用协议、花名册，通信设备和防护器械照片。

责任科室：办公室、安全生产办公室。

【A】符合“B”，并

1. 根据演练效果和定期检查情况，制定改进措施并落实。
2. 对新建和改扩建项目，其结构安全等级、抗震设防类别及消防设计审查须符合国家建设部门制定的相应标准规范要求。
3. 能够定期对投诉涉及的风险进行评估，对投诉隐患进行摸排，对高发隐患提出针对性的防范措施。
4. 能够定期开展安全防范系统建设总结分析，持续改进相关工作。

创建要点：

机构须在进行演练和定期检查的基础上，查找问题，总结分析，制定改进措施并落实，体现持续改进；新改扩建项目按照相应标准规范开展。

材料指引：

1. 机构应提供改进措施方案，整改落实记录。

2. 机构应提供相关部门的审查记录。

3. 机构应提供投诉涉及的风险评估报告、防范措施、投诉隐患摸排记录。

4. 机构应提供安全防范系统建设总结分析、持续改进措施方案、整改落实记录。

责任科室：安全生产办公室。

4.6　信息管理

4.6.1　信息系统建设

【C】

1. 制定保障信息系统建设、管理和信息资源共享的相关制度。
2. 定期召开信息化建设专题会议，建立信息使用与信息管理部门沟通协调机制，并设置信息化管理专（兼）职人员。
3. 建立信息系统，满足财务、药房、门诊、住院、检验、放射、家庭医生签约等信息系统，系统满足基本医疗、公共卫生和家庭医生签约服务功能需求。
4. 及时、准确报送统计信息。

创建要点：

机构须制定保障信息系统建设、管理、资源共享、信息安全、使用和管理协调机制等相关制度；设置信息化管理专（兼）职管理员，及时准确报送统计信息；定期召开信息化建设专题会议。

材料指引：

1. 机构应提供年度工作计划、年度总结（含信息化建设内容），提供信息化建设、业务数据管理、信息资源共享、信息安全等管理制度。

2. 机构提供设置信息管理部门或者专（兼）职人员的文件，提供召开信息化专题会议记录，提供信息使用与信息管理部门沟通协调机制资料。

3. 各业务模块信息系统建设须完善。建设医疗模块：①药房管理、门诊医生工作站、门诊输液管理、住院电子病历、住院医嘱系统、护理工作站、LIS、RIS、PACS信息化系统。②公卫模块，建设儿童保健、预防接种、孕产妇保健、高血压患者管理、2型糖尿病患者管理、结核病患者管理、传染病管理、精神卫生管理、老年人健康管理、中医体质辨识应用等系统，不少于8个。③日常管理系统，建设挂号、收费、门诊分诊、排队叫号、财务管理系统、自助服务（费用查询、诊疗项目查询、药品查询、挂号、检验报告打印）系统，不少于4项。④其他，建立家庭医生签约、续约、解约系统。

4. 机构提供信息系统及维护记录。

5. 机构提供统计信息报送记录。

【B】符合“C”，并
1. 机构内医疗、健康档案、公共卫生、检查检验等信息互联互通。 2. 提供互联网预约挂号和自助查询功能。

创建要点：

1. 患者就诊时，机构医师可调阅患者居民健康档案，查看诊疗服务记录、公共卫生服务记录，并将诊疗情况同步到健康档案中。

2. 机构有网上预约挂号和自主查询系统。

材料指引：

1. 医疗服务记录包括患者就诊机构、诊断信息、用药记录、检验结果、检查报告；重点人群健康档案统计分析，按年龄段、人群、病种等多维度查询；公共卫生服务记录包括慢性病患者管理信息、慢性病患者随访记录、预防接种记录、儿童保健记录、孕产妇保健记录、残疾人服务记录、健康体检记录、中医体质辨识信息、老年人健康管理信息；电子医技检查申请单基本信息自动生成，申请单种类不少于3种；医生诊疗服务过程中通过医生工作站查看患者的检验、检查结果；诊疗过程中自动提醒为2型糖尿病、高血压新发患者建卡，提醒为慢性病患者随访；对于2型糖尿病及高血压建卡患者；随访能够共享医疗服务信息，包括患者基本信息、血压、血糖、糖化血红蛋白值；诊疗服务过程中能够调阅健康档案；通过健康档案系统查看诊疗服务记录、公共卫生服务记录。检查人员现场查看以上各类应用互联互通情况。

2. 检查人员现场查看机构互联网预约挂号和自助查询系统。

【A】符合“B”，并
1. 信息系统具备运营管理、后勤管理、电子证照管理等功能。 2. 建立统一的基层医疗卫生机构信息系统，部署在县（市、区）级及以上全民健康信息平台。

创建要点：

机构须建立县级以上信息共享平台，具备运营管理、后勤管理、电子证照管理等功能。

材料指引：

1. 机构提供信息系统运营管理、后勤管理、电子证照管理等功能截图。

2. 机构保证信息系统、区域平台应用系统，可随时上传（或者平台抽取）数据“作业”界面、居民健康档案信息（包括跨机构的服务记录）。

责任科室：信息科。

4.6.2 网络安全

【C】
1. 配备专兼职人员，制定网络安全的相关制度。 2. 有保障信息系统的安全措施和应急处理预案。 3. 有信息网络运行、设备管理和维护、系统更新记录。 4. 安全运维，保证设备的安全和正常使用。

创建要点：

机构制定网络安全制度（包括数据资源安全保护、网络硬件设备及服务器的安全运行、网络病毒的防治管理、上网信息的安全等）、保障措施、应急处理预案（网络监控、防病毒软件、信息系统故障）等制度；配备专兼职人员，负责网络安全运行、设备管理、维护、系统更新等。

材料指引：

1. 机构提供设置专（兼）职人员的文件，提供网络安全的岗位职责、工作制度文件。

2. 提供网络安全设备配置情况信息及应急预案。

3. 提供信息网络运行日志、设备管理和维护记录、系统更新记录。

4. 设备安全并有“正常使用”标识。

责任科室：信息科。

【B】符合“C”，并
信息安全采用身份认证、权限控制，保障网络安全和个人信息安全。

创建要点：

机构完成核心系统身份认证、不同角色权限控制、隐私数据访问警示、敏感数据防统方等界面的创建。

材料指引：

机构应提供身份认证、权限控制的佐证材料。

责任科室：信息科。

【A】符合“B”，并
1. 具有支持移动业务终端安全防护的管理系统。 2. 具有防灾备份恢复系统。

创建要点：

1. 机构有高效安全的移动终端管理系统。
2. 机构系统崩溃或损坏时，可以通过制作灾难恢复启动光盘进行恢复。

材料指引：

1. 机构提供手机等移动业务终端进行远程监控的界面照片或截图。
2. 机构具有安全、完善的数据库防灾备份恢复系统。

责任科室：信息科。

4.7 行风与文化建设

【C】
1. 建立健全规章制度，有员工工作手册，规范各项行为，并强化员工培训。加强医德医风建设，建立医德考评公示制度。 2. 贯彻落实医疗机构工作人员廉洁从业《九项准则》，并设置投诉电话或举报箱，及时处理群众投诉。医德考评结果与医务人员晋职晋升、评先评优、绩效工资等衔接。 3. 制定有本机构文化建设实施方案并组织实施。 4. 加强机构文化宣传，采取多种方式开展宣传活动。

创建要点：

行风与文化建设规章制度应明确领导小组和具体规范内容等，医德医风考评结果有公示和应用，文化建设有实施方案、实施过程、文化宣传方式。

材料指引：

1. 机构提供行风与文化建设规章制度、员工工作手册、员工培训计划总结、培训记录、医德考评公示制度。

2. 机构提供投诉处理制度、投诉电话或举报箱设置照片、投诉相关处理资料、医德考评结果公示、制度应用记录。

3. 机构提供文化建设实施方案、相关活动记录。

4. 机构提供文化宣传记录资料。

责任科室：办公室、医务科、宣传科、投诉办。

【B】符合“C”，并
1. 深化作风效能建设，相关效能制度严格落实。 2. 医德医风建设有成效，对优秀科室及先进个人，制定宣传、表彰、奖励措施并落实，各类表彰和评优评先向家庭医生倾斜。 3. 有机构宗旨、院训、着装规范等文化建设内容。 4. 机构环境、服务设施等能体现机构文化，氛围浓厚。

创建要点：

机构通过转作风，达到提效能的目的；通过文化氛围烘托，展现医院及职工形象，凝聚人心，激励职工形成合力，提高患者就医体验满意度和获得感。

材料指引：

1. 机构提供深化作风效能制度及相关落实材料。

2. 机构提供宣传阵地及措施资料，宣教活动相关资料，激励先进的措施及相关落实资料。

3. 机构提供与宗旨、院训、着装规范等文化建设内容相关的风采展现照片。

4. 环境及服务设施文化氛围体现的照片。

责任科室：办公室、医务科、宣传科。

【A】符合“B”，并
1. 机构文化理念宣传与日常工作相结合，利用新媒体开展特色文化宣传活动。机构文化建设得到职工和居民认可。 2. 机构行风建设有成效，相关工作得到上级部门表彰。

创建要点：

1. 根据各科室的特点和服务管理特色，积极打造科室品牌文化，文化理念（标语或Logo）能展现出本科室的医疗技术特色与服务措施，推动学科建设。

2. 建立文化活动室、文化走廊，印制文化手册，营造浓厚文化氛围，通过文化建设，畅通医患沟通渠道，构建和谐医患关系，墙壁、地标“温馨提示”、开展“微笑服务”等，利用新媒体增添文化宣传、医患沟通、科普常识、专家介绍等平台板块。

材料指引：

1. 机构提供新媒体开展文化宣传活动记录、照片或视频，职工和居民认可情况调查问卷资料。

2. 机构提供各级各类表彰文件、奖项证书、成果奖项、报道资料。

责任科室： 办公室。

4.8 信息公开

【C】

1. 加强医疗卫生机构信息公开工作，确定落实信息公开第一责任人。
2. 建立健全信息公开工作制度，规定了本机构公开信息的范围形式、审核发布、管理维护及咨询回应等工作。
3. 按照《医疗卫生机构信息公开基本目录》中对于“基层医疗卫生机构信息公开基本目录”的要求，对于本机构所涉及的信息基本能够予以公开。
4. 结合自身条件，确定了咨询服务方式，至少通过1种渠道开展咨询服务。

创建要点：

1. 机构建立信息公开工作制度，确定第一责任人，信息公开制度应包含公开原则、公开范围、公开内容、公开方式、审核发布、公开程序、公开时限、公开部门、管理维护、咨询回应方式等内容。

2. 信息公开工作制度中须规定范围形式、审核发布、管理维护及咨询回应等。

材料指引：

1. 机构提供信息公开制度相关资料。

2. 机构提供《医疗卫生机构信息公开基本目录》公开资料。

3. 机构提供线上、线下多种方式向外公开咨询服务方式及咨询服务记录。

【B】符合“C”，并
1. 明确管理部门或专门人员负责本机构的信息公开工作。 2. 按照“基层医疗卫生机构信息公开基本目录”的要求，对于本机构所涉及的信息均予以公开。 3. 将基本目录要求的信息以多种方式向社会公开，方便公众获取。

创建要点：

机构明确专人负责本机构信息公开工作，通过公开栏、咨询服务工作室、宣传单、电子屏、微信公众号等多种方式，将“基本目录”涉及的信息予以公开。

材料指引：

1. 机构应提供设置专（兼）职信息公开管理部门或者人员的文件、岗位职责。

2. 机构应提供《医疗卫生机构信息公开基本目录》100%公开资料。

3. 机构应提供公开咨询服务方式及咨询服务记录。

【A】符合“B”，并
1. 信息公开及时、准确、全面，信息不滞后。 2. 机构能够定期开展信息公开情况自查，对工作进行总结分析并持续改进。

创建要点：

机构须对相关信息源及时公开、定期自查、查摆问题、认真总结；通过完善公开制度、明确公开清单、改善服务态度、加强医患沟通、提高服务水平等措施进行整改，并持续改进。

材料指引：

1. 机构应提供信息公开记录。

2. 机构应提供信息公开自查报告及持续改进措施、总结。

责任科室：办公室。

4.9 县乡一体和乡村一体建设

【C】

1. 实施辖区内乡村卫生健康服务一体化管理，建立管理及工作制度并严格落实。
2. 承担对村卫生室的业务指导、考核和乡村医生业务培训。
3. 建立分工协作制度，以业务、技术、管理为纽带，与上级医疗机构建立长期稳定的分工协作机制。

创建要点：

机构须建立乡村一体化管理工作制度及分工协作机制，落实基层首诊、双向转诊、急慢分治、上下联动的分级诊疗制度，乡镇卫生院/社区卫生服务中心加强村卫生室业务、药械、财务管理、绩效考核及业务指导培训。

材料指引：

1. 机构提供乡村一体化实施方案或工作制度。
2. 机构提供对村卫生室业务指导计划和例会制度，以及业务指导、考核、培训资料。
3. 机构提供乡村两级分工协作制度、协作记录。

责任科室：乡村一体化办公室。

【B】符合“C”，并

1. 组织乡村医生每月召开例会、并有记录。
2. 定期对村卫生室工作情况进行检查，并督促持续改进。
3. 规范双向转诊标准和流程，每半年至少有一次上级医疗机构医师指导工作记录。

创建要点：

机构每月组织召开乡医例会，对乡村医生进行相关法律法规培训、业务指导及培训等综合管理；定期对村卫生室业务开展情况、疫情防控措施落实情况等进行督导检查；与上级医院签订双向转诊协议，细化转诊标准和流程，有指导工作记录。

材料指引：

1. 机构应提供村卫生室例会制度、例会资料（会议通知、人员签到表、现场照片、会议记录）。

2. 机构应提供对村卫生室的检查、反馈、整改台账。

3. 机构应提供双向转诊标准与流程、转诊记录。

【A】符合“B”，并
参与紧密型县域医共体建设，实行县乡一体化管理。

创建要点：

机构须建立紧密型县域医共体单位共同参与的议事决策机制，紧密型县域医共体内实行行政、人员、财务、业务、药械、绩效等统一管理。

材料指引：

机构应提供紧密型医共体建设实施方案、相关资料记录。

责任科室：办公室、协作办。

4.10　部门协同

【C】
1. 与乡镇、民政、公安、教育、残联、老龄办等相关部门密切配合。 2. 与辖区内托育机构、幼儿园、学校、企事业单位等相互配合，能够提供有关卫生健康咨询服务。

创建要点：

1. 各部门各司其职、各尽其能，密切配合、形成合力，提高工作办事效率、同心协力服务群众。

2. 机构与相部门密切配合，积极为辖区内托育机构、幼儿园、学校、企事业单位提供相关卫生健康咨询服务。

材料指引：

1. 机构应提供与上述部门分工协作工作记录。

2. 机构应提供卫生健康咨询服务记录。

责任科室：办公室、协作办。

【B】符合“C”，并
1. 与乡镇和村建立沟通协调机制，共同制订卫生健康服务工作计划，定期总结。 2. 从专业角度积极指导制定村公共卫生工作方案和突发公共卫生事件应急预案。 3. 积极参与村（居）民委员会公共卫生委员会选任。 4. 从专业角度对村（居）民委员会公共卫生委员会成员开展相关卫生知识培训，指导其开展卫生健康政策宣传、居民健康教育活动等。

创建要点：

1. 机构指导制定突发公共卫生事件应急处置多部门协调联动机制，内容包括领导小组、部门职责分工、工作制度、监督制度、值班制度、现场指挥体系、处置程序、工作要求等。根据预案积极开展演练，发现问题，及时总结整改。

2. 机构参与村（居）民委员会公共卫生委员会选任，并对成员进行相关专业知识培训，指导开展健康宣传教育活动。

材料指引：

1. 机构应提供沟通协调机制、计划与总结资料。

2. 机构应提供村卫生室指导记录、村级公共卫生工作方案和突发公共卫生事件应急预案。

3. 机构应提供村（居）民委员会公共卫生委员会任选文件及相关记录。

4. 机构应提供对村（居）民委员会公共卫生委员会成员开展相关卫生知识培训记录、村级开展卫生健康政策宣传、居民健康教育活动记录。

【A】符合“B”，并
建立日常医疗卫生服务与辖区养老机构、特困人员供养服务设施（敬老院）养老服务有机衔接融合工作机制，提供有关医疗卫生服务，推进医养结合。

创建要点：

1. 为养老院、敬老院人员开展见病诊疗用药和多发病诊疗、家庭医生签约等服务，定期随访体检，发现健康问题及时对症治疗；对失能、半失能人员进行分类管理，根据病种实行分级诊疗，有针对性地进行医疗救治和康复训练。

2. 积极探索本机构与养老机构深度融合，推进医养结合工作落实。

材料指引：

机构应提供衔接融合工作机制、服务记录。

责任科室：办公室、协作办。

第二章

村卫生室服务能力标准

1.基础设施与管理

1.1 业务用房

【C】
业务用房建筑面积不低于40平方米。

创建要点：

村卫生室确保业务用房建筑面积不低于40平方米，检查人员现场查看村卫生室与填报业务用房面积是否相等。

材料指引：

机构应提供医疗机构执业许可证正本、副本原件，复印件；提供与填报业务用房面积相等的证明材料；如可累加的房产证、租赁协议或其他面积等相关证明材料。

【B】
业务用房建筑面积不低于80平方米。

创建要点：

面积达到【B】的要求，创建要点参考【C】。

材料指引：

面积达到【B】的要求，材料指引参考【C】。

【A】
业务用房建筑面积不低于100平方米。

创建要点：

面积达到【A】的要求，创建要点参考【C】。

材料指引：

面积达到【A】的要求，材料指引参考【C】。

1.2　室内布局与功能科室设置

【C】
1. 设置全科诊室（或内科、中医科、中西医科诊室）、治疗室、药房（计生药具室）、公共卫生室。 2. 布局科学、合理，诊室标识清楚，设施设置人性化。 3. 患者就诊方便，流程规范，符合疫情防控预检分诊要求，通风良好。

创建要点：

1. 机构确保医疗机构执业许可证上可开展的诊疗科目符和【C】的要求，检查人员现场查看机构诊室（或内科、中医科、预防保健科）、治疗室、药房、观察室（计生药具室）、公共卫生室科室设置是否合理，相关设备设施及人员资质是否符合要求。

2. 村卫生室设置布局科学、合理，各诊室标识清楚，设置明确，设备齐全，面积达标。

3. 村卫生室须提供能够方便患者就诊的流程，设置的预检分诊台符合疫情防控的要求，需要摆放口罩、额温枪、消毒剂、分诊记录和消毒记录等。

材料指引：

1. 村卫生室应提供医疗机构执业许可证正本、副本原件，复印件。

2. 村卫生室应提供内部科室牌、科室全景、设备设施等照片，人员清单、人员执业资质等资料。

3. 村卫生室做好就诊流程检查准备工作，检查人员现场勘查村卫生室就医流程是否合理，是否设立预检分诊台，有无口罩、额温枪、消毒剂、分诊记录和消毒记录等。

【B】符合C，并
1. 设置检查室、健康教育区。 2. 有中药房或提供第三方配送中药服务。

创建要点：

1. 村卫生室须设立检查室、健康教育区，保护患者隐私设施，有开展检查项目、健康教育活动记录。

2. 检查人员现场查看村卫生室中药房设置情况，中草药种类或清单，村卫生室如无中药房，可与第三方（如卫生院）签订配送中药服务协议，确保有配送资质。

材料指引：

1. 村卫生室应提供科室牌、科室全景、设备设施等照片，提供保护患者隐私设施资料，提供设备及人员清单、人员资质、健康教育活动记录等资料。

2. 村卫生室如与第三方公司签订配送中药服务，应提供第三方公司资质资料及协议书。

【A】符合B，并
设置检验室（配备即时检验设备）、心电图室（可与检查室共用）、康复室等，设置“中医阁”等中医服务区。

创建要点：

1. 村卫生室确保科室设置符合【A】的要求，检查人员现场查看村卫生室检验室（配备即时检验设备）、心电图室（可与检查室共用）、康复室、“中医阁”等科室设置情况。

2. 查看科室是否有开展检查项目记录，查看村卫生室能提供的中草药种类、中医适宜技术清单等。

材料指引：

1. 村卫生室应提供科室牌、科室全景、设备设施等照片，提供保护患者隐私设施资料。提供设备及人员清单、人员资质、开展检查项目记录等资料。

2. 村卫生室应提供中草药种类、中医适宜技术清单等资料。

1.3 设备配置

【C】
配备与开展诊疗科目相应和出诊所需的相关设备，包括诊疗床、听诊器、血压计、体温计、体重身高计、血糖仪、出诊箱、急救箱、必要的消毒灭菌设施、药品柜等医疗设备，资料柜、计算机（电脑）、打印设备、电话等必要的办公设备以及健康教育影像设备。

创建要点：

检查人员现场查看村卫生室开展诊疗科目相应和出诊所需的相关设备配备情况，提供设备配备清单（表2-1、表2-2）。

材料指引：

村卫生室须提供基本设备供查看并附相关设备清单、照片。

表2-1　村卫生室设备、器械配置分类明细表

序号	设备名称	等级要求
1	诊疗床	C
2	听诊器	C
3	血压计	C
4	压舌板	C
5	止血带	C
6	血糖仪	C
7	体温计	C
8	身高体重计	C
9	出诊箱	C
10	急救箱	C
11	紫外线灯	C
12	各种规格一次性注射器	C
13	医疗垃圾袋	C
14	医疗废物桶	C
15	无菌柜	C
16	药品柜	C
17	资料柜	C
18	计算机（电脑）	C
19	打印机	C
20	电话（含移动电话）	C
21	电视机等健康教育视频播放设备	C
22	应急照明设施	C
23	红外线体温测量仪	B
24	清创缝合包	B

续 表

序号	设备名称	等级要求
25	观片灯	B
26	治疗推车	B
27	氧气瓶/氧气袋	B
28	担架	B
29	针灸器具	B
30	火罐	B
31	健康一体机	A
32	电冰箱	A
33	自动体外除颤仪（AED）	A
34	血分析仪（即时检验）	A
35	尿分析仪（即时检验）	A
36	心电图机	A
37	训练床	A
38	训练用阶梯	A
39	平行杠	A
40	姿势镜	A
41	轮椅	A
42	电子针疗仪	A
43	牵引床	A
44	红外线治疗仪	A
45	低频脉冲电治疗仪	A
46	中频脉冲电治疗仪	A
47	微波治疗仪	A
48	超声波治疗仪	A

表2-2　村卫生室识别和初步诊治病种明细表

序号	病种分类	年度服务人次
1	肠道感染（A08.500）	
2	胃肠炎（A09.901）	
3	结肠炎（A09.902）	

续　表

序号	病种分类	年度服务人次
4	感染性腹泻（A09.004）	
5	婴儿腹泻（A09.903）	
6	带状疱疹（B02.900）	
7	手足口病（B08.401）	
8	疱疹性咽峡炎（B08.501）	
9	贫血（D64.900）	
10	甲状腺结节（E04.101）	
11	单纯性甲状腺囊肿（E04.102）	
12	糖尿病（E14.900）	
13	低血糖（E16.100）	
14	甲状腺功能减退症（E20.900）	
15	甲状腺功能亢进症（E21.300）	
16	高脂血症（E78.500）	
17	短暂性脑缺血发作（G45.900）	
18	偏头痛（G94.900）	
19	结膜炎（H10.900）	
20	中耳炎（H66.900）	
21	眩晕综合征（H81.901）	
22	高血压病（I10.x00）	
23	急性心肌梗死（I21.900）	
24	冠状动脉粥样硬化性心脏病（I25.103）	
25	脑卒中（I64.x00）	
26	慢性肺源性心脏病（I27.900）	
27	心律失常（I49.900）	
28	下肢静脉血栓形成（I80.303）	
29	痔（I84.900）	
30	急性鼻咽炎（J00.x00）	
31	急性鼻窦炎（J01.900）	
32	急性咽炎（J02.900）	
33	急性扁桃体炎（J03.900）	

续 表

序号	病种分类	年度服务人次
34	急性气管炎（J04.100）	
35	急性咽喉炎（J06.000）	
36	急性上呼吸道感染（J06.900）	
37	肺炎（J18.900）	
38	支气管炎（J40.x00）	
39	肺气肿（J43.900）	
40	慢性阻塞性肺疾病（J44.900）	
41	肺部感染（J98.414）	
42	龋（牙）（K02.900）	
43	急性牙周炎（K05.200）	
44	牙周脓肿（K05.201）	
45	慢性牙周炎（K05.300）	
46	口腔黏膜溃疡（K12.109）	
47	口腔炎（K12.112）	
48	消化性溃疡（K27.901）	
49	胃炎（K29.700）	
50	消化不良（K30.x00）	
51	阑尾炎（K37.x00）	
52	腹股沟疝（K40.900）	
53	急性胃肠炎（K52.905）	
54	慢性胃肠炎（K52.909）	
55	便秘（K59.000）	
56	功能性肠疾患（K59.900）	
57	肛裂（K60.200）	
58	肛周脓肿（K61.001）	
59	肝炎（K75.901）	
60	胆囊炎（K81.900）	
61	急性胰腺炎（K85.900）	
62	消化道出血（K92.210）	
63	皮炎（L30.900）	

续　表

序号	病种分类	年度服务人次
64	毛囊疾患（L73.900）	
65	痱子（L74.001）	
66	关节炎（M13.900）	
67	腰椎间盘突出（M51.202）	
68	腰肌劳损（M54.505）	
69	肩周炎（M75.001）	
70	泌尿系统结石（N20.900）	
71	泌尿系统感染（N39.000）	
72	前列腺增生（N40.x00）	
73	女性盆腔炎（N73.902）	
74	急性阴道炎（N76.000）	
75	鼻出血（R04.000）	
76	头部外伤（S09.900）	
77	腹痛（R10.400）	
78	头皮浅表损伤（S00.000）	
79	骨折（T14.200）	
	开展目录外的其他病种	

【B】符合C，并

配备观片灯、治疗推车、清创缝合包等设备，配备针灸器具、火罐等中医诊疗设备，配备供氧设备。

创建要点：

设备配备符合【B】要求，创建要点参考【C】。

材料指引：

设备配备符合【B】要求，材料指引参考【C】。

【A】符合B，并
1. 配备血分析仪、尿分析仪、自动生化仪、心电图机等检验检查设备，配备训练床、训练用阶梯、平行杠、姿势镜等1种以上康复设备，配备电子针疗仪、牵引床、红外线治疗仪、低频脉冲电治疗仪、中频脉冲电治疗仪、微波治疗仪、超声波治疗仪等1种以上理疗设备。 2. 配备电冰箱、自动体外除颤仪（AED）。 3. 配备健康一体机。

创建要点：

设备配备符合【A】要求，创建要点参考【C】。

材料指引：

设备配备符合【A】要求，材料指引参考【C】。

1.4 公共设施

【C】
1. 有需要的地区配备必要的采暖、制冷设备。 2. 无障碍设施符合相关标准要求，有防止跌倒、烫伤等安全措施。 3. 诊室、治疗室等区域提供必要的私密性保护措施。 4. 在需要警示的地方有明显的警示标识。

创建要点：

1. 村卫生室须根据要求配备必要的采暖、制冷设备。

2. 村卫生室设置的无障碍设施包括无障碍通道、出入口、门、楼梯、电梯、扶手等。室外通行和室内通道均应设置无障碍通道，并设置无障碍扶手；主要出入口应为无障碍出入口，宜设置为平坡出入口；门开启后，通行净宽度不小于1米，门槛高度及门内外高差不应大于15毫米，并以斜面过渡，且便于开关。

3. 村卫生室须在诊室、治疗室等区域设置屏风、隔帘等保护患者隐私设施。

4. 村卫生室在有可能引起火灾、爆炸、危险、污染等地方，应设置警示标识，如氧气存放点等。

材料指引：

1. 村卫生室应提供采暖、制冷设备清单、照片。

2. 村卫生室应提供无障碍设备设施的相关照片、维护保养记录。

3. 村卫生室应在诊室、治疗室等区域为服务对象提供必要的私密性保护设施的相关照片（屏风隔断、隔帘）。

4. 村卫生室应提供在有可能引起火灾、爆炸、危险、污染等地方设置的警示标识的照片。

【B】符合C，并
1. 候诊椅数量配备适宜，舒适度较好。 2. 提供轮椅、担架等便民设施。 3. 设有独立厕所或50米范围内有公共厕所。

创建要点：

1. 村卫生室等候诊区候诊椅设置须符合要求，疫情防控期间应张贴隔位就座标识。

2. 村卫生室须提供轮椅、担架等便民设施且有使用记录。

3. 村卫生室设有独立厕所或50米范围内有公共厕所，位置醒目，方便。

材料指引：

1. 村卫生室应提供合理数量的候诊椅的照片，疫情防控期间应提示隔位就座的标识的照片。

2. 村卫生室应提供轮椅、担架等便民设施照片及使用记录。

3. 村卫生室应提供独立厕所或距离适宜的公共厕所的照片。

【A】符合B，并
1. 卫生厕所布局合理，达到无害化卫生厕所标准。 2. 具备独立的隔离场所。 3. 诊室内引导居民有序就医，落实一人一诊室制度。

创建要点：

1. 检查人员现场查看村卫生室卫生厕所布局及设置情况，是否达到无害化卫生厕所标准，有条件的可设置无障碍设施厕位和无障碍洗手盆等。

2. 检查人员现场查看村卫生室独立的隔离场所设置情况，是否符合疫情防控要求。

3. 检查人员现场查看村卫生室“一人一诊室”制度、流程，“一人一诊室”醒目标识。

材料指引：

1. 村卫生室须提供卫生厕所照片（全景、进门等）。

2. 村卫生室须提供独立的隔离场所照片，分区情况照片及消毒记录。

3. 村卫生室须提供“一人一诊室”制度、优化就诊流程资料，应提供“一人一诊室”醒目标识。

1.5 信息系统建设与安全

【C】
配备电子健康档案系统。

创建要点：

村卫生室须配备电子健康档案系统，检查人员现场查看村卫生室电子健康档案系统配备情况，现场登录操作。

材料指引：

村卫生室应提供电子健康档案系统登录记录及使用流程资料。

【B】符合C，并
1. 具备医院信息系统（HIS系统）、医保结算系统等，畅通的网络条件。 2. 信息系统支持运行管理、监管及签约服务等业务。

创建要点：

1. 提供居民基本医疗保险报销服务的村卫生室须具备结算系统，检查人员现场查看村卫生室在用医院信息系统（HIS系统）、医保结算系统等，人员能够熟练操作系统且网络畅通。

2. 村卫生室须做好信息系统支持运行管理、监管及签约服务等业务工作，检查人员现场查看相关情况。

材料指引：

1. 村卫生室须提供电子健康档案系统登录及使用流程资料，并现场操作、演示。

2. 检查人员现场查看村卫生室使用的信息系统支持运行管理、监管及签约服务等业务相关操作流程。

【A】符合B，并
1. 信息系统支持双向转诊和远程医疗。 2. 信息系统部署在县（区）级及以上全民健康信息平台。 3. 专网和外网机分设或具备专网和外网转换功能。 4. 机构内医疗服务、检查检验服务、公共卫生服务等信息互联互通。 5. 能够为居民提供预约挂号，上级检验检测报告查询等服务。 6. 支持健康一体机联网使用的网络环境。

创建要点：

信息系统建设符合【A】，创建要点，参考【B】，须现场操作系统各项功能。

材料指引：

1. 机构提供与上级医院（卫生院）签订的双向转诊协议、上转下转转诊记录及转诊单，远程诊疗协议，远程诊疗记录。

2. 机构提供信息系统各项功能介绍，并现场演示相关功能操作。

2. 人员配备与培训

2.1 人员配备

包括上级下派轮转在村卫生室连续服务6个月以上人员。

【C】
至少配备1名执业（助理）医师或乡村医生。

创建要点：

村卫生室至少配置1名执业（助理）医师或乡村医生。检查人员现场查看村卫生室卫生技术人员的执业（助理）医师或乡村医生花名册、资格证书、执业证书、职称证书。

材料指引：

村卫生室须提供人员的执业（助理）医师或乡村医生花名册、资格证书、执业证书、职称证书复印件。

【B】
1. 人数配置至少1名为执业（助理）医师，包括乡村全科执业（助理）医师。 2. 至少1名医生经西学中培训、具备中医技能。 3. 提供输液服务的卫生室，至少有1名医务人员具备预防和处理输液反应急救能力。

创建要点：

1. 村卫生室至少配置1名执业（助理）医师，检查人员现场查看村卫生室提供的卫生技术人员花名册、资格证书、执业证书。

2. 村卫生室至少有一名经西学中培训具备中医技能的医生，检查人员现场查看村卫生室经西学中培训并且取得合格证，同时具备中医技能的执业（助理）医师配备情况。

3. 如村卫生室开展输液服务，需要经卫生健康行政部门备案审批同意，同时人员应具备预防和处理输液反应急救能力。

材料指引：

1. 村卫生室须提供卫生技术人员花名册、资格证书、执业证书、职称证书复印件。

2. 村卫生室须提供医生经西学中培训合格证明。

3. 村卫生室须提供加盖输液服务许可印章的《医疗执业机构许可证》文件，提供参加上级开展的预防和处理输液反应急救能力培训记录。

【A】
配备执业医师不少于1人。

创建要点：

村卫生室配备执业医师不少于1人，创建重点参考【B】。

材料指引：

符合【A】的创建要点，材料指引参考【B】。

2.2　人员培训

【C】
严格执行乡村医生定期培训制度，定期参加上级组织的工作例会和各类培训，乡村医生两年一次考核合格。

创建要点：

村卫生室执业的乡村医生严格执行定期培训制度，定期参加卫生院的例会、培训，并通过乡村医生两年一次的考核。

材料指引：

村卫生室须提供上级部门开展定期培训的相关制度，提供乡村医生参加例会、培训相关记录，提供乡村医生两年一次的考核合格证明等。

【B】符合C，并
通过自学、上级医师岗位指导、集中培训、网上远程教育等多种适宜方式参加继续教育培训，考试考核合格。

创建要点：

村卫生室执业的乡村医生通过自学、卫生院医师岗位指导、集中培训、网上远程教育等多种适宜方式参加继续教育培训，且通过考试考核。

材料指引：

村卫生室应提供执业人员通过各种不同的形式，参加继续教育培训的记录及考核合格证明。

【A】符合B，并
每3～5年到县级医疗卫生机构或有条件的卫生院脱产进修1次，进修时间原则上不少于1个月。

创建要点：

村卫生室执业的乡村医生每3～5年到县级医疗卫生机构或有条件的卫生院脱产进行不少于1个月的进修。

材料指引：

村卫生室须提供上级部门开具的乡村医生进修合格证明。

3. 基本医疗服务

3.1　门诊服务

【C】

1. 能提供一般常见病、多发病诊治和慢性病管理，至少能够识别和初步诊治20种常见病、多发病。
2. 开展静脉输液的需设置输液室（观察室），并建立静脉输液规范和安全管理制度。
3. 药品配备符合规定，基本满足村卫生室运行需求。
4. 是医保定点机构或能够在乡村一体化模式下通过乡镇卫生院提供医保结算服务。

创建要点：

1. 村卫生室能够提供常见病、多发病的规范诊疗，可以提供病种清单以及年门诊服务量。

2. 村卫生室须建立静脉输液规范和安全管理制度，输液室设置合理，消毒及医疗垃圾处置规范，具有一定的输液反应处置能力。

3. 村卫生室须提供药品清单及进销记录，各类药品配备符合常见病、多发病诊治需求。

4. 开通居民基本医疗报销业务的村卫生室可提供医保结算服务。

材料指引：

1. 村卫生室应提供常见病、多发病病种情况资料和对其初步诊治的证明资料，以及门诊登记、科室照片等。

2. 村卫生室须提供建立健全静脉输液规范和安全管理制度、消毒及医疗垃圾处置记录等资料。

3. 村卫生室须提供完整的药品清单及进销记录，年使用情况资料。

4. 对符合条件的村卫生室，检查人员现场查看村卫生室医保结算系统、结算单等。

【B】符合C，并

1. 至少能够识别和初步诊治30种（含C）常见病、多发病。
2. 急救箱、氧气瓶（袋）状况良好，医护人员能熟悉操作。
3. 提供上级医疗机构或医共体预约挂号、检查、预约住院服务。

创建要点：

1. 村卫生室能够提供常见病、多发病的规范诊疗，能提供病种清单以及年门诊服务量。

2. 村卫生室需要配备急救箱、氧气瓶（袋），有急救药品及清单，医护人员有一定急救处置能力。

3. 现场查看村卫生室与上级医疗机构是否建立转诊关系，可提供预约挂号、检查、预约住院服务。

材料指引：

1. 村卫生室提供对常见病、多发病病种初步诊治的证明资料，提供门诊登记、科室照片等。

2. 村卫生室提供急救箱、氧气瓶（袋）照片及使用记录，提供急救药品清单，检查人员现场考核医护人员急救处置能力。

3. 村卫生室提供预约挂号、检查、预约住院服务相关证明，如转诊单、提示卡等。

【A】符合B，并

1. 至少能够识别和初步诊治40种（含B）常见病、多发病。
2. 能完成外科止血、清创、缝合、包扎、骨折固定、转运等处理。
3. 能实现收费、医保结算等一站式服务。
4. 配备远程医疗设施设备，能开展远程医疗服务。
5. 自动体外除颤仪（AED）设备状况良好，医护人员能熟悉操作。
6. 按照《全国基层医疗卫生机构信息化建设标准与规范（试行）》的要求，开展门诊信息管理系统建设和应用。

创建要点：

1. 村卫生室能够提供常见病、多发病的规范诊疗，可以提供病种清单以及年门诊服务量。

2. 村卫生室应当配备外科止血、清创、缝合、包扎、骨折固定、转运等相关设施，医护人员有一定外科处置能力。

3. 现场查看村卫生室人员操作收费、医保结算等一站式服务。

4. 村卫生室须与上级医疗机构签订远程医疗协议，配备远程医疗设施设备，能开展远程医疗服务。

5. 村卫生室须配备自动体外除颤仪（AED），有设备保养维护记录，医护人员能熟悉操作。

6. 村卫生室门诊信息管理系统建设和应用达标。

材料指引：

1. 村卫生室应提供其能够做到初步诊治的常见病、多发病病种情况的资料，提供门诊登记、科室照片等。

2. 村卫生室提供外科止血、清创、缝合、包扎、骨折固定、转运等基本医疗服务的相关设施照片，提供门诊登记等资料。

3. 村卫生室应提供一站式服务流程，并在检查现场操作讲解。

4. 有条件的村卫生室，现场演示村卫生室与上级医疗机构签订的远程医疗服务，应提供签订的协议、开展远程诊疗服务记录。

5. 村卫生室应提供配备自动体外除颤仪（AED）设备照片，提供设备保养维护记录，并于检查现场操作。

6. 检查人员现场查看村卫生室门诊信息管理系统建设和应用达标情况。

3.2　出诊服务

【C】

1. 根据居民需求，协助乡镇卫生院或医共体提供出诊服务，并符合出诊服务规范。

2. 承担上级医疗机构或医共体下转恢复期病人出院回访。

创建要点：

1. 村卫生室需要协助乡镇卫生院或医共体提供出诊服务，有开展出诊工作的记录及相关设备。

2. 村卫生室可以为上级医疗机构或医共体下转恢复期患者做好出院回访工

作，有回访记录。

材料指引：

1. 村卫生室须提供出诊记录及相关设备照片。
2. 村卫生室须提供下转出院恢复期患者回访工作记录。

【B】符合C，并
在上级医院或医共体的指导下，协助卫生院为建立家庭病床的签约居民提供巡诊、巡视等服务。

创建要点：

村卫生室在上级医院或医共体的指导下，协助卫生院为建立家庭病床的签约居民提供巡诊、巡视等服务，具备相应诊疗处置能力，有记录。

材料指引：

村卫生室须提供签约居民巡诊或巡视记录、照片。

【A】符合B，并
每月均有出诊记录并定期对出诊服务情况进行总结分析，持续改进。

创建要点：

村卫生室需要制定相应的出诊方案、制度，且每月均有出诊记录并定期对出诊服务情况中发现的问题进行总结分析，持续改进。

材料指引：

村卫生室须提供制定的出诊方案、制度，提出出诊记录及总结分析资料。

3.3 中医医疗服务

【C】
提供中医药服务。

创建要点：

村卫生室内有中医类别医师，可以辨证施治常见病、多发病，并能提供中医药预防保健服务。

材料指引：

村卫生室应提供中医从业人员清单、设备照片、人员资质等，执业人员能够辨证施治常见病、多发病，并提供中医药预防、保健服务过程记录及照片。

【B】符合C，并
1. 能够规范开展6种以上中医适宜技术。 2. 对重点人群和慢性病患者进行中医药健康管理。

创建要点：

1. 村卫生室可以提供6种以上中医适宜技术，以及与具备开展此类技术匹配的药品和设备。

2. 村卫生室可以对重点人群和慢性病患者进行中医药健康管理，且有相关服务过程记录。

材料指引：

1. 村卫生室应提供其开展的6种及以上中医适宜技术清单、人员清单及资质，与之相匹配的药品及设备清单，照片及使用情况记录等。

2. 村卫生室应提供对重点人群和慢性病患者提供中医药健康管理服务过程的记录。

【A】符合B，并
1. 能够积极运用中医治未病理论和方法，提供中医药养生保健服务。 2. 开展高血压、2型糖尿病等中医药养生保健服务。 3. 提供合格的中药饮片或中药配送服务。 4. 对转入社区及家庭的患者提供康复训练指导（包括中医），保障康复训练的连续性。

创建要点：

1. 村卫生室可以提供中医药养生保健服务，以及与开展此类技术匹配的药品和设备。

2. 村卫生室能够开展高血压、2型糖尿病等中医药养生保健服务。

3. 村卫生室能够提供完整的中药饮片进货及销售记录、中药配送相关服务记录。

4. 村卫生室对转入社区及家庭的患者须提供康复训练指导（包括中医），按照治疗周期，保障康复训练的连续性。

材料指引：

1. 村卫生室应提供可以开展的中医药养生保健服务的清单，与之相匹配的药品及设备清单，照片及使用情况记录等。

2. 村卫生室应提供对高血压、2型糖尿病患者进行中医药健康管理服务过程的记录。

3. 村卫生室应提供中药饮片进销记录、中药配送相关服务记录。

4. 具备条件的村卫生室应提供康复训练指导记录。

3.4 检查检验服务

【C】
开展身高、体重、腰围等物理体检和血压、血糖检测。

创建要点：

村卫生室可以开展身高、体重、腰围等物理体检和血压、血糖检测，并具有相关仪器设备。

材料指引：

村卫生室应提供相应设备清单及设备照片，体检和检测工作记录。

【B】符合C，并
依托乡镇卫生院、医共体或第三方检验机构开展血常规、尿常规、生化等检验服务。

创建要点：

村卫生室可依托乡镇卫生院、医共体或第三方检验机构开展血常规、尿常规、生化等检验服务，并具有相关仪器设备。

材料指引：

村卫生室应提供与第三方签订的服务协议、设备清单及设备照片，提供体检和检测工作记录。

【A】符合C，并
开展心电图、血常规、尿常规等项目中的2种以上即时检验服务。

创建要点：

村卫生室须开展心电图、血常规、尿常规等项目中的2种以上即时检验服务，并具有相关仪器设备。

材料指引：

村卫生室应提供开展相应服务设备清单及设备照片，体检和检测工作记录。

4. 公共卫生服务

4.1 居民健康管理

【C】

1. 为辖区内常住居民开展居民健康档案管理服务。
2. 动态规范健康档案管理，及时对居民一般情况、生活方式、健康状况和用药情况进行更新，根据体检记录进行有效完善。
3. 居民规范化电子健康档案覆盖率达到60%以上
4. 作为成员，参与村（居）民委员会公共卫生委员会，并发挥作用。

创建要点：

1. 村卫生室须提供居民健康档案管理服务专（兼）职人员名单，配备开展项目的设备设施。

2. 村卫生室须按照国家基本公共卫生服务规范开展项目服务，达到国家管理标准，对居民情况及时更新完善。

3. 村卫生室建立的居民电子档案无缺项、漏项，个人信息完整，规范化电子健康档案覆盖率达到国家标准。

4. 村卫生室应当加入村（居）民委员会公共卫生委员会，并定期根据上级要求开展公共卫生服务项目工作。

材料指引：

1. 村卫生室应提供开展以上服务的设施设备清单和人员清单、设备照片、与项目对应的人员资质等材料。

2. 村卫生室应提供居民健康档案的管理方案、计划、总结、规范。

3. 村卫生室应提供当年度国家基本公共卫生服务项目村级报表。

4. 村卫生室应提供参加村公共卫生委员会且开展相关工作的记录。

【B】符合C，并

辖区常住居民电子健康档案建档率达到90%以上，电子健康档案真实、有效。

创建要点：

居民电子档案无缺项、漏项，个人信息完整，常住居民电子健康档案建档率达到90%以上。

材料指引：

村卫生室须提供当年度国家基本公共卫生服务项目村级报表及其他相关材料。

【A】符合B，并

1. 实现电子健康档案向居民开放。

2. 按照《全国基层医疗卫生机构信息化建设标准与规范（试行）》和《全国公共卫生信息化建设标准与规范（试行）》的要求，开展居民电子健康档案系统建设和应用。

创建要点：

1. 村卫生室可以协助居民登录电子健康档案查诊系统，向居民提供个人电子健康档案开放查询的流程。

2. 村卫生室需要提供居民电子健康档案系统建设和应用情况。

材料指引：

1. 村卫生室应提供当年度国家基本公共卫生服务项目村级报表或从系统中调取居民健康档案动态使用率截图。

2. 检查人员现场查询村卫生室居民电子健康档案系统建设和应用情况说明，且要求村卫生室人员现场操作。

4.2　健康教育

【C】

1. 利用多种形式开展健康教育服务，向就诊者讲述病情，提供个性化日常生活注意事项。

2. 提供并发放不少于12种内容的健康教育印刷资料。

3. 设置宣传栏（屏）≥1个，至少每两月更换健康教育宣传栏（屏）内容一次。

4. 配合乡镇、村委会开展健康教育活动。

创建要点：

1. 村卫生室利用多种形式开展健康教育服务，服务过程资料留存，为慢性病患者开具健康教育处方。

2. 村卫生室须向辖区居民提供并发放不少于12种内容的健康教育印刷资料，有发放记录及照片。

3. 现场查看村卫生室宣传栏设置情况，按照“基本公共卫生服务规范（第三版）”要求，定期更换宣传栏内容记录及照片。

4. 村卫生室须配合乡镇、村委会开展健康教育活动，有活动记录。

材料指引：

1. 村卫生室应提供健康教育服务过程资料、健康教育处方开具情况记录。

2. 村卫生室应提供健康教育印刷资料发放记录及照片。

3. 村卫生室应提供宣传栏内容更换记录及照片。

4. 村卫生室须提供配合属地政府开展健康教育活动记录及照片。

【B】符合C，并
1. 全年协助卫生院举办健康知识讲座不少于6次，内容覆盖慢病、中医、传染病等内容。 2. 在正常应诊时间内播放健康教育影像资料。

创建要点：

1. 村卫生室全年需要协助乡镇卫生院/社区卫生服务中心举办健康知识讲座不少于6次，内容覆盖慢病、中医、传染病等内容。

2. 村卫生室在正常应诊时间内播放健康教育影像资料。

材料指引：

1. 村卫生室应提供开展健康教育讲座过程资料及记录。

2. 村卫生室应提供开展健康教育影像播放记录。

【A】符合B，并
根据实际情况，协助卫生院开展辖区居民健康素养知识知晓率调查。

创建要点：

村卫生室需要协助乡镇卫生院/社区卫生服务中心开展辖区居民健康素养知识知晓率调查，有调查问卷及调查分析报告。

材料指引：

村卫生室须提供调查问卷及调查分析报告。

4.3 预防接种

【C】
提供预防接种健康教育资料，开展健康教育。

创建要点：

村卫生室协助乡镇卫生院/社区卫生服务中心开展辖区居民预防接种健康教育宣传。

材料指引：

村卫生室须提供开展预防接种健康教育资料及活动记录。

【B】符合C，并
协助预防接种门诊对儿童建档，确定接种对象。

创建要点：

村卫生室协助乡镇卫生院/社区卫生服务中心预防接种门诊对儿童建档，确定接种对象，定期通知接种。

材料指引：

村卫生室须提供协助乡镇卫生院/社区卫生服务中心进行预防接种建档及通知接种工作记录。

【A】符合B，并
1. 协助发现、报告预防接种中后的疑似异常反应，并协助调查处理。 2. 协助落实查漏补种、催种、强化免疫等有关工作。

创建要点：

1. 村卫生室协助乡镇卫生院/社区卫生服务中心发现、报告预防接种中后的疑似异常反应，并协助调查处理。

2. 村卫生室积极协助乡镇卫生院/社区卫生服务中心通知到期接种人员，协助落实查漏补种、催种、强化免疫等有关工作。

材料指引：

1. 村卫生室应提供其积极协助乡镇卫生院/社区卫生服务中心处理预防接种中后的疑似异常反应工作记录，预防接种建档及通知接种工作记录。

2. 村卫生室应提供其他协助乡镇卫生院/社区卫生服务中心开展相关工作记录及照片。

4.4 儿童健康管理

【C】
配合做好新生儿访视，协助做好儿童系统管理。

创建要点：

村卫生室协助乡镇卫生院/社区卫生服务中心做好新生儿访视，协助做好儿童系统管理。

材料指引：

村卫生室应提供协助乡镇卫生院/社区卫生服务中心开展相关工作记录及照片。

【B】符合C，并
协助做好新生儿疾病筛查、入托儿童体检等工作。

创建要点：

村卫生室协助乡镇卫生院/社区卫生服务中心做好新生儿疾病筛查、入托儿童体检等工作。

材料指引：

村卫生室须提供协助乡镇卫生院/社区卫生服务中心开展相关工作记录及照片。

【A】符合B，并
协助开展儿童生长发育监测等工作，协助开展儿童贫血、肥胖、视力筛查等情况登记与统计工作。

创建要点：

村卫生室协助乡镇卫生院/社区卫生服务中心开展儿童生长发育监测等工作，协助开展儿童贫血、肥胖、视力筛查等情况的登记与统计工作。

材料指引：

村卫生室须提供协助乡镇卫生院/社区卫生服务中心开展管理工作记录及照片、报表等。

4.5　孕产妇健康管理

【C】
动员怀孕妇女进行孕产期健康管理。

创建要点：

村卫生室协助乡镇卫生院/社区卫生服务中心开展动员妊娠妇女定期进行孕产期保健的管理工作。

材料指引：

村卫生室应提供乡镇卫生院/社区卫生服务中心协助管理工作的记录及照片。

【B】符合C，并
配合做好孕前和孕早期增补叶酸的政策宣传、药物发放、使用指导工作，协助做好孕产妇的产后访视、母乳喂养指导等工作。

创建要点：

村卫生室须协助配合乡镇卫生院/社区卫生服务中心做好孕前和孕早期增补叶酸的政策宣传、药物发放、使用指导工作，协助做好孕产妇的产后访视、母乳喂养指导等工作。

材料指引：

村卫生室应提供协助配合乡镇卫生院/社区卫生服务中心工作的记录及照片。

【A】符合B，并
协助做好孕龄妇女健康体检、妇女两癌筛查等指令性工作。

创建要点：

村卫生室协助乡镇卫生院/社区卫生服务中心做好孕龄妇女健康体检、妇女两癌筛查等指令性工作。

材料指引：

村卫生室应提供协助乡镇卫生院/社区卫生服务中心开展管理工作的记录及照片。

4.6 老年人健康管理

【C】
1. 掌握辖区内65岁及以上老年人口信息。 2. 开展65岁及以上老年人健康管理服务，配合乡镇卫生院/社区卫生服务中心，每年提供1次健康管理服务。 3. 65岁及以上老年人城乡社区规范健康管理服务率达到国家指标要求。

创建要点：

1. 村卫生室须掌握辖区内65岁及以上老年人口信息，且制定花名册。

2. 村卫生室定期开展65岁及以上老年人健康管理服务，配合乡镇卫生院/社区卫生服务中心每年开展1次健康管理服务工作。

3. 村卫生室对辖区内65岁及以上老年人城乡社区规范健康管理服务率达到国家指标要求。

材料指引：

1. 村卫生室应提供辖区内65岁以上老年人花名册及本年度参加健康体检情况，相关服务记录及照片。

2. 村卫生室应提供乡镇卫生院出具的在本辖区达到65岁以上老年人管理率、规范管理率指标要求的相关证明（加盖乡镇卫生院公章）。

【B】符合C，并
对体检发现的患病老年人及时治疗或转诊，对发现有异常的老年人及时转诊并随访转诊结果。

创建要点：

村卫生室对体检发现的患病老年人及时治疗或转诊，对发现有异常的老年人建立花名册，并及时转诊。

材料指引：

村卫生室应提供体检发现的患病或结果有异常的老年人花名册，提供上述老年人治疗或转诊工作记录及照片、随访及转诊结果工作记录。

【A】符合B，并
根据实际情况，开展上级医疗机构下转恢复期老年病人出院回访。

创建要点：

村卫生室须对上级医疗机构下转恢复期老年病人出院回访，制定花名册，并及时对其出院后情况进行回访。

材料指引：

村卫生室应提供上级医疗机构下转恢复期老年病人出院回访的花名册、回访工作记录等。

4.7 慢性病患者健康管理

【C】

1. 开展高血压、2型糖尿病、严重精神障碍、肺结核等慢性病相关健康教育，筛查、识别患者。

2. 对辖区内常住的原发性高血压、2型糖尿病、肺结核等慢性病患者开展健康管理服务，高血压、2型糖尿病患者规范服务管理率和肺结核患者管理率达到国家基本公共卫生服务项目考核要求。

3. 协助乡镇卫生院/社区卫生服务中心对辖区内经确诊、居家的严重精神障碍患者建档、定期随访和对患者家庭成员进行护理指导工作。

4. 通过体检、随访、建档等途径检出的高血压和2型糖尿病等慢性病患者，确诊后纳入健康管理。

5. 门诊接诊时，对35岁以上患者首诊者测量血压。

6. 发现疑似肺结核患者及时转诊、报告并随访，对确诊的肺结核患者动员其密切接触者到上级定点医疗机构进行筛查。

7. 组织在管高血压、2型糖尿病、严重精神障碍等慢性病患者开展每年1次体检和健康评估。

创建要点：

1. 村卫生室开展高血压、2型糖尿病、严重精神障碍、肺结核等慢性病相关健康教育；筛查、识别慢性病患者，做好登记，定期随访管理。

2. 村卫生室对辖区内常住的原发性高血压、2型糖尿病、肺结核等慢性病患者按照规定频次及时开展健康管理服务并定期随访，高血压、2型糖尿病患者规范服务管理率和肺结核患者管理率达到国家基本公共卫生服务项目考核要求。

3. 村卫生室协助乡镇卫生院/社区卫生服务中心对辖区内经确诊、居家的严重精神障碍患者建档、定期随访和对患者家庭成员进行护理指导工作。

4. 村卫生室可以通过体检、随访、建档等途径检出高血压和2型糖尿病等慢性病患者，确诊后纳入健康管理，并按照规范要求定期开展随访、体检工作。

5. 村卫生室在门诊接诊时，对35岁以上患者首诊测量血压，确诊高血压后立即登记管理。

6. 村卫生室发现疑似肺结核患者及时转诊、报告并随访，对确诊的肺结核患者动员其密切接触者到上级定点医疗机构进行筛查，做好协助随访登记。

7. 村卫生室组织在管高血压、2型糖尿病、严重精神障碍等慢性病患者开展每年1次体检和健康评估。

材料指引：

村卫生室应提供辖区内高血压、2型糖尿病、严重精神障碍、肺结核等慢性病患者健康管理花名册，提供相关管理工作开展记录、××村卫生室慢性病患者健康管理服务报表。

【B】符合C，并

1．开展高血压、2型糖尿病等高危人群管理，管理情况记入健康档案。

2．协助督导肺结核患者服药、复查，并记入健康档案。

3．对辖区内常住的严重精神障碍患者规范开展管理服务，定期随访并将随访结果及时向患者或家属反馈。

创建要点：

1. 村卫生室应当对高血压、2型糖尿病等高危人群及时登记管理。

2. 村卫生室需要协助乡镇卫生院/社区卫生服务中心督导肺结核患者服药、复查。

3. 村卫生室应当对辖区内常住的严重精神障碍患者规范开展管理服务，定期随访并将随访结果及时向患者或家属反馈。

材料指引：

村卫生室应提供辖区内高血压、2型糖尿病等高危人群、肺结核患者、严重精神障碍患者相关管理工作记录及照片。

【A】符合B，并

1．协助组织动员在管高血压、2型糖尿病、严重精神障碍等慢性病患者开展较全面的体检，引导患者检查包括血常规、尿常规、肝功能、肾功能（包括血肌酐）、血糖、血脂、血钾、心电图等。

2．协助开展高血压、2型糖尿病、严重精神障碍等慢性病患者并发症筛查。

创建要点：

1. 村卫生室需要协助组织动员在管高血压、2型糖尿病、严重精神障碍等慢性病患者开展体检。

2. 村卫生室需要协助乡镇卫生院/社区卫生服务中心开展高血压、2型糖尿病、严重精神障碍等慢性病患者并发症筛查。

材料指引：

1. 村卫生室应提供协助乡镇卫生院/社区卫生服务中心在辖区内的高血压、2型糖尿病、严重精神障碍等慢性病患者开展相关体检的工作记录及照片。

2. 村卫生室应提供协助乡镇卫生院/社区卫生服务中心在辖区内开展高血压、2型糖尿病、严重精神障碍等慢性病患者并发症筛查工作的记录及照片。

4.8 中医药健康管理

【C】
建立老年人和0～36个月儿童中医药健康管理名册。

创建要点：

村卫生室为辖区内纳入老年人和0～36个月儿童中医药健康管理的居民建立花名册。

材料指引：

村卫生室应提供辖区内的老年人和0～36个月儿童中医药健康管理花名册、相关工作记录及照片。

【B】符合C，并
1. 提供摩腹、捏脊、按揉穴位等儿童中医保健技术服务。 2. 能为常住65岁及以上老年人提供中医体质辨识服务和中医药保健指导，并记入健康档案。 3. 能为家长提供儿童中医饮食调养、起居活动指导，并记入健康档案。

创建要点：

1. 村卫生室为辖区内0～36个月儿童提供摩腹、捏脊、按揉穴位等儿童中医保健技术服务。

2. 村卫生室为常住65岁及以上老年人提供中医体质辨识服务和中医药保健指导，并记入健康档案，可根据评分分析出属于哪种体质。

3. 村卫生室为家长提供儿童中医饮食调养、起居活动指导。

材料指引：

1. 村卫生室应提供为辖区内0～36个月儿童进行中医保健技术服务相关工作记录及照片。

2. 村卫生室须提供为65岁及以上老年人进行中医体质辨识服务相关工作记录及照片。

3. 村卫生室须提供为家长进行中医药保健指导等相关工作记录及照片。

【A】符合B，并
能为家长传授摩腹、捏脊、按揉穴位等儿童中医保健技术。

创建要点：

村卫生室为0～36个月儿童家长传授摩腹、捏脊、按揉穴位等儿童中医保健技术和相关培训。

材料指引：

村卫生室应提供为0～36个月儿童家长开展相关培训的工作记录及照片。

4.9 传染病及突发公共卫生事件报告和处理

【C】
按照有关法律法规要求，规范开展传染病疫情和突发公共卫生事件信息登记、报告。

创建要点：

村卫生室应规范开展传染病疫情和突发公共卫生事件信息登记、报告，并及时向卫生院上报。

材料指引：

村卫生室应提供规范开展传染病疫情和突发公共卫生事件报表信息报告、工作记录和照片。

【B】符合C，并
1. 配合做好传染病疫情和突发公共卫生事件处理，流行病学调查和随访、密切接触者管理、宣传教育等。 2. 严格落实消毒隔离制度。

创建要点：

1. 村卫生室需要配合乡镇卫生院/社区卫生服务中心做好传染病疫情和突发公共卫生事件处理，流行病学调查和随访、密切接触者管理、宣传教育等。

2. 村卫生室应当建立消毒隔离制度，严格落实相关制度。

材料指引：

1. 村卫生室应提供配合乡镇卫生院/社区卫生服务中心开展传染病疫情和突发公共卫生事件处理，流行病学调查和随访、密切接触者管理、宣传教育等相关工作记录及照片。

2. 村卫生室应提供消毒隔离制度及严格落实相关制度的记录及照片。

【A】符合B，并
传染病和突发公共卫生事件报告率达到100%。

创建要点：

村卫室对传染病和突发公共卫生事件报告率达到100%。检查人员现场查看村卫生室传染病和突发公共卫生事件报告率。

材料指引：

村卫生室须提供国家基本公共卫生服务项目村级报表。

4.10 优生优育健康管理

【C】
提供基本的宣教资料，加强孕前优生健康检查等宣传工作。

创建要点：

村卫生室系统提供优生优育相关宣教资料。

材料指引：

村卫生室应提供宣教材料及宣传活动记录及照片。

【B】符合C，并
提供避孕药具发放服务。

创建要点：

村卫生室具有免费发放避孕药具服务的场所，能够提供避孕药具发放服务。

材料指引：

村卫生室应提供免费发放避孕药具等服务的记录及照片。

【A】符合B，并
接受过培训，能开展优生优育咨询服务、技术指导工作。

创建要点：

村卫生室按时接受上级培训取得培训合格证明，能够开展优生优育咨询服务、技术指导工作。

材料指引：

村卫生室应提供开展优生优育咨询服务、技术指导相关工作记录及照片。

5.家庭医生签约服务

【C】
1．参与家庭医生网格化居民健康管理。 2．至少能提供含基本公共卫生项目的签约服务内容。 3．签约服务覆盖率达到当地考核要求。

创建要点：

1. 村卫生室作为家庭医生签约团队成员，承担网格化居民健康管理服务。

2. 村卫生室为签约服务对象至少能提供含基本公共卫生项目的签约服务内容。

3. 村卫生室辖区内的签约率达到当地卫生健康行政部门要求。

材料指引：

村卫生室应提供签约履约记录、合格证明，相关工作记录及照片、国家基本公共卫生服务项目村级报表。

【B】
1．村卫生室具有执业资质的人员参加家庭医生签约服务。 2．参与提供老年人、孕产妇、儿童、残疾人、脱贫人口、计划生育特殊家庭成员以及高血压、糖尿病、肺结核和严重精神障碍等5类患者及以上重点人群签约服务项目内容服务。 3．能将适宜基本公共卫生服务项目融入签约服务全过程，为签约居民提供健康服务。 4．签约服务覆盖不低于本县签约率平均水平。 5．上级医疗机构给村卫生室预留一定转诊号源。

创建要点：

1. 村卫生室具有执业资质的人员参加家庭医生签约服务。

2. 根据卫生院/社区卫生服务中心要求，村卫生室可以为各类重点人群开展签约服务。

3. 村卫生室可以为签约服务对象能至少提供含基本公共卫生项目的签约服务内容。

4. 辖区内居民的签约率不低于本县（市、区）签约率平均水平。

5. 村卫生室可以提供上级医疗机构预留的转诊号源，有转诊记录、转诊单等。

材料指引：

1. 村卫生室应提供家庭医生签约团队成员的清单、资格证、执业证。
2. 村卫生室应提供为各类重点人群提供签约服务的记录及照片。
3. 村卫生室应提供签约履约记录、相关工作记录及照片。
4. 村卫生室应提供国家基本公共卫生服务项目村级报表。
5. 村卫生室应提供签约服务的转诊记录、转诊单等。

【A】

1. 有乡镇执业医师为签约居民提供服务。
2. 能为签约居民提供部分专家号源、设备检查等医疗资源优先预约、就诊、检查、住院等服务。
3. 建立家庭医生签约服务考核评价制度，考核结果运用于签约服务经费发放。
4. 能为辖区居民提供个性化（含中医项目）签约服务。
5. 按照《全国基层医疗卫生机构信息化建设标准与规范（试行）》的要求，开展家庭医生签约服务管理系统建设和应用。
6. 签约服务覆盖在本县签约率中处于前20%位次以内。

创建要点：

按照【A】的指标，参照【B】的路径建设，在基本公共卫生系统中延伸到家庭医生签约服务管理系统建设和应用，卫生院对卫生室开展家庭医生签约服务考核评价。

材料指引：

参照【B】，村卫生室应提供家庭医生签约服务管理系统建设和应用流程、签约服务经费发放记录、相关工作记录及照片。

6. 业务管理

6.1　执业与诊疗规范管理

【C】
1. 执行医疗技术准入相关制度。 2. 村卫生室及其医务人员应当遵循临床诊疗规范和行业标准等有关要求开展诊疗工作。 3. 提供静脉给药服务需经县（市、区）卫生健康行政部门核准。 4. 在醒目位置公布诊疗科目、诊疗时间和收费标准，开展的诊疗项目与许可的诊疗项目一致，接受社会与公众监督。 5. 落实新冠疫情常态化防控下村卫生室人员接诊“十须知”。

创建要点：

1. 村卫生室须建立并执行医疗技术准入相关制度，检查人员现场查看医疗机构许可证正本、副本，相关诊疗记录。

2. 村卫生室的诊疗过程记录是否符合临床诊疗规范和行业标准等有关要求，检查人员现场查看。

3. 提供静脉给药服务的村卫生室，须有上级卫生健康行政部门审批核准证明。

4. 村卫生室需要公示诊疗科目、诊疗时间和收费标准，监督箱及监督电话。

5. 村卫生在接诊患者时符合新冠疫情常态化防控“十须知”要求，检查人员现场查看。

材料指引：

1. 村卫生室应提供医疗技术准入相关制度。

2. 村卫生室应提供诊疗服务的相关工作记录及照片。

3. 村卫生室应提供上级卫生健康行政部门审批核准的村卫生室提供静脉给药服务的证明。

4. 检查人员现场查看村卫生室诊疗项目相关公示照片、监督箱及监督电话照片。

5. 检查人员现场查看村卫生室预检分诊记录、登记和诊疗过程记录、消毒记录等。

6. 村卫生室应提供落实新冠疫情常态化防控下村卫生室人员接诊“十须知”的相关资料。

【B】符合C，并
1. 规范执行转诊程序。 2. 上级部门定期检查、反馈。

创建要点：

1. 村卫生室提供上级医疗机构预留的转诊号源、转诊记录、转诊单等。
2. 乡镇卫生院/社区卫生服务中心须对村卫生室定期督导、反馈、整改。

材料指引：

1. 村卫生室应提供向上级部门医疗机构转诊记录、转诊单等。
2. 村卫生室应提供上级部门督导、反馈、整改过程记录。

【A】符合B，并
根据实际，不断完善诊疗规范。

创建要点：

村卫生室根据乡镇卫生院/社区卫生服务中心对村卫生室定期督导、反馈、整改意见，不断完善诊疗规范。

材料指引：

村卫生室应提供整改过程记录、问题总结分析，持续改进过程资料。

6.2 医疗质量与风险防范

【C】
1. 村卫生室负责人为医疗质量与安全管理第一责任人。 2. 落实医疗质量与安全管理制度，有工作计划和工作记录。 3. 执行医疗质量与安全管理核心制度，覆盖医疗服务全过程。 4. 医务人员掌握并遵循本岗位相关制度。 5. 村卫生室每年购买医疗责任保险。

创建要点：

1. 村卫生室须建立医疗质量与安全管理制度，村卫生室负责人为第一责任人。

2. 村卫生室须落实医疗质量与安全管理制度，有工作计划、总结的相关工作记录。

3. 村卫生室须在整个医疗服务的过程中严格执行医疗质量与安全管理核心制度。

4. 村卫生室医务人员应知晓、掌握并遵循本岗位相关制度。

5. 村卫生室应每年购买医疗责任保险，有保险单等证明材料。

材料指引：

1. 村卫生室应提供医疗质量与安全管理制度、领导小组名单等。

2. 村卫生室应提供医疗质量与安全管理制度，落实计划、总结的相关工作记录。

3. 村卫生室应提供医疗质量与安全管理核心制度、诊疗过程记录。

4. 检查人员现场提问村卫生室医务人员岗位制度落实情况。

5. 村卫生室应提供当年度医疗责任保险单。

【B】符合C，并
1. 学习医疗质量与安全管理制度更新内容，及时调整落实相关工作。 2. 有持续改进实施方案及配套制度。 3. 上级部门定期进行检查、分析、反馈。

创建要点：

1. 村卫生室应积极参加上级部门组织的制度培训，及时调整、落实相关工作。

2. 村卫生室在诊疗过程中发现问题，并能及时整改，出台持续改进方案及相关配套制度。

3. 乡镇卫生院/社区卫生服务中心定期对村卫生室开展督导考核，并反馈问题，村卫生室根据存在问题及时做出整改并能总结分析。

材料指引：

1. 村卫生室应提供上级部门组织的培训记录，落实相关工作的记录。

2. 村卫生室应提供诊疗工作汇总发现相关问题的整改报告、方案、制度。

3. 村卫生室应提供上级部门督导考核的过程资料、问题清单、整改报告、持续改进措施、评价验收分析报告。

【A】符合B，并
1. 对村卫生室医疗质量与安全指标进行资料收集和分析。 2. 医疗质量与安全持续改进有成效。

创建要点：

1. 村卫生室应针对医疗质量与安全指标存在的问题进行资料收集和问题分析。

2. 村卫生室对发现的问题，及时提出改进措施，总结、对比、分析有成效。

材料指引：

1. 村卫生室应提供历史处方（例如抗生素使用情况，有无过度使用等），相关工作记录及分析报告、照片。

2. 村卫生室应提供整改前后照片、医疗质量与风险防范的评价验收报告等。

6.3 医疗文书书写管理

【C】
1. 医务人员知晓医疗文书书写基本规范和管理制度，应按《处方管理办法》开具处方，处方书写符合规范。 2. 按要求建立门诊登记制度，规范填写门诊日志。

创建要点：

1. 村卫生室须按照要求开具处方，处方书写符合规范要求。

2. 村卫生室须规范填写门诊日志。

材料指引：

1. 检查人员现场查看村卫生室历史处方是否符合要求。

2. 检查人员现场查看村卫生室门诊登记是否合规，门诊日志填写是否规范。

【B】符合C，并
处方合格率≥70%。

创建要点：

检查人员抽查一定数量村卫生室处方，查看有无违规越级处方的现象，有无特殊使用抗菌药物的处方，如果有是否符合标准，评定合格率。

材料指引：

检查人员现场抽查一定数量的村卫生室历史处方，判定处方合格率。

【A】符合B，并
处方合格率≥80%。

创建要点：

村卫生室外方合格率≥80%，具体检查方式参照【B】。

材料指引：

参照【B】的材料指引。

6.4 医疗机构内感染管理

【C】
1．相关人员按要求接受感染管理知识培训，知晓感染管理职责，执行感染管理规章制度。 2．有满足消毒要求的消毒设备、设施与消毒剂。 3．医务人员能落实手卫生规范。

创建要点：

1. 村卫生室接受上级医疗机构院感知识培训，落实相关制度。
2. 村卫生室消毒设备设施能满足日常消毒需求。
3. 村卫生室应开展手卫生培训并熟练操作。

材料指引：

1. 村卫生室应提供培训记录及落实院感工作记录。
2. 村卫生室应提供消毒设备设施清单及照片。
3. 村卫生室医务人员熟练手卫生操作，检查人员现场抽查。

【B】符合C，并
1. 有对感染管理工作及制度落实情况的自查。 2. 医务人员手卫生知识知晓率100%，做好手卫生工作。

创建要点：

1. 村卫生室应建立院感管理工作制度，对落实情况进行自查。

2. 村卫生室医务人员应熟练掌握手卫生知识，*手卫生知晓率=（知晓手卫生知识人数/调查人数）×100%*。

材料指引：

1. 村卫生室应提供院感工作自查报告及整改记录。

2. 检查人员现场抽查村卫生室医务人员的手卫生知识知晓率。

【A】符合B，并
1. 医务人员手卫生的依从性、正确性不断提高。 2. 3年内无感染事件发生。

创建要点：

1. 村卫生室对医务人员手卫生知识不断自查，提高依从性、准确性。

2. 村卫生室3年内无感染事件发生。

材料指引：

1. 村卫生室应提供不断开展手卫生自查、整改过程记录。

2. 村卫生室应提供3年内无感染事件发生的证明。

6.5 医疗废物管理

【C】
1. 有医疗废物处理管理规章制度。 2. 医疗废物分类收集，并与生活垃圾分开存放，医疗废物的处理符合《医疗废物处理条例》要求，有管理登记。 3. 无环保安全事故。

创建要点：

1. 村卫生室应建立医疗废物处理管理规章制度，定期向乡镇卫生院/社区卫生服务中心移交医疗废物至暂存处，或提供与医疗废物集中处置单位的交接记录。

2. 村卫生室应对垃圾进行分类处理。

3. 村卫生室近三年未发生环保安全事故。

材料指引：

1. 村卫生室须严格执行医疗废物处理管理规章制度，有消毒、交接、转运记录。

2. 村卫生室应提供对垃圾进行分类处理的相关工作记录。

3. 村卫生室应要提供近三年未发生环保安全事故证明。

【B】符合C，并
1. 对制度与岗位职责落实情况开展监管，定期接受医疗废物处置培训，并有记录。 2. 有根据监管情况改进工作的具体措施并得到落实。

创建要点：

1. 村卫生室须定期接受乡镇卫生院/社区卫生服务中心医疗废物处置培训与监管。

2. 村卫生室对医疗垃圾分类落实情况开展自查，对发现的问题及时做好整改。

材料指引：

1. 村卫生室应提供制度与岗位职责落实情况培训、监管记录。

2. 村卫生室应提供医疗垃圾分类自查报告、问题清单、整改报告等。

【A】符合B，并
医疗废物全部由医疗废物集中处置单位集中进行处置。

创建要点：

村卫生室须定期向乡镇卫生院/社区卫生服务中心移交医疗废物。

材料指引：

村卫生室须提供移交医疗废物登记记录及照片、医疗废物集中处置单位资质。

6.6 药品管理

【C】
1．药品采购或上级医院配送及储存符合药品管理规范。 2．临床药物治疗遵循药品临床应用指导原则、临床诊疗指南、药品说明书等相关规定。 3．向患者提供安全用药咨询。 4．遵守抗菌药物临床应用和管理实施细则及抗菌药物分级管理制度。

创建要点：

1．村卫生室药品配送、储存须符合药品管理的相关规定。

2．村卫生室临床用药必须符合临床应用指导原则、诊疗指南、药品说明书等相关规定。

3．村卫生室须向患者提供用药知识咨询服务。

4．村卫生室抗菌药物的使用符合相关规定。

材料指引：

检查人员现场查看村卫生室药品在采购、配送、合理应用等方面遵守、落实情况。

【B】符合C，并
1．有专（兼）职人员负责药品管理工作，有相应工作制度实行药品领用、贮存、供应管理，定期盘点药品，无过期药品。无中药霉烂、虫蛀、变质。 2．与所属上级医疗机构用药相衔接，满足临床用药需求。 3．抗菌药物处方比例≤30%。

创建要点：

1．村卫生室应安排专（兼）职人员负责该项工作，制定相关工作制度，跟踪管理药品从入到出整个过程。

2. 村卫生室做好药品的出入库盘点记录及使用情况记录。

3. 村卫生室抗菌药物处方比例应当≤30%。

材料指引：

1. 检查人员现场查看村卫生室药品专（兼）职人员资质。

2. 检查人员现场查看村卫生室药品出入库盘点表及使用情况记录。

3. 检查人员现场查看村卫生室抗菌药物处方占比。

4. 其他材料，机构应依据标准要求准备。

【A】符合B，并
1. 药品供应、药品质量和数量管理制度落实到位。 2. 对药物临床应用进行监测与评价，满足临床用药需求，有临床用药监控制度，有干预和改进措施。 3. 对上级部门检查发现的问题，持续改进有成效。 4. 抗菌药物处方比例≤20%。

创建要点：

参照【B】，增加对药品临床应用监测干预评价，定期开展自查，做好整改，有干预和持续改进措施。

材料指引：

参照【B】，增加干预评价照片、工作记录，自查报告，整改前后对比资料，干预和持续改进措施总结分析资料。

6.7　查对制度与静脉给药管理

【C】
1. 严格执行针对患者给药、注射、输液的查对制度。 2. 开展静脉给药服务的村卫生室人员应当具备预防和处理输液反应的救护措施和急救能力。

创建要点：

1. 村卫生室须严格执行针对患者服药、注射、输液的查对制度，减少操作差错（三查：操作前查、操作中查、操作后查；查药品的有效期，配伍禁忌，查药品有无变质、混浊，查药品的安瓿有无破损，瓶盖有无松动。八对：查对床号、查对姓名、查对药名、查对剂量、查对时间、查对浓度、查对用法、查对药品有效期。一注意：注意严密观察药效及副作用)。

2. 村卫生室应配备一定的输液反应急救药品，人员具有相应的急救能力。

材料指引:

1. 检查人员现场查看村卫生室相关制度落实情况。

2. 检查人员现场查看村卫生室急救药品配备情况，查看急救知识相关培训记录，对急救知识现场提问。

3. 其他材料，机构应依据标准要求准备。

【B】符合C，并
村卫生室人员熟练掌握常见注射、静脉给药技术操作及并发症预防措施和处理流程。

创建要点:

村卫生室人员应熟练掌握常见注射、静脉给药技术操作及并发症预防措施和处理流程。

材料指引:

检查人员通过现场提问方式，了解医务人员对常见注射、静脉给药技术操作及并发症预防措施和处理流程掌握的熟练程度。

【A】符合B，并
针对肌内注射、静脉给药管理中存在的问题进行持续改进。

创建要点:

村卫生室应针对肌内注射、静脉给药管理中存在的问题进行自查整改，并针对整改情况制定持续改进措施，有总结分析。

材料指引:

村卫生室须提供肌内注射、静脉给药管理中存在的问题整改报告，持续改进措施，总结分析报告。

7.居民满意度

【C】
定期开展居民满意度调查，内容包括机构环境、服务质量、服务态度、服务项目等的满意度。

创建要点：

村卫生室应定期，至少每年开展一次居民满意度调查，内容包括机构环境、服务质量、服务态度、服务项目等。年初制订居民满意度调查方案、计划，并设置调查问卷，分析总结。

材料指引：

村卫生室应提供居民满意度调查的方案、计划、总结、调查问卷、分析总结报告。

【B】符合C，并
1. 有提高居民满意度的具体措施。 2. 居民满意度≥80%。

创建要点：

1. 根据之前的调查分析，村卫生室应制定提高职工和居民满意度的相关措施并落实，根据落实情况总结分析持续改进。

2. *居民满意度＝（评价满意的被调查患者人数/接受调查患者总数）×100%*。

材料指引：

1. 村卫生室须提供具体提高居民满意度的方案、计划、整改报告等落实措施过程资料及总结分析报告。

2. 村卫生室须提供居民满意度调查问卷及总结资料。

【A】符合B，并
居民满意度≥90%。

创建要点：

符合【A】的指标，创建路径参照【B】。

材料指引：

参照【B】。

第三章

“优质服务基层行”经验分享

2018年国家卫生健康委员会会同国家中医药管理局在全国启动“优质服务基层行”活动，印发《乡镇卫生院服务能力标准》和《社区卫生服务中心服务能力标准》，指导基层医疗机构加强服务能力建设。

如今“优质服务基层行”活动开展已经五年了，如何准备，如何去做，如何才能顺利通关，依旧是基层医疗卫生机构参与创建活动时普遍关心的问题，依旧是摆在基层医疗卫生机构创建“优质服务基层行”活动时的拦路虎和绊脚石。

第一章、第二章编者依据最新版《乡镇卫生院服务能力标准》和《村卫生室服务能力标准》，结合实际工作，对“标准”进行了解析。此外，编者通过总结自己机构创建成功的经验，认为应该着重做好以下几个方面的准备，若要顺利通关必须抓好7个要点。

1. 必须具备的前置条件

乡镇卫生院和社区卫生服务中心在“优质服务基层行”活动中达到基本标准或者推荐标准，需要同时具备三个前置条件。

1.1 机构名称

执业注册第一名称为乡镇卫生院，名称格式为：县（市、区）名+乡镇名+（中心）卫生院。

需要加入社区卫生服务中心内容，医疗机构执业许可证第一名称为社区卫生服务中心，名称格式为：所在区名（可选）+所在街道办事处名+识别名（可选）+社区卫生服务中心。

1.2 医疗安全

机构前一年及当年未发生过经鉴定定性为二级及以上负主要责任的医疗事故。

1.3 机构管理

机构无对外出租、承包内部科室等行为。

2. 各种依法执业许可证齐全

乡镇卫生院/社区卫生服务中心有《医疗机构执业许可证》以及在年度校验合格期内的《医疗机构执业许可证》副本，独立的事业单位法人证书、放射诊疗许可证、辐射安全许可证、母婴保健许可证等。

根据机构需要达到服务能力标准的不同，对于科室的设置要求也不一样。

2.1 临床科室设立

临床科室包括全科医疗科、内科、外科、妇科、中医科、儿科、口腔科、康复医学科、眼科、耳鼻咽喉科等诊疗科目。

2.2 医技科室设立

医技科室包括药房、检验科、放射科、B超室、心电图室（B超室与心电图室可合并设立）。

3. 掌握两个“新版标准”与三个评价指标

参与创建的人员需要学好、参透两个标准:《乡镇卫生院服务能力标准(2022年版)》《社区卫生服务中心能力标准(2022年版)》。

在学通、弄懂上述2个新版标准的基础上，还要继续借鉴学习《乡镇卫生院服务能力评价指南(2019年版)》《社区卫生服务中心能力评价指南(2019年版)》两个指南中涉及的新版内容，在新的指南没有出台之前，上面的2个老指南依旧是对前述两个标准条款的分解注释的“官方标配”，告诉你需要去准备哪些迎检资料及具体准备到什么程度才算符合要求。

参与创建的人员还需要真正了解A、B、C三个评价指标的要求。

3.1 C级

所有的规章制度都要有效运行，全员都要参加学习培训，机构必须收集、保留好通知、签到、照片、课件、考试、总结等资料。

基本都是通过图表、照片等资料来体现，一般包括具备开展服务的场所场地、设施设备、人员资质和相关的培训证明等。

3.2 B级

所有工作，院、科两级都要有监管，也就是我们常说的督导检查。

机构要统一制定督导表，最忌讳存档的资料全部打印、人员签字模板化，容易产生造假嫌疑，建议督导表内容全部手写。

院、科两级都要有质控记录，包括年度工作计划、科室质控学习记录、科室质量自查记录、科室月度小结、科室半年小结、科室全年小结等。

3.3 A级

所有申报创建基本标准、推荐标准的机构至少要运行6个月，完成一个PDCA循环。

院、科两级职能科室有监管，对存在的问题有分析、有总结、有反馈及改进措施，使用管理工具进行对比体现持续改进。

成立医疗质量管理组织，完善各种制度并汇编成册，职能科室做好全员培训，做到人人熟悉；院、科两级要加强监管，严格按照制度、流程，规范开展督导检查并进行质控活动，做好各种登记记录。

4. 做到人人“四会”

乡镇卫生院/社区卫生服务中心将最基本、最常用、最易做到、必须做好的列为基本条款，评审专家在到达基层医疗卫生机构后，现场百分百会提问：人人应知应会、全面熟练掌握或操作的四项内容，包括七步洗手法、心肺复苏、消防器材的使用以及管理工具的应用。

还要格外重视以下4个关键方面。

4.1 学通弄懂新版能力标准是关键

与2018版比较，2022版服务能力标准优化调整了部分指标，对加强儿科建设，提高合理用药水平，提升家庭医生签约服务、老年人服务、儿童服务、中医药服务能力以及加强安全生产等提出新的要求。

这里有3个关键点。一是作为基层医疗卫生机构的主要负责人“一把手”来说，院长或者主任对2022版标准的学习态度是要做到一字不落地通读标准，了解标准的基本章节；对分管负责人的要求是积极、主动协助主要负责人做到熟读标准，对自己分管的条款做到了如指掌、熟记于心；主要科室负责人要做到精读标准，对各条款的理解和把握程度要做到心知肚明。

4.2 通力合作、全员参与评审是基础

“优质服务基层行”活动作为“一把手”工程，主要负责人高度重视固然是成败的关键，但绝对不是唯一。“优质服务基层行”活动不是单纯依靠哪一个人，也不是完全可以通过哪一个科室的努力就能完成创建的，要举全员之力，更是要全员以“主人翁”的身份参与到创建活动中来。分管负责人、职能科室负责人要结合标准做好衔接，通力协作做好科室督导，发现针对医疗、护理质量检查存在的共性问题，提出整改措施并做好科室持续改进工作。

4.3 学习培训内容有的放矢是根本

俗话说得好“干活不依东、累死也无功”。2022版能力标准的出台，恰恰可

以做到干有目标，基层医疗卫生机构通过不同层级的学习培训吃透标准，力求做到不同岗位的人员有针对性地熟读熟记与本岗位有关的标准，涉及自己岗位的规章、制度、职责、流程、诊疗指南、操作规范、应急预案等，“三基三严”、应知应会、人人四会等内容。

4.4　评审资料准备整理归档是核心

虽然国家政府部门一直在主导、提倡给基层医疗卫生机构减负，但是作为提升机构服务能力标准来说，评审专家到达机构本身就时间紧、任务重，很难全面、细致地在短时间内了解一个基层医疗卫生机构的管理过程及全貌。

尤其是近年来，受到疫情防控形势的影响，“优质服务基层行”活动信息化评价对于大多数基层医疗卫生机构来说，已经不再陌生，所以说，基层医疗卫生机构还是要做到必要的工作“留痕”。比如：应知应会内容汇编，组织架构成立文件汇编，质控记录汇编（科室质控本、危急值记录本、不良事件记录本），应急预案汇编，诊疗指南、操作规范汇编，院级管理体系汇编（手术授权、抗菌药物授权、麻醉授权），岗位职责汇编，三基培训（技能操作、设备使用）等。

5. 建立五个组织架构

至少要建立这五个组织架构，也就是我们通常所说的管理委员会。

建立医疗质量管理组织架构图，成立医疗质量管理组织，院长是第一责任人；各科室有医疗质量与安全管理小组，科主任为第一责任人。

至少成立包括医疗质量与安全管理委员会、病案质量管理委员会、药事管理委员会、护理质量管理委员会、医院感染管理委员会在内的五个管理委员会。

管理委员会创建六个关键点如下。

5.1 成立医疗质量管理组织，建立医疗质量管理组织架构图

院长或者主任是第一责任人，成员由医疗管理、质量控制、护理、医院感染管理、信息等相关职能部门负责人以及相关临床、药学、医技等科室负责人组成。

各科室有医疗质量与安全管理小组，科主任为第一责任人，由相关医务人员为成员的科室医疗质量与安全管理小组，职责明确，责任到人。

5.2 制度汇编成册

基层医疗卫生机构院、科两级要结合实际，认真梳理有关医疗、护理质量与安全的核心制度并进行修订，保证核心制度与基层医疗卫生机构运行情况一致。

制定的规章制度要做到同源，也就是各科室要统一运行一个机构的版本。

检查时，基层医疗卫生机构至少需要提供统一的工作制度、工作职责、岗位职责、工作流程、应急预案、临床诊疗指南、技术操作规范等。

工作人员在自己的相关岗位职责、制度下开展工作，职能科室做好督导检查，确保各岗位人员的职责、制度落实到位。

5.3 成立职能科室

一般包括院、科两级，还有上级专业机构检查提出的需要整改的问题。

在院级层面至少要设立院办、党办、医务、护理、财务、病案管理、信息、院感、医保结算、后勤管理等职能科室。

科级层面指的是全科医疗科、内科、外科、妇科、中医科、儿科、口腔科、康复医学科、眼科、耳鼻咽喉科等科室，也就是《医疗机构执业许可证》上审批批准的诊疗科目。

专业机构包括卫生监督机构、疾病预防控制中心、妇幼保健院、中医院等。

5.4　加强培训学习

基层医疗卫生机构要加强组织学习，不同层级的人员要真正掌握《乡镇卫生院服务能力标准（2022版）》《社区卫生服务中心服务能力标准（2022版）》的相应条款的内容。

对照基本标准、推荐标准开展不少于6个月的自评自查，针对自查中发现的薄弱环节进行专项整改提升并形成报告。

可以采取“请进来走出去”等多种形式加强全员培训，提高机构的管理水平。

5.5　重视职能监管

基层医疗卫生机构要重视和加强职能科室的管理水平，利用机构自己制定的相关规章制度，加强对临床科室检查、督导、反馈以及整改的落实，院、科两级形成有效的监管，以便持续提升改进工作。

5.6　开展质控活动

基层医疗卫生机构院、科两级要根据医疗质量与安全指标，利用管理技术工具，开展院、科两级的质控活动，保证各项医疗质量与安全指标呈正向变化趋势，持续改进医疗护理质量，达到确保患者安全的目的。做到以上六个关键点，只是为申报创建基本标准、推荐标准活动打好“地基”，真正的秘籍在于资料的准备、汇总和整理。

6. 资料整理再做到“六统一”

关于资料的整理工作需要重点强调一下，资料整理必须做到“六统一”。

乡镇卫生院/社区卫生服务中心要达到“优质服务基层行”活动基本标准或者推荐标准，资料的整理至关重要，凡是有人员参与的培训、学习、训练、操作等统一都要有“通知、签到、照片、课件、考试和总结”以留存备查。

7. 创建人员要学习的七点知识

各级人员要熟悉与本岗位有关的评审标准，所有的规章、制度、职责、流程、诊疗指南、操作规范、应急预案、“三基三严”、“应知应会”等内容都要经过培训。

为了帮助基层机构和人员更多地了解评审专家工作重点，结合编者的一些评审经验，为大家分享如下。

专家在到达机构现场之后，主要负责人首先要对机构的创建情况做简要工作汇报，这样专家也能在较短的时间内对机构的功能任务和资源配置、基本医疗和公共卫生服务、业务管理以及综合管理等情况有初步的了解，以便在深入现场时对科室情况了然于胸，节省评审时间。

7.1　第一步，看有没有?

参与创建的负责人应对标以下5点，查看是否完备。①符合机构实际情况的工作制度、工作流程、工作职责、岗位职责、应急预案、演练、法律法规，各专业诊疗规程、操作规范等汇编成册。②建立医疗质量安全管理、护理质量、医院感染管理、药事管理、医疗技术管理、病案质量管理，临床输血管理等组织架构。③各科室有健全的专业技术人员档案。④抗菌药物的使用授权，手术医师分级授权、麻醉授权，高风险诊疗技术操作资格授权等。⑤医疗、护理、院感等职能科室的质控指标。

7.2　第二步，看干了吗?

再查看以下工作是否逐一落实。

第一，各科室对自评标准条款是否了解？工作制度是否及时更新？是否实用？是否符合机构实际情况？

第二，医疗核心制度培训是否到位？危急值报告制度、手术安全核查制度、分级护理制度、抗菌药物管理制度、不良事件报告制度以及值班与交接班制度等医疗质量安全制度是否知晓？

第三，院科两级是否建立质控指标，是否针对各科室质控指标有效落实检查、督导、反馈和整改？院科两级对人员三基培训是否到位？

第四，护理组织管理体系是否有效运行？分级护理制度内容是否及时修订？科室对于分级护理、整体护理是否落实监管、分析和改进？

第五，医院感染管理人员对岗位职责是否明确？在新冠病毒感染疫情常态化防控下是否及时修订机构院感的相关制度以及流程等？是否有明确的监测指标和计划？

第六，手卫生管理洗手设施是否齐全？七步洗手法是否掌握？医疗废物和污水处理人员是否岗前培训？是否有日常监管、运行日志和相关检测记录？

第七，相关医务人员对分级授权是否知晓，职能部门是否对人员授权情况进行动态管理？病历检查是否体现医师三级查房？患者是否参与医疗安全管理？

第八，科室是否有疑难病例讨论本、死亡讨论记录本？医疗、护理是否对患者进行病情评估？处方点评是否到位？

第九，危急值、不良事件、药品不良反应是否上报？

7.3 第三步，看干得怎么样？

专家在机构评审结束后，都会对被评审机构存在的问题有针对性地进行现场反馈，以便机构可以短时间内有的放矢地提高、改进工作。

7.3.1 制度方面

院科两级认真梳理并修订与机构相适合的医疗质量与安全相关的核心制度，尤其临床工作人员更要加强培训学习，使医院各岗位在制度监管下开展工作，职能科室定期检查、督导、保证制度落实。

7.3.2 评价标准

组织机构全体人员认真学习、确实理解评价标准，梳理相关条款，按机构实际情况制定自评报告。机构要采取“请进来走出去”的形式加强管理人员的业务学习，提高机构管理水平。

7.3.3 职能监管

机构要重视和加强职能科室的管理水平，利用医院相关规章制度，加强对临床科室检查、督导、反馈以及整改的落实，院科两级形成有效的监管，以便持续提升。

7.3.4　质控活动

院科两级根据质量与安全指标，利用管理技术工具，进行院科两级的质控活动，达到各项质量与安全指标呈正向变化趋势，持续改进医疗质量。

正所谓:“万变不离其宗”。以2022版标准为基准，积极开展“优质服务基层行”活动，基层医疗卫生机构首先要立足于标准，通过督导检查发现问题，再规范、再提升，最好做到持续改进工作。

附 录

附录 A ×× 医院分级诊疗转诊记录单（存根）

患者姓名________ 性别________ 年龄__________________（岁）

档案编号________________________ 联系电话__________________

家庭住址____

因病情需要，于__________年_________月___________日建议转入

________________________医院或同级别医院_______________科室。

转诊医师（签字）：

年 月 日

附录 B　××镇卫生院/社区卫生服务中心患者转运交接记录单

姓名________　性别____　年龄____　科别______　床号______　住院号__________

<table>
<tr><td rowspan="13">病情交接</td><td>1. 诊断/主诉：________________________
转运方式：□平车　□轮椅　□步行　腕带：□有　□无</td></tr>
<tr><td>2. 生命体征：T____℃，HR____次/分，R____次/分，BP____/____mmHg，SpO_2____%，疼痛评分：________</td></tr>
<tr><td>3. 意识状态：□清醒　□意识模糊　□嗜睡　□昏睡　□昏迷　□镇静</td></tr>
<tr><td>4. 瞳孔：左：____mm，光反应：□灵敏　□迟钝　□消失
右：____mm，光反应：□灵敏　□迟钝　□消失</td></tr>
<tr><td>5. 人工气道：□无　□有</td></tr>
<tr><td>6. 管路情况：□无　□有</td></tr>
<tr><td>7. 静脉通路：□无　□留置针　□头皮针　□其他
部位______________　置管日期____________　通畅：□是　□否　滴速________滴/分</td></tr>
<tr><td>8. 静脉用药：□无　□有　输入液体名称__________________　余量______ml</td></tr>
<tr><td>9. 药物过敏史：□无　□有</td></tr>
<tr><td>10. 药物过敏试验结果：□无　□有　青霉素皮试：□无　□有　破伤风皮试：□无　□有
头孢菌素皮试：□无　□有　□其他____________________</td></tr>
<tr><td>11. 皮肤情况：□完整
□不完整______________________________</td></tr>
<tr><td>12. 伤口情况：□无　□有
部位：□头部　上肢：□左　□右　下肢：□左　□右　其他____________________________
□未处置　□已处置：□包扎　□夹板固定　□颈托　□清创缝合　□其他______________</td></tr>
<tr><td>13. 特殊感染：□无　□有　□其他</td></tr>
<tr><td colspan="2">14. 医疗文件：□病历　□化验报告　□心电图　□X线片__张　□CT__张　□其他</td></tr>
<tr><td colspan="2">15. 带药交接：□无　□有</td></tr>
<tr><td colspan="2">16. 物品交接：□无　□有</td></tr>
<tr><td colspan="2">17. 转运途中发生问题：□无　□有
详细情况请记录：____</td></tr>
<tr><td colspan="2">转出科室签名：　　　　转出时间：　　年　月　日　时　分</td></tr>
<tr><td colspan="2">转入科室签名：　　　　转入时间：　　年　月　日　时　分</td></tr>
</table>

附录 C　××镇卫生院 / 社区卫生服务中心手术患者交接记录单

1. 患者一般信息（由病房护士填写）

姓名__________　性别______　年龄____　科别______　床号___　住院号__________

1.1 拟施手术名称：__________　手术部位：□左　□右　□其他

1.2 过敏史：　□无　　□有____________________

1.3 特殊感染：□无　□肝炎　□HIV　□MRSA　□梅毒　□其他__________

2. 术前核对（以下由各环节的护士逐项核对填写并签名，若接手术患者的人员是手术室接送护士并送术前间时三列均需填写，若无术前护士只填写以下“第1列”“第3列”，若由巡回护士接患者只填写“第1列”，在每项的“□”内打“√”或“/”）

项目	病房	术前	手术间
2.1 已戴腕带	□是　□否	□	□
2.2 已禁食	□是　□否	□	□
2.3 已备皮	□是　□否	□	□
2.4 手术部位	□左　□右　□其他	□	□
2.5 手术部位已标记	□是　□否	□	□
2.6 导尿情况	□无　□有 管路标识□无　□有	□	□
2.7 胃管情况	□无　□有（刻度　cm） 管路标识□无　□有	□	□
2.8 排净大小便	□是　□否	□	□
2.9 术前遵医嘱用药	□是　□否	□	□
2.10 病历	□门诊　□住院	□	□
X线片	□无　□有___张	□	□
CT片	□无　□有___张	□	□
2.11 义齿、珠宝首饰、眼镜已摘掉	□是　□否	□	□
2.12 患者皮肤情况	□完整　□1期压疮□2期压疮□3期压疮□4期压疮□不可分期□深部组织损伤	□	□
2.13 着病员服	□是　□否	□	□
2.14 带术中用药	□无　□有 药名、剂量______	□	□
2.15 术前备血	□无　□有成分___ 数量________	□	□
2.16 其他			
交班者 / 接班者	/	/	/
交接时间：	月　日　时　分	月　日　时　分	月　日　时　分
备注：			

3．以下记录由巡回护士填写

3.1 生命体征	T______℃　P____次/分　R____次/分　BP____/____mmHg　SpO_2______%
3.2 麻醉方式	□全麻　□硬腰联合麻醉　□硬膜外麻醉　□神经阻滞麻醉　□局麻+强化　□局麻
3.3 意识状态	□清醒　□未醒　□烦躁
3.4 静脉通道	□无　□有（□通畅　□不畅）部位：左上肢□右上肢□左下肢□右下肢□头部 □颈部　□其他________________
	□液体　□无　□有________________
	□血液　□无　□有______________
3.5 尿管	□无　□有（□通畅　□不畅）管路标识□无　□有
3.6 胃管	□无　□有（刻度______cm）　管路标识□无　□有
3.7 引流管	□无　□有：①____________；②____________；③____________ ①皮外长度______cm；②皮外长度______cm；③皮外长度______cm
3.8 气管插管	□无　□有（刻度______cm）
3.9 刀口敷料	□无　□有（□清洁干燥　□渗出）
3.10 镇痛泵	□无　□有　管路（□通畅　□不畅）
3.11 皮肤情况	□完整□1期压疮□2期压疮□3期压疮□4期压疮□不可分期□深部组织损伤
3.12 送出	X线片：□无　□有　CT片：□无　□有 病历：□无　□有　病员服：□无　□有　□其他__________
送出手术室时间______年______月______日______时______分	
巡回护士签名：__________　送患者人员签名：__________	

4．到达病房即刻监测（由病房护士填写）

4.1 生命体征	T______℃　P______次/分　R______次/分　BP____/____mmHg　SpO_2______%
4.2 麻醉方式	□全麻　□硬腰联合麻醉　□硬膜外麻醉　□神经阻滞麻醉　□局麻+强化　□局麻
4.3 意识状态	□清醒　□未醒　□烦躁
4.4 静脉通道	□无　□有（□通畅　□不畅 部位：□左上肢　□右上肢　□左下肢　□右下肢　□头部 □颈部　□其他______）
	□液体　□无　□有__________________________
	□血液　□无　□有__________________________
4.5 尿管	□无　□有（□通畅　□不畅）管路标识□无　□有
4.6 胃管	□无　□有（刻度______cm）　管路标识□无　□有
4.7 引流管	□无　□有：①____________；②____________；③____________ ①皮外长度____cm；②皮外长度____cm；③皮外长度____cm
4.8 气管插管	□无　□有（刻度____cm）
4.9 刀口敷料	□无　□有（□清洁干燥　□渗出）
4.10 镇痛泵	□无　□有　管路（□通畅　□不畅）
4.11 皮肤情况	□完整　□1期压疮□2期压疮□3期压疮□4期压疮□不可分期□深部组织损伤
4.12 送出	X线片：□无　□有　CT片：□无　□有 病历：□无　□有　病员服：□无　□有　□其他__________
患者到达病房时间____年____月____日____时____分	
病房护士签名：__________　送患者人员签名：__________	

附录D ××镇卫生院/社区卫生服务中心住院患者跌倒风险评估表

科室____ 床号____ 姓名______ 性别____ 年龄____ 住院号____ 入院时间__年__月__日__时__分

项目变量	评分标准	分值	评估日期									
近3月 有无跌倒	无	0										
	有	25										
多于一个疾病诊断	无	0										
	有	15										
使用行走辅助工具	不需要、卧床休息、护士辅助	0										
	拐杖、助行器、手杖	15										
	依扶家具行走	30										
静脉输液	否	0										
	是	20										
步态	正常、卧床不能移动	0										
	虚弱无力	10										
	功能障碍	20										
认知状态	量力而行	0										
	高估自己能力、忘记自己受限制	15										
下列情况之一自动列为高风险	□中深度镇静 □复苏后6h □年龄≥75岁 □步态不稳 □肢体无力 □视物不清 □重度贫血 □意识障碍、头晕、眩晕、精神状态差 □手术后的麻醉过程（局麻除外）											
评估总分												
风险级别	无风险：0～24分											
	低风险：25～44分											
	高风险：45分或以上											

续 表

项目变量	评分标准	分值	评估日期									
采取护理措施	放置警示标识											
	患者和/或家属安全教育											
	提供足够的灯光，清除病房、床旁及通道障碍											
	保持病区地面清洁干燥，告知卫生间防滑措施											
	将日常物品放于患者易取处											
	教会患者使用床头灯及呼叫器，放于可及处											
	指导患者渐进坐起、渐进下床的方法											
	专人陪护，患者活动时有人陪伴											
	穿舒适的鞋及衣裤											
	使用床档											
	使用约束带											
护士签名												
护士长签名												

1．评估≥45分的患者床旁放置“防跌倒”警示牌，每日白班进行再评估。

2．评估0～44分的患者应每周常规评估1次，患者发生病情变化时随时评估。

3．有以下情况者需要再次评估：①患者病情变化，如手术前后、疼痛、意识、活动、自我照护能力等改变时；②患者使用影响意识、活动、易导致跌倒的药物；③患者转病区后；④患者发生跌倒事件后；⑤患者接受特殊检查治疗后；⑥被自动列入高风险患者解除后。

附录 E　××镇卫生院/社区卫生服务中心跌倒高风险患者告知书

科室：　　床号：　　姓名：　　性别：　　年龄：　　住院号： 入科时间：　　诊断：　　跌倒风险评分：
患者易发生跌倒的危险因素 □中深度镇静　□手术麻醉过程及复苏后6h　□产妇产后24h　□步态不稳 □肢体无力　□老年人　□晚期妊娠　□重度贫血 □视物不清　□意识障碍　□头晕、眩晕　□精神状态差 □躁动　□高估自己能力　□输液　□偏瘫 □恶性心律失常　□使用辅助工具行走　□功能障碍　□虚弱无力 □儿童　□使用影响意识、活动、易导致跌倒的药物　□其他
拟采取以下预防措施： □家属24h陪护，如厕及活动时请陪伴 □变换体位要渐进坐起，渐进下床 □活动时借助辅助工具，如拐杖、走廊扶手、病房栏杆、陪护等 □保持地面清洁干燥，清拖地面时要避开 □卧床时拉起双侧床档 □呼叫器放在可及处 □正确使用床头灯、地灯 □进入卫生间时注意台阶，注意防滑，正确使用卫生间扶手和紧急呼叫按钮 □外出检查时专人陪同，行动不便者使用轮椅，坐轮椅时使用安全带 □转运患者或外出检查时及时拉起床档或平车护栏 □穿舒适的防滑鞋及衣裤 □主动寻求帮助 □行走时出现头晕、双眼发黑、双腿无力、步态不稳时，立即原地坐下或蹲下，寻求帮助 □家属看护儿童，勿在通道上跑动或在危险的地方玩耍 □家属扶好孕妇、老人及身体虚弱的患者，注意周围环境及走动的人群，避免碰撞跌倒 □必要时使用约束具 □积极治疗原发病 □其他
目前患者有跌倒的高风险，在治疗过程中尽管我们采取了以上措施，也很有可能发生跌倒。已将上述危险因素告知患者或家属。 护士签名：　　日期：　年　月　日　时　分
医务人员已告知我有发生跌倒的风险，即使采取了各种预防措施，但也不可避免跌倒的发生，我们需要和医务人员共同合作。对上述可能发生的后果，表示知晓。 患者签名：　　联系方式：　　年　月　日　时　分 授权人签名：　　关系：　　电话：　　年　月　日　时　分

附录F　××镇卫生院/社区卫生服务中心压力性损伤风险评估表

科室　　床号　　姓名　　　　性别　　年龄　　住院号　　　　入院时间　　年　月　日　时　分

评估内容	分值				日期/评分								
	1分	2分	3分	4分									
感　知	完全受限	大部分受限	轻度受限	没有改变									
潮　湿	持久潮湿	经常潮湿	偶尔潮湿	很少潮湿									
活动能力	卧床不起	局限于轮椅	可偶尔步行	经常步行									
移动能力改变	完全受限	严重受损	轻度受限	不受限									
营　养	重度营养摄入不足	营养摄入不足	营养摄入适当	营养摄入良好									
摩擦和剪切力	有此问题	有潜在问题	无明显问题										
强迫体位自动列入高危风险患者				12分									
评　估　总　分													
采取护理措施	放置警示标识												
	皮肤检查：尤其是受压区域												
	每____h翻身一次												
	使用pH弱酸性/中性清洗液												
	皮肤清洁、干燥												
	使用皮肤屏障产品												
	有风险的患者：使用减压或压力再分布器材												
	个体化营养指导												
护士签名													
护士长签名													

1. 最高分23分，15～18分为低度风险；13～14分为中度风险；10～12分为高度风险；≤9分为极重度风险。

2. ≤18分悬挂防压力性损伤标识，采取压力性损伤预防措施；≤12分发放《压力性损伤风险因素告知书》并让家属或患者签字认可，同时采取适当的压力性损伤防范措施，每班进行皮肤状况交接。

3. 患者入院初次评估后，极高危者每48h评估1次，高危及中危者每周评估2次，低危者每周评估1次，大于18分者停止评估。患者发生病情变化时应随时评估。

4. 院外带入或住院期间发生压力性损伤24h内上报护理部，住院期间发生的压力性损伤由压力性损伤小组进行难免压力性损伤的鉴定。

附录 G　××镇卫生院/社区卫生服务中心压力性损伤风险告知书

<table>
<tr><td>科室：　　床号：　　姓名：　　性别：　　年龄：　　住院号：
入科时间：　　诊断：　　压力性损伤风险评分：</td></tr>
<tr><td>患者易发生压力性损伤的危险因素
□瘫痪　□大小便失能　□引流液刺激　□营养不良　□清蛋白降低　□高龄
□强迫体位　□高度水肿　□体温升高　□急性应激因素　□骨盆骨折　□脊柱骨折
□昏迷　□制动　□感觉受损　□生命体征不稳定　□手术麻醉
□脊髓损伤　□疼痛　□肥胖　□使用医疗器械　□其他</td></tr>
<tr><td>拟采取以下预防措施：
□体位变换：每1～2h翻身一次（右侧、左侧、平卧交替），翻身时避免拖、推、拉、拽等动作
□坐在无支撑面的椅子上最长不超过2h
□保持皮肤清洁湿润：每日用温水（35～40℃）清洗皮肤，禁用碱性护肤品
□使用减压护具，如气垫床、减压坐垫、减压敷料
□避免按摩躯体的骨突出处及压红部位
□避免使同环形垫如橡胶圈、棉垫等
□营养支持（口服/管饲营养液、静脉营养）
□大、小便失禁时应用皮肤保护剂
□其他</td></tr>
<tr><td>压力性损伤形成是一个长期复杂的过程，是局部和全身因素综合作用所引起的皮肤组织的变性和坏死。一旦发生，不仅给患者带来痛苦、加重病情及延长疾病康复的时间，严重时会因继发感染引起败血症而危及生命。已将上述危险因素告知患者或家属。

护士签名：　　日期：　年　月　日　时　分</td></tr>
<tr><td>医务人员已告知我有发生压力性损伤（压疮）的风险，即使采取各种预防措施，也不可避免压力性损伤的发生，或原有的皮肤问题加重，我们需要和医务人员共同合作。对上述可能发生的后果，表示知晓。

患者签名：　　联系方式：　　年　月　日　时　分
授权人签名：　　关系：　　电话：　　年　月　日　时　分</td></tr>
</table>

附录 H 护理部主任岗位职责

工作概要

在分管院长的领导下，负责组织实施全院护理业务及行政管理工作，并主持护理部日常工作。

请示上级

分管院长

工作职责

一、将“以患者为中心，关心、关爱患者，患者需求至上”的理念，融到每项护理工作中。严格遵守医德医风规范要求，落实“一岗双责”，清正廉洁，遵纪守法，保持良好的工作作风。

二、根据医院的功能定位及发展规划，制定护理工作中长期规划和年度计划，并组织实施。对医院护理队伍建设、业务技术管理、组织管理等提出有创造性的意见和建议，并定期向分管院长汇报护理工作情况。

三、负责制定和修改全院的护理工作规章制度、疾病护理常规及技术操作规范等，并根据国家、省卫生政策要求，结合本医院及专科护理工作实际，及时修订并组织实施。

四、负责建立护理质量管理体系，加强质量建设，制定和修改护理质量标准、指标体系，督促检查临床各护理单元护理管理工作，组织引导用科学方法客观评价临床护理质量，促进临床护理质量持续改进。全面负责并指导医院护理业务工作。参加、组织和指导重大手术、急危重症、疑难病例的会诊和抢救，负责并指导各专科护理查房和护理会诊。

五、负责护理行政查房并保证质量，听取部门意见帮助解决困难和问题，并提出改进措施。

六、定期组织召开护士长月例会，传达上级精神，总结、讲评和布置阶段护理工作，通报质控检查情况，讨论、分析护理问题、原因及改进措施，提高管理水平。

七、掌握全院护理人力资源情况，监控科室人力配置情况，按照人力资源调配预案，合理调配护理人员，满足临床护理工作需求。

八、负责协调护理新业务、新技术的开展。建立临床护士分层级管理制度，建立专科护士岗位培训与考核管理规定，制定并组织各级各类护理人员教育培训计划，有计划地培养护理管理和专科业务骨干。负责护理专业学生的专业理论和临床实践教学任务，安排进修、实习护士的培训。

九、建立健全护理组织系统及各级护理人员的绩效考核标准并进行评价，与人力资源科共同做好护理人员的调出、调入、聘任、任免、晋升、奖惩、考核等工作，有计划地造就一支结构合理、素质优良的护理队伍。

十、建立以人为本、以患者为中心的护理管理工作模式。推行责任制整体护理工作，提升专业护理内涵。

十一、结合国内外护理科研进展及医院开展的新技术，对护理工作中的难点问题进行研究。

十二、负责制定护理准入制度，如新业务、新技术的准入，夜班护士准入，特殊护理岗位专业护士准入并组织落实。

十三、负责审批护理部门提出的有关物品、仪器、设备等的采购计划。

十四、深入各病区了解护理工作情况，定期组织护理查房、护理病例讨论及护理会诊工作；参与组织、指导突发事件的应急处理工作。

十五、联合信息科完善护理信息系统的构建，借助信息化的力量助力各项护理工作的推进，完善护理管理工作，为护理科研的发展提供有力的数据支持。

十六、负责调研全院护理人员的思想、工作、学习情况，做好护士的思想教育工作，关心、爱护护士。

十七、参与对外经验交流、学习，掌握国内外护理发展动态，引进新业务、新技术、提高自身护理业务水平和管理能力。

十八、认真做好上级部门和院领导临时交办的其他各项工作。

工作标准

督促检查护理的各项工作质量，并使之不断提高。正确判断和完善处理各项工作，以满足医务人员、行政管理、患者及家属的需要。

学历资历

具有本科及以上学历，主管护师及以上技术职称。

工作联系

做好与上级部门、上级医院、本院领导、医疗、行政、后勤、各护理单元及患者和家属之间的联系，加强沟通、协调与配合，建立良好的人际关系。

技能要求

具备良好的职业素质，掌握护理学和管理学等相关学科知识，保持与护理专业发展的相应水平，具有较强的组织和决策能力。

附录Ⅰ　护理事业五年发展规划（2021—2025年）（二级医院模板）

为进一步加强护士队伍建设，改善护理服务，提高护理质量，丰富护理内涵，拓展服务领域，全面提升护理服务能力和专业水平，推进护理工作全面、协调、可持续发展。根据《护士条例》和《“健康中国2030”规划纲要》，结合我院护理工作实际、存在问题和面临的形势与挑战，制定本规划。

一、指导思想

深刻认识“十四五”时期卫生健康工作面临的新形势、新任务、新要求，贯彻落实“全面推进健康中国建设”重大任务，扎实推进新发展阶段卫生健康事业高质量发展。以习近平新时代中国特色社会主义思想为指导，紧盯国之大者，紧盯形势变化，紧盯工作落实，以常态化疫情防控为重点，改革护理模式，健全制度体系，加强科学管理，逐步实施护理垂直管理，提高服务能力，提升专业内涵，持续改进质量，保障医疗安全，打造“关心关爱患者，患者需求至上”的亲情护理优质服务品牌。

二、总体目标

坚持以改善护理服务，提高护理质量，丰富护理内涵，拓展服务领域为重点，以加强护士队伍建设和改革护理服务模式为突破口，以推进优质护理服务和医院评审为抓手，注重护理队伍建设，提升护理服务水平和专业能力，推进护理事业全面、协调、可持续发展。

到2025年，护士配置数量符合临床实际需求，人才队伍素质显著提高，临床护理专业内涵全面深化，护士待遇、权利得到保证，护理质量和服务有较大提升，护理专业能力有明显提高，人民群众对护理满意度有较大提高。

三、工作指标和重点任务

（一）贯彻落实《护士条例》，建设一支数量规模适宜、素质能力优良、结构分布合理的护士队伍

1．增加人力资源配置。至2025年，普通床护比达到1∶0.4，手术室手术间与护理人员比达到1∶3，临床一线护理人员占护士总数的95%。

2．护理人员学历层次进一步提高。本科学历占比××%，专科学历占比××%。

3．推进护理人才培养，逐步完善新护士、能级护士等规范化培训和准入制度，促进专业技术水平和服务能力全面提高。

4. 维护护士合法权益。

（二）进一步深化优质护理服务，提高患者满意度

1. 制定可操作、可执行、切合实际的精细化的工作服务流程，用五年时间，打造自己特有的优质护理服务品牌。

2. 深化护理专业学组建设，提升护理学科建设成效。推进康复、中医、老年、慢性病、急诊等科的护理工作。

3. 开展延续性护理服务。鼓励护理人员充分发挥专业技术和人才优势，借助公共卫生科为出院患者提供形式多样的延续性护理服务，将护理服务延伸至社区、家庭，逐步完善服务内容和方式，保障护理服务的连续性，提高医疗效率，满足群众健康需求。

4. 重视护士人文关怀，增加职业自豪感。

5. 加强健康教育。广泛普及健康知识，鼓励患者积极参与健康行动，促进“以治病为中心”向“以人民健康为中心”转变，有效提升健康素养，加快形成更健康的生活方式，不断提升人民群众的健康获得感、幸福感和生活质量。

（三）完善质量管理，提升护理质量

1. 完善质量管理组织，成立以护士长、骨干护士为主要成员的护理质量管理小组。主要职责是制定护理质量标准，明确护理质量指标，按照计划落实护理质量督导检查，做好总结分析，体现持续质量改进。

2. 落实质量目标管理，根据“优质护理服务基层行”制定并落实临床护理质量标准，特别是基础护理质量标准。护士要严格落实分级护理、查对、交接班等护理核心制度，切实履行护理职责。护士要根据患者病情及自理能力情况，扎实做好患者的饮食护理、皮肤护理、管道护理等工作，夯实基础护理质量。

3. 学习质量管理方法及质量管理工具。

（四）完善临床护士培训机制

贯彻落实国家卫生计生委办公厅印发的《新入职护士培训大纲（试行）》，完善临床护士在职培训工作，切实提高护理专业素质和服务能力。

培训方式为采取外出学习和院内培训相结合的方式培养护理人才，选派优秀的护理管理人员、护理骨干参加省市护理学会举办的专科护士培训班及学术会议。

1. 落实新护士岗前培训，完善新护士培训计划，提高基本照护实施能力。

2. 完善能级护士岗位培训，重点是病情观察、风险预控、应急处置、健康教育、危重症护理等内容。

3. 加强专科护理人才培养，突出专业内涵，提升专业能力。

4．强化护理管理人员、护理师资培训，提高管理水平和专业引领能力。

四、保障措施

1．医院高度重视护理工作，提供政策支持，保障护理人力资源、后勤服务支持系统、护理信息支持系统、教育培训经费到位。

2．强化护理管理人员管理方法及管理工具的培训、学习、应用，护理管理人员熟练应用常用的管理方法，并应用于护理管理中。

3．在护理单元充分调动各积极因素，落实护理人才培养规划，在组织实施过程中，结合实际，科学统筹，创新方法，注重实效。树标杆、学榜样，发掘典型经验和创新做法，充分发挥标杆示范引领指导作用，以点带面，推进护理人才培养分步骤达到规划的各项目标，确保各项目标、任务落到实处，取得实效。

4．护理部做好规划落实的指导、协助、监督工作，每半年进行总结，对未落实的计划和项目，分析原因，提出整改措施，达到持续改进目的。

护理部

××××年××月

附录 J 护士长考核标准

项目	指标	标准分	得分
工作完成情况（10分）	1. 工作目标明确，计划安排合理	3	
	2. 按时完成各项任务，参照任务条完成情况，一次不合格扣1分，扣完为止。	3	
	3. 上报材料及时，到会及时，参照任务条完成情况，一次不合格扣1分，扣完为止。	3	
学习培训继续教育护理查房（10分）	1. 参加院里组织的各项培训	3	
	2. 继续教育学分达标	2	
	3. 按计划完成业务学习计划（每月一次），并有原始记录	3	
	4. 按计划完成护理查房（每月一次），并有记录	3	
病房管理（20分）	1. 检查各项护理工作的落实，每周一次，并有原始记录	5	
	2. 护士长全面掌握重点患者护理工作的执行情况	5	
	3. 患者满意度低于95%者，每降低一个百分点扣0.5分	5	
	4. 积极参加危重患者抢救	5	
护士管理（10分）	护士仪表与职业服务仪态，一项不符合要求扣0.5分	10	
护理质量达标（20分）	没有达到护理质量管理目标者，每项扣2分	20	
护理安全（25分）	1. 严格执行各项规章制度，发生不良事件及时处理并上报，未在要求时间内上报扣1分，瞒报扣2分，严重差错事故该项不得分	20	
	2. 无护理投诉	5	
综合素质（5分）	热爱护理事业，具有高尚的职业道德和优秀的个人品质，有强烈的事业心，敢于负责，勇于奉献，能不断开拓创新，创造性地开展工作	3	
	团结同事，沟通融洽	2	
加分项	□论文 □护理新技术 □专利 □病区人员获奖		

日期：　　　科室：　　　被考核护士长：　　　得分：　　　考核人：

备注：

加分：在核心期刊上发表论文，每篇论文加1分；专利，每项加2分。

院外获奖：特等奖5分/次，一等奖4分/次，二等奖3分/次，三等奖2分/次

院内获奖：特等奖4分/次，一等奖3分/次，二等奖2分/次，三等奖1分/次

被考核人签字：____________

附录 K　2022 年护理查房 / 病例讨论计划（模板）

时间	科室	查房/病例讨论内容	参加人员	备注
一月	急诊科	脑卒中溶栓护理问题	护理部及相关科室	
二月	创伤、手足病房	断指再植患者护理	患者护理组	
三月	五官科病房	白内障围手术期护理	护理部及相关科室	病例讨论
四月	胸外科病房	肺结节手术护理	护理部及患者护理组	
五月	老年综合病房	压力性损伤预防与护理	护理部	
六月	神经内科病房	热射病、多器官功能障碍综合征、陈旧性脑梗死护理	护理部及相关科室	病例讨论
七月	综合治疗科病房	肝恶性肿瘤介入术后患者护理	护理部及患者护理组	
八月	心血管内科病房	急性心肌梗死介入手术护理	护理部及相关科室	
九月	血液科病房	大量输血规范护理	护理部及患者护理组	病例讨论
十月	呼吸内科病房	支气管哮喘患者日常护理	护理部及相关科室	
十一月	神经外科病房	多重耐药菌预防与控制	患者护理组	
十二月	安宁疗护病房	临终患者人文关怀	护理部及患者护理组	病例讨论

附录 L　护理查房记录（模板）

<table>
<tr><td>查房时间：2022.7.11 17：00</td><td>查房题目：肝恶性肿瘤介入术后患者护理查房</td></tr>
<tr><td>查房类型：临床护理查房</td><td>主查人：王护士</td></tr>
<tr><td colspan="2">参加人员签名：</td></tr>
<tr><td colspan="2">一、主查人王××说明查房目的
目的：通过本次护理查房，我们可以学到肝恶性肿瘤患者的发病机制、临床表现、护理诊断及肝恶性肿瘤介入术后护理措施，以利于我们今后相关临床护理工作的开展，更好地服务于患者，促进患者康复。</td></tr>
<tr><td colspan="2">二、责任护士王××汇报患者病情
1．患者病情基本情况
（1）主要病情
（2）入院后病情
2．现存护理问题及护理措施
3．现采取护理措施所达到的护理效果
4．下一步护理计划
5．需要讨论和解决的护理问题</td></tr>
<tr><td colspan="2">三、逯护士床旁查体</td></tr>
<tr><td colspan="2">四、讨论
1．讨论确定的现存护理问题
2．下一步需要采取的护理措施
3．医生给予下一步护理工作建议
4．年轻护士存在的疑问及现场讲解</td></tr>
<tr><td colspan="2">五、疾病相关知识扩展
刘护士叙述本疾病的发病原因
李护士叙述本疾病的临床表现
1．症状
2．体征
3．并发症
马护士叙述本疾病的护理措施及护理新进展
张护士叙述本疾病的健康教育</td></tr>
<tr><td colspan="2">六、护理部进行查房效果评价
通过本次护理查房，我们大家学会了更多的有关肝恶性肿瘤介入术后专业知识，有利于我们今后相关临床护理工作的开展，更好地服务于患者，促进患者早日康复，减少不良反应的发生。本次查房优缺点如下。优点为病例汇报较全面，护理问题、护理措施、健康教育比较全面；不足有两点：①查体过程流畅，但未体现出专科性；②查体后未简述患者现存的护理问题、护理措施。</td></tr>
<tr><td colspan="2">七、李护士长总结
感谢孙主任、徐主任及各护士长参加我们这次护理查房，通过这次护理查房让我们更好地了解了肝癌的发病机制、临床表现，了解该病的护理问题、护理措施，以及对患者疾病的健康指导。通过孙主任以及各位护士长的指导意见，使我们今后的护理查房更规范、更具有专业性。</td></tr>
</table>

附录M　护理病历讨论记录（模板）

<table>
<tr><td>时间</td><td>2022.06.29 14：00</td><td>地点</td><td>医生办公室</td><td>主持人</td><td>于护士长</td></tr>
<tr><td>患者姓名</td><td>×××</td><td>性别</td><td>男</td><td>年龄</td><td>74岁</td></tr>
<tr><td>住院号</td><td>×××</td><td>入院诊断</td><td colspan="3">热射病　多器官功能障碍综合征　陈旧性脑梗死</td></tr>
<tr><td>病历类型</td><td colspan="5">√疑难　□危重　□重大手术前后　□死亡（在相应选项前画√）</td></tr>
<tr><td>参加讨论范围</td><td>病情、护理问题</td><td colspan="2">多学科（护理专家）</td><td colspan="2">本科室医护人员</td></tr>
<tr><td colspan="6">参加人员签名：</td></tr>
<tr><td colspan="6">一、主持人发言
于护士长：大家好，今天我们大家共同对22床患者进行病例讨论，因我们接触“热射病”的患者很少，这也是一次学习的机会，首先，请责任护士李护士进行病历汇报。
二、责任护士李护士汇报病史
1．简要病史
一般资料：床号22床，患者姓名：×××，性别：男，年龄：74岁，住院号：×××
入院诊断：1．热射病?2．多器官功能障碍综合征（MODS）
简要病历汇报：
查体：________
量表评估：________
2．辅助检查________
3．诊疗及护理经过________
三、需讨论问题
1．热射病的主要诊断依据及需要做哪些检查?
2．热射病患者的护理要点?
3．此位患者的护理要点?
4．患者导尿管漏尿严重，我们应如何进行护理?
四、讨论记录
（一）热射病的主要诊断依据及需要做哪些检查?
李医生（副主任医师）
（1）诊断依据
1）要有出现热射病的环境，比如高温、高湿的环境。
2）有严重的中枢神经系统功能障碍的表现，比如昏迷、抽搐、精神错乱。
3）核心温度高于40℃。
4）皮肤温度升高或者持续性地出汗。
5）肝脏转氨酶明显升高。
6）血小板计数明显减少，并且很快出现弥散性血管内凝血（DIC）。
7）肌无力，肌痛，尿液呈茶色样。
8）肌酸激酶大于五倍的正常值。
当患者出现以上表现的时候要考虑到热射病的可能，尽快送到医院就诊，以免延误病情，导致治疗不及时。</td></tr>
</table>

续 表

（2）需要做哪些检查 1）血常规检查。发病早期可出现血红蛋白值升高，血小板值可正常。白细胞、中性粒细胞值升高，其升高的程度与中暑的严重程度相关，合并感染者则明显升高，可伴有C反应蛋白、降钙素原、白介素-6等感染指标的升高。 2）血液生化检查。电解质检测可出现高钾、低钠、低氯、高钙等。肾功能检查可见血肌酐、尿素升高。肝功能检查可见转氨酶、总胆红素升高等。肌酸激酶、肌红蛋白可升高等。 3）凝血功能检查。发生凝血功能障碍可出现血小板降低，纤维蛋白原下降，D-二聚体升高或者阳性，或者血浆鱼精蛋白副凝试验阳性，凝血酶原时间延长3秒等。 4）头颅CT检查。若患者疑似发生颅内出血或感染建议行该检查，明确具体情况。 5）头颅磁共振成像（MRI）检查。患者在疾病后期可发现脑缺血、脑软化灶等，MRI有利于明确具体情况。 6）心电图。热射病严重者可发生心律失常。 （二）热射病患者的护理要点 **钤护士（护师）** 1．密切观察病情变化 （1）每15～30min测肛温一次，注意末梢循环，以确定降温效果。若有出现呼吸抑制、深昏迷、血压下降（收缩压＜80mmHg）则应停用药物降温。 （2）并发症监测。①水电解质监测。②肾功能监测留置导尿，监测24h尿量，测尿比重，必要时做血透。③防止脑水肿，观察神志、瞳孔、脉搏、呼吸、血压，应用激素和脱水剂。④防感染与DIC。观察体温、皮肤、黏膜、穿刺部位有无出血倾向，有无脏器出血，如咯血、呕血、便血、血尿、颅内出血等。严密观察凝血酶原时间、活化部分凝血酶时间、血小板计数、纤维蛋白原指标变化，防止DIC的发生。⑤监测血气、电解质、肝功能的变化。⑥伴随症状观察，如寒战、大汗、咳嗽、呕吐、腹泻等症状。 2．保持有效降温。①冰袋位置应准确放置，及时更换，避免同一部位长时间的接触，以防冻伤。冰帽及冰槽头部降温使用时，及时添水加冰块。冰水酒精擦拭应顺动脉走向进行，大动脉处应延长停留时间，以提高降温的效果。②擦浴时手法为拍打式，前额放冰袋，足底放热水袋以增加擦浴效果，禁止擦拭胸部、腹部、阴囊处。③冰水擦拭及冰水浴着重按摩患者的四肢躯干，以防周围血管收缩导致皮肤血流淤滞。④须注意，老年人、新生儿、休克、昏迷、心衰、体弱、心血管疾病者不能耐受4℃冰水浴，必要时可选用15～16℃冷水浴或凉水淋浴。 3．对症处理。①保持呼吸道通畅，休克者取平卧位，头偏一侧，可防止舌后坠，及时清除鼻咽分泌物，持续吸氧，必要时使用口咽通气管、人工机械通气。②关于皮肤护理，高热大汗者及时更换衣裤被褥，注意皮肤的清洁，定时翻身防压疮，加强按摩促进血液循环。③关于口腔护理，定时清洁口腔，防感染与溃疡。④关于抽搐的护理，床有护栏防坠床和碰伤，床旁备开口器和压舌板防舌咬伤。⑤关于抗休克护理，建立两条静脉通路，进行深静脉穿刺和有创动脉压监测，记录24h出入量。 （三）作为责任护士我们应当怎样护理这位患者？我们的关注点在哪里？ **李护士（主管护师）** 1．严密监测患者各项生命体征。严密观察并记录患者意识、血压、心律（率）、呼吸、氧饱和度、体温、瞳孔、出入量、有无出血等情况。及时发现异常，通知医生，为患者的急救、康复及预后提供最及时、最有效的治疗及护理。 2．加强各项基础护理。①关于口腔护理，每日两次口腔护理。②关于皮肤护理，受压部位使用气垫床，每两小时翻身，保持床单位清洁干净。③关于导管护理，对于置管较多患者，包括其留置胃管、尿管、深静脉穿刺导管等。除严格执行无菌操作，做好导管的常规护理之余，更要注意导管使用及固定的安全性。患者仍意识不清，经评估后予以双手约束，双侧床栏保护，导管妥善固定，防止拔管。

续　表

④注意保持呼吸道通畅，防止误吸；并发肺部感染者，定时更换卧位、拍背，防止痰液坠积。⑤嘱患者家属给患者多喂水，适当活动双下肢，避免双下肢深静脉血栓的形成。
3．做好患者家属的健康教育及心理护理，消除忧虑，积极配合治疗。
（四）患者导尿管漏尿严重，我们应如何进行护理？
李护士（护师）
1．解除尿管阻塞。患者需要明确尿管是否存在阻塞，如果出现阻塞，需要更换尿管或疏通尿管。
2．向尿管注射盐水。如果患者不存在尿管堵塞，可以适当向球囊内注射盐水，充盈尿管球囊，使得尿管球囊与膀胱、尿道连接部位贴合紧密，则可以避免漏尿。
3．药物治疗：如果患者经过上述操作，仍出现频繁漏尿，常见原因为膀胱出现不受人体大脑皮质支配的频繁收缩，收缩剧烈会将尿液顺着尿道与尿管缝隙排出。此时患者需要采用药物治疗，包括M受体阻滞剂和β3受体激动剂。其中M受体阻滞剂包括酒石酸托特罗定、索利那新，而β3受体激动剂有米拉贝隆。
郭护士长
导尿管漏尿情况，我将从以下4个方面讲解一下。
1．导尿管位置不合适。插导尿管时，插入的长度不够，男性插管时，尽量插到Y形管的位置。
2．膀胱大小不一样。每个人膀胱大小不一样，也会导致膀胱痉挛。
3．导尿管的大小不合适。尽量选用16F的导尿管。
4．年龄。年龄大，对导尿管的耐受程度会大一些，相应的膀胱痉挛程度也会小一些。
综上所述，我们平时给患者服用可以减轻膀胱痉挛的药物，如酒石酸托特罗定片等，给予患者膀胱训练，每次放尿250～350ml。
张护士长
我觉得此次疑难病例讨论，进度有些快，没有进行深入的讨论，应该是大家针对一些我们无法为患者解决的问题进行讨论分析，大家提出意见，以便在以后的护理工作中更好地为患者服务。
林护士长
我的意见与张护士长的相同，也是大家应该就几个问题提出意见，然后进行讨论，以便更好地为患者进行护理。
孙主任
我觉得我们以后在选择疑难病例的时候，不一定要选择我们不常见的病症，可以选择一些常见病症，在为患者进行护理时，应用护理常规无法更好地为患者进行护理时，我们应将这种问题拿出来，大家进行讨论分析，想出对策，日后更好地为患者进行护理。针对热射病我们还没有相关的护理常规，大家翻阅一些资料，尽快将热射病的护理常规完善后共同学习。
五、主持人综合意见与总结
于护士长
下面我做一下总结，再次感谢孙主任及各位护士长的指导，为我们今后的讨论指明方向。今天由于时间紧张，一些内容有所删减，我们会后尽快把主任及各护士长的指导进行汇总，大家会后一定要再次学习，希望能将所学知识更好地运用到我们的临床工作中，更好地服务于我们的患者，今天我们讨论很有收获，谢谢大家！
现场照片：×××××

附录N　皮内注射操作规程及评分标准

科室：　　　　姓名：　　　　操作时间：　　　　得分：

项　　目	标分	扣分标准	扣分
一、仪表要求 仪表端正，着装整洁，无长指甲，语言文明，态度和蔼。	5	一项不符合要求扣1分	
二、评估内容 1. 患者病情、意识状态、自理能力及合作程度。 2. 了解患者过敏史、用药史、不良反应史。 3. 评估注射部位的皮肤情况。 4. 解释操作目的及注意事项，药物作用及副作用。 5. 环境安静、整洁、明亮、安全。	10	一项未评估扣1分，不解释扣2分，一项不符合要求各扣1分	
三、用物准备（计时开始） 1. 手消毒、戴口罩（遮住口鼻）。 2. 用物：治疗车上层摆放一台掌上电脑（PDA），确保治疗盘物品齐全，治疗盘内物品包括执行单、皮试条码、青霉素（80万U）、生理盐水（100ml）、0.1%盐酸肾上腺素，氯己定、复合碘、棉签、一次性注射器（1ml、5ml各2支）、垫巾、4～5号备用针头、砂轮、开瓶器、胶布、快速手消液、弯盘；治疗车下层物品包括锐器盒、生活及医用垃圾桶。	10	物品缺一项扣1分，药品一项未检查1分，一项不符合要求扣1分	
四、操作步骤	（65）		
（一）首次核对与检查 1. 核对执行单（执行单与医嘱已双人核对无误）与药物，核对药物名称、剂量、浓度、给药时间及用法。 2. 检查药物。 瓶口有无松动，瓶体有无裂痕，药液有无混浊、沉淀、变色及有效期。	10	缺少一项核对或检查项目扣1分	
（二）配制皮试液 1. 开启青霉素铝盖中心部位，消毒瓶塞。 2. 生理盐水注明冲青霉素专用及开启日期、时间，打开生理盐水，消毒瓶口。 3. 用5ml注射器抽取生理盐水4ml注入青霉素钠瓶内，将其混匀。 4. 保留5ml注射器针头，更换为1ml注射器，取青霉素上液0.1ml，加生理盐水至1ml，混匀。 5. 取0.1ml上液，加生理盐水至1ml，混匀。 6. 取0.25ml上液，加生理盐水至1ml，混匀。 7. 换接4½号针头，排除空气，对光检查，双人核对皮试条码并粘贴。	10 5 5	每次未充分混匀扣2分，污染一次扣2分，稀释浓度不符合要求扣10分，一项不符合要求扣2分	

续　表

项　　目	标分	扣分标准	扣分
（三）确认 核对患者信息，包括备齐用物，携至床旁，查对床号、姓名，反问式核对患者身份；用PDA扫描腕带和注射条码，查看PDA扫描后显示的信息，再请患者或家属进行确认。 （四）选择注射部位、消毒 选择注射部位皮肤（前臂内侧下段），常规逐步消毒皮肤2次（消毒皮肤面积应≥5cm×5cm）。 （五）二次核对 再次反问式核对患者姓名，查对PDA与注射条码是否一致（核对床号、姓名、住院号、药物名称、剂量、浓度、给药时间及用法）。	5	核对方式不正确扣5分，缺少一项核对或评估项目扣1分，注射部位选择错误扣3分，消毒手法不正确扣1分，缺一项核对项目扣1分	
（六）皮内注射 1. 左手绷紧局部皮肤，右手以平执式持注射器，针头斜面向上，与皮肤呈5°角进针。待针头斜面完全进入皮内后，放平注射器，左手拇指固定针栓，注入药液0.1ml，使局部隆起形成一半球状皮丘。 2. 注射完毕，迅速拔出针头，勿按压针眼。 （七）三次核对 反问式核对患者姓名，查对PDA与注射条码一致性（核对床号、姓名、住院号、药物名称、剂量、浓度、给药时间及用法）。 （八）操作后处理 1. 告知注意事项。①注射肢体勿过度活动，以免疼痛加剧；②局部持续肿胀、疼痛，全身有发热、寒战等不适情况及时告知；③注射后20分钟内不要离开病床，呼叫器放于患者枕旁。 2. 整理床单元，协助患者取舒适卧位，关爱患者。 3. 清理用物（所有用物按消毒隔离制度处理）。 4. 洗手记录。 （九）结果判断 1. 20分钟后，双人判断皮试结果（阳性：局部皮丘隆起增大，出现红晕，直径大于1cm，周围有伪足伴局部痒感，可有头晕、心悸、恶心，甚至发生过敏性休克；阴性：皮丘大小无改变，周围无红肿、无红晕，无自觉症状、无不适表现）。 2. 洗手。 3. 记录皮试结果。	10 5 5 10	进针手法不正确扣5分，注入剂量不准确扣5分，一项不符合要求扣2分，缺一项核对项目扣1分，交代注意事项缺一项扣1分，一项不符合要求扣1分，未双人判断皮试结果扣5分，结果判断不准确扣10分，未洗手、未批注扣2分	
五、整体评价 1. 操作熟练，动作轻柔。 2. 与患者沟通到位，舒适患者。	（5） 3 2	操作不流畅、动作不轻柔各扣1分，沟通不到位扣2分	

续　表

项　　目	标分	扣分标准	扣分
六、思考题 （一）注射的目的 用于过敏试验、预防接种及局部麻醉的前驱步骤。 （二）注射的注意事项 1．勿用碘酊消毒皮肤，嘱患者勿揉擦、覆盖注射部位，以免影响结果的观察，注射后20分钟观察结果。 2．药液要现用现配，剂量要准确。 3．做皮试前必须询问有无过敏史，有过敏史者不可做试验。 4．必要时药敏试验需作对照。即在另一前臂相同部位，注入0.1ml生理盐水，20分钟后对照结果。	5	回答不全面扣1～5分	

注：操作过程中用物落地一次及时更换扣0.5分，未更换扣1分。时间7min，每超过10秒扣0.1分。

主考教师：　　　　　　　　　　　　　　　　考核日期：

附录O 临床护理皮内注射法操作并发症预防与处理规范

皮内注射法（intradermic injection）是将小量药液注入表皮与真皮之间的方法。注射量小，不得超过1滴量，约相当于0.1ml。主要用于药物过敏试验、疼痛治疗、预防注射及局部麻醉的先驱步骤。皮内注射部位阐述如下，①药物过敏试验：取毛发、色素较少，且皮肤较薄的部位，通常取前臂中段内侧，此处易于注射和辨认。②配合镇痛治疗：在相关的穴位上进行。③预防接种：常选用三角肌下缘等部位注射，如卡介苗、百日咳疫苗等。④局部麻醉的先驱步骤：在相应部位的皮肤上进行。由于皮内注射为侵入性操作，可引起疼痛、局部组织反应、注射失败、过敏性休克等一系列并发症。

一、疼痛

（一）发生原因

1. 注射前患者精神高度紧张、恐惧。

2. 传统进针法，进针与皮纹垂直，皮内张力高，阻力大，推注药物时使皮纹发生机械断裂而产生撕裂样疼痛。

3. 配制的药物浓度过高，药物推注速度过快或推药速度不均匀，使皮肤游离神经末梢（感受器）受到药物刺激，引起局部定位特征的痛觉。

4. 注射针头过粗、欠锐利或有倒钩，或操作者操作手法欠熟练。

5. 注射时消毒剂随针头进入皮内，消毒剂刺激引起疼痛。

（二）临床表现

注射部位疼痛感尖锐，推注药物时加重。有时伴全身疼痛反应，如肌肉收缩、呼吸加快、出汗、血压下降，严重者出现晕针、虚脱。疼痛程度在完成注射后逐渐减轻。

（三）预防及处理

1. 注重心理护理，向患者说明注射的目的，取得患者配合。

2. 原则上选用无菌生理盐水作为溶媒对药物进行溶解。准确配制药液，避免药液浓度过高对机体的刺激。

3. 改进皮内注射方法。①在皮内注射部位的上方，嘱患者用一手环形握住另一前臂，离针刺的上方约2cm处用拇指加力按压（患儿让其家属按上述方法配合），同时按皮内注射法持针刺入皮内，待药液注入，直至局部直径约0.5cm的皮丘形成，拔出针头后，方将按压之手松开，能有效减轻皮内注射疼痛的发生。②采用横刺进针法（其注射方向与前臂垂直）亦能减轻疼痛。

4．可选用神经末梢分布较少的部位进行注射，如选取前臂掌侧中段做皮试，不仅疼痛轻，更具有敏感性。

5．熟练掌握注射技术，准确注入药量（通常是0.1ml）。

6．选用口径较小、锋利无倒钩的针头进行注射。

7．注射在皮肤消毒剂干燥后进行。

8．疼痛剧烈者，予以镇痛剂对症处理；发生晕针或虚脱者，按晕针或虚脱处理。

二、局部组织反应

（一）发生原因

1．药物本身对机体的刺激，导致局部组织发生的炎症反应（如疫苗注射）。

2．药液浓度过高、推注药量多。

3．违反无菌操作原则，使用已污染的注射器、针头。

4．皮内注射后，患者搔抓或揉按局部皮丘。

5．机体对药物敏感性高，局部发生变态反应。

（二）临床表现

注射部位红肿、疼痛、瘙痒、水疱、溃烂、破损及色素沉着。

（三）预防及处理

1．避免使用对组织刺激性较强的药物。

2．正确配制药液，推注药液剂量准确，避免因剂量过大而增加局部组织反应。

3．严格执行无菌操作。

4．让患者了解皮内注射的目的，不可随意搔抓或揉按局部皮丘，如有异常不适可随时告知医护人员。

5．详细询问药物过敏史，避免使用可引发机体变态反应的药物。

6．对已发生局部组织反应者，进行对症处理，预防感染。出现局部皮肤瘙痒者，告诫患者勿抓、挠，用0.5%碘伏溶液外涂；局部皮肤有水疱者，先用0.5%碘伏溶液消毒，再用无菌注射器将水疱内液体抽出；注射部位出现溃烂、破损，则进行外科换药处理。

三、注射失败

（一）发生原因

1．患者躁动、不合作，多见于婴幼儿、精神异常及无法正常沟通的患者。

2．注射部位无法充分暴露，如穿衣过多、衣服袖口过窄等。

3．操作欠熟练，如进针角度过深或过浅，导致针头注射部位不在表皮、真皮之间或针头斜面未完全进入皮内；针头与注射器乳头连接欠紧密导致推药时药液外漏；进针用力过猛，针头贯穿皮肤。

4．注射药物剂量欠准确，如药液推注量过多或不足。

（二）临床表现

无皮丘或皮丘过大、过小，药液外漏，针口有出血现象或皮肤上有两个针口。

（三）预防及处理

1．认真做好解释工作，尽量取得患者配合。

2．对不合作者，肢体要充分约束和固定。

3．充分暴露注射部位，穿衣过多或袖口狭窄者，可在注射前协助患者将选择注射的一侧上肢衣袖脱出；婴幼儿可选用前额皮肤上进行皮内注射。

4．提高注射操作技能。掌握注射的角度与力度。

5．对无皮丘或皮丘过小等注射失败者，可重新选择部位进行注射。

四、虚脱

（一）发生原因

1．主要由心理、生理、药物、物理等因素引起。心理方面，患者多数无注射史，对肌内注射存在着害怕心理，精神高度紧张，注射时肌肉强烈收缩，不能放松，使注射时的疼痛加剧。此外，患者对护士的不了解和不信任，导致更加紧张。生理方面，由于患者身体虚弱，对于各种外来刺激敏感性增强，当注射刺激性较强的药物时可出现头晕、视物模糊、恶心、出冷汗、摔倒等虚脱现象。

2．护理人员操作粗暴、注射速度过快、注射部位选择不当，如注射在硬结上、瘢痕处等，引起患者剧烈疼痛而发生虚脱。

（二）临床表现

头晕、面色苍白、心悸、出汗、乏力、视物模糊、耳鸣、心率加快、脉搏细弱、血压下降，严重者意识丧失。多见于体质衰弱、饥饿和情绪高度紧张的患者。

（三）预防及处理

1．注射前应向患者做好解释工作，并且态度热情，有耐心，使患者消除紧张心理，从而配合治疗；询问患者饮食情况，避免在饥饿状态下进行治疗。

2．选择合适的注射部位，避免在硬结瘢痕等部位注射，并且根据注射药物的浓度、剂量，选择合适的注射器，做到“二快一慢”。

3．对以往有晕针史及体质衰弱、饥饿、情绪紧张的患者，注射时宜采用卧位。

4. 注射过程中随时观察患者情况。如有不适，及时停止注射，立即做出正确判断，区别是药物过敏还是虚脱。如患者发生虚脱现象，护理人员首先要镇静，给患者及家属以安全感；患者取平卧位，保暖，针刺人中、合谷等穴位，患者清醒后给予口服糖水等，数分钟后即可恢复正常。少数患者通过给氧或呼吸新鲜空气，必要时静推5%葡萄糖等措施，症状可逐渐缓解。

五、过敏性休克

（一）发生原因

1. 操作者在注射前未询问患者的药物过敏史。

2. 患者对注射的药物发生速发型变态反应。

（二）临床表现

由于喉头水肿、支气管痉挛、肺水肿而引起胸闷、气促、哮喘与呼吸困难；因周围血管扩张而导致有效循环血量不足，表现为面色苍白、出冷汗、口唇发绀、脉搏细弱、血压下降；因脑组织缺氧，可表现为意识丧失、抽搐、二便失禁等；其他变态反应表现有荨麻疹、恶心、呕吐、腹痛及腹泻等。

（三）预防及处理

1. 皮内注射前必须仔细询问患者有无药物过敏史，尤其是青霉素、链霉素等易引起过敏的药物，如有过敏史者则停止该项试验。有其他药物过敏史或变态反应疾病史者应慎用。

2. 皮试观察期间，嘱患者不可随意离开。注意观察患者有无异常不适反应，正确判断皮试结果，阴性者可使用该药，若为阳性结果则不可使用（破伤风抗毒素除外，可采用脱敏注射）。

3. 注射盘内备有0.1%盐酸肾上腺素、尼可刹米、洛贝林注射液等急救药品，另备氧气、吸痰机等。

4. 一旦发生过敏性休克，立即组织抢救：①立即停药，使患者平卧。②立即皮下注射0.1%肾上腺素1ml，小儿剂量酌减。症状如不缓解，可每隔半小时皮下或静脉注射肾上腺素0.5ml，直至脱离危险期。③给予氧气吸入，改善缺氧症状。呼吸受抑制时，立即进行口对口人工呼吸，并肌内注射尼可刹米、洛贝林等呼吸兴奋剂。有条件者可插入气管导管，借助人工呼吸机辅助或控制呼吸。喉头水肿引起窒息时，应尽快施行气管切开。④根据医嘱静脉注射地塞米松5～10mg或琥珀酸钠氢化可的松200～400mg加入5～10%葡萄糖溶液500ml，内静脉滴注应用抗组胺类药物，如肌内注射盐酸异丙嗪25～50mg或苯海拉明40mg。⑤静脉滴注10%葡萄糖溶液或平衡溶液扩充血容量。如血压仍不回升，可按医嘱加入多巴胺或去甲肾上腺素静脉滴注。如为链霉素引起的过敏性休克可同时应用钙剂，以10%葡萄糖酸钙或稀释一倍的5%氯化钙溶液静脉推注，使链霉素与钙离子结合，从而减轻或消除链霉素的毒性症状。⑥若心搏骤停，则立即进行复苏抢救。如施行胸外心脏按压、气管内插管人工呼吸等。⑦密切观察病情，记录患者呼吸、脉搏、血压、神志和尿量等变化；不断评价治疗与护理的效果，为进一步处置提供依据。

六、疾病传播

（一）发生原因

1. 操作过程中未严格执行无菌技术操作原则，如未执行“一人一针一管”；抽吸药液过程中被污染；皮肤消毒不严格等。

2. 使用疫苗，尤其是活疫苗，未严格执行有关操作规程，用剩的活疫苗未及时灭活，用过的注射器、针头未焚烧，污染环境，造成人群中疾病传播。

（二）临床表现

传播不同的疾病出现相应的症状。如细菌污染反应，患者出现畏寒、发热等症状；如乙型肝炎，患者出现厌油、上腹饱胀不适、精神不振、乏力等症状。

（三）预防及处理

1. 严格执行“一人一针一管”，不可共用注射器、注射液和针头。操作过程中，严格遵循无菌技术操作原则及消毒隔离要求。

2. 使用活疫苗时，防止污染环境。用过的注射器、针头及用剩的疫苗要及时焚烧。

3. 操作者为一个患者完成注射后，需作手消毒后方可为下一个患者进行注射治疗。

4. 对已出现疾病传播者，报告医生，对症治疗。如有感染者，及时抽血化验检查并及时隔离治疗。

附录 P　重点环节应急管理制度

文件编号	LYDC-009-M-046-B-03-2021	文件名称	重点环节　应急管理制度	适用范围	全院所有医务人员
制定部门	护理部	修订人		内审人	

1．目的

规范临床重点环节管理，保障重点环节应急管理措施落实到位。

2．参考文件

2.1 《三级综合医院评审标准实施细则（2011年版）》。

2.2 《三级医院评审标准（2020年版）》。

3．定义

重点环节：包括患者用药、输血、治疗、标本采集、围手术期管理、安全管理等。

4．内容

4.1　科室设立突发事件应急处理管理小组，科室领导（科主任和护士长）担任总指挥，负责对科室在治疗用药、输血核对、执行治疗操作、标本采集、围手术期、护理安全等重点环节的应急情况进行管理。

4.2　科室在护理工作中的关键环节管理中，应该有严格的规章制度，规范的抢救流程，在突发重点环节的应急处理中，科室应该实行统一领导、统一指挥战略，并追究责任。

4.3　对于护理工作中重点环节的应急管理应当遵守预防为主、常备不懈的方针，依靠科学统一领导、反应及时、措施果断、加强合作的原则贯彻实施。

4.4　科室应建立重点环节的日常监测，做好各个班次的交接班工作。科室应该加强护士急救能力的训练，加强对护士安全意识的教育。做好护士的培训及演练，采取护士考核达标上岗的管理方法，做到人人知晓科室应急上报流程及应急预案，确保监测与预警系统的正常运行。

4.5　对突发事件任何个人不得隐瞒、缓报、谎报或者授意他人隐瞒、缓报、谎报。

4.6　科室突发事件应急处理管理小组接到报告后应当组织力量对报告事项进行调查核实、取证、采取必要的控制措施，及时报告调查情况并决定是否启动突发事件的急预案。

4.7　突发事件应急预案启动后科室人员必须及时到达规定的岗位，服从指挥、调动。

4.8　科室应根据事件的关键环节管理出现的问题，组织相关人员分析、讨论，认真总结原因，对实施中发现的问题及时修订、补充、改进。

5. 附则

5.1　本规定由护理部负责解释。

5.2　本规定自发布之日起施行。

附录 Q　××科心搏骤停的应急演练记录

演练时间：2022.8.22　16：00	演练地点：
演练内容：心搏骤停应急预案	
参加人员签名：	

演练照片：____。

演练场景及记录：____。

场景：责任护士刘护士在巡视病房时，发现64床患者发生心搏骤停，立即通知医生及护士长。

演练记录：

1. 责任护士刘护士巡视病房时发现64床患者发生心搏骤停，立即通知医生及护士长。
2. 责任护士刘护士判断患者无颈动脉搏动，无自主呼吸后，怀疑心搏骤停，立即为患者进行胸外心脏按压，同时，治疗护士李护士推抢救车入病房，逯护士下达启动双人心肺复苏，李护士从抢救车内取简易呼吸器，负责管理气道（开放气道、采用抬头举颏法。使用简易呼吸器，以“EC”手法固定面罩，每次送气400～600ml，频率10～12次/分）。
3. 责任护士张护士为患者建立两条静脉通道，遵医嘱给予抢救药物。
4. 责任护士王护士为患者进行心电监测及吸氧，监测患者生命体征变化，协助心电图、采血等辅助检查。
5. 责任护士逯护士推除颤仪入病房，遵医嘱给予除颤。
6. 王医师参与抢救。
7. 主班护士孙护士记录患者生命体征、一般情况和抢救过程。
8. 心肺复苏5个循环，经2次电除颤后患者呼吸、心跳、颈动脉搏动恢复，血压90/50mmHg，面色、神志渐恢复，双侧瞳孔等大，对光反射存在，心肺复苏成功。
9. 密切观察患者病情变化。
10. 事后科室组织讨论学习。

演练效果评价	人员到位情况	□迅速准确　■基本按时到位 □个别人员不到位　□重点岗位人员不到位
	履职情况	■职责明确，操作熟练　□职责明确，操作不够熟练 □职责不明，操作不熟练
	物资到位情况	现场物资■物资充分，全部有效□现场准备不充分□现场物资严重缺乏 个人防护□全部人员防护到位□个别人员防护不到位□大部分防护不到位
	协调组织情况	整体组织□准确、高效■协调基本顺利，能满足要求□效率低，有待改进 应急小组分工□合理、高效■基本合理能完成任务□效率低，没有完成任务
	实战效果评价	□达到预期目标　■基本达到目的，部分环节有待改进 □没有达到目标，需重新演练
	部门配合协作	报告上级　■报告及时　□报告不及时　□联系不上 配合部门　■配合、协作好，能及时到达　□配合、协作差，未及时到达
	处理结果	■处理到位　□部分处理不到位　□大部分处理不到位
	急救意识	■急救意识强　□急救意识薄弱　□急救意识差

续　表

存在问题及改进措施： 总结：整体演练效果比较好，人员基本能按时到位，每个人职责明确，医护合作协调、有效，医师处理到位，护士反应快，处理到位，基本达到预期目标。 存在问题： 1．缺少紧张感。 2．事故现场设定过于简单。 改进措施： 1．现场总结，将存在问题及时反馈给每个人。 2．组织者根据反馈存在的问题，及时改进及调整演练流程。 3．根据改进事故现场的设置，使其更加真实性。 记录人：××	
组织者签字：×××	评价人签字：×××

附录 R　××科发生火灾的演练记录（模板）

<table>
<tr><td>演练时间：2021.4.10</td><td>演练地点：</td></tr>
<tr><td colspan="2">演练内容：发生火灾的应急预案演练
____。</td></tr>
<tr><td colspan="2">参加人员签名：
____。</td></tr>
<tr><td colspan="2">场景照片：
____。
场景：责任护士巡视病房时闻到焦味（病区内发生火灾）。
演练记录：
1. 责任护士王护士巡视病房时，发现病室有烧焦的气味，立即查看原因，发现手机充电线有火花，火势不大，立即呼叫“着火啦，快来灭火”，辅助护士李护士随即关闭该病房氧气总开关，护士逯护士关闭病房总电源，迅速返回办公室通知护士长和值班医护人员，主班护士孙护士拨打电话报告医院保卫科值班室和火警（119）请求支援。
2. 护士长（科主任）立即指挥（护士长主任不在时由高年资护士负责指挥）责一护士王护士、责二护士刘护士跟随主班医生立即分组奔赴各病房组织疏导、抢救人员，协同患者家属将患者移到室外安全位置，疏散物资。首先安全转移危重及偏瘫患者，再次是可自主逃生患者，最后是转移物资，如心电监护仪器、电视等。与此同时，孙××医生打开灭火箱，拿出灭火器，冲入病房，对准火焰根部进行灭火，并负责清除周围易燃物品；火窜燃部分衣物、床单、窗帘产生烟雾呛鼻，火势能初步控制。
3. 主班护士李护士迅速从护士站取出多条毛巾，并用就近水源打湿，冲入病房，一起疏散患者及家属。疏散过程中要用湿毛巾捂住口鼻，扶着右侧墙壁，弯身低行，要将患者从安全出口疏散至病房楼外，不得在走廊内停留。在医院及消防人员的及时帮助下，火灾被扑灭并消除隐患，无人员伤亡及重大财产损失。
4. 护士长及时做好火灾事故的调查和善后工作，强调安全用电。
5. 严格交接班及巡视病房制度，除密切观察患者生命体征及病情变化，还要观察病区环境安全。
6. 如夜班起火，夜班护士应首先通知保卫科，总值班并报警，保卫科及总值班负责灭火，护士及夜班大夫负责疏散患者，在保证人员安全撤离的情况下积极抢救贵重物品设备和资料。</td></tr>
</table>

续　表

<table>
<tr><td rowspan="8">演练效果评价</td><td>人员到位情况</td><td>■迅速准确　□基本按时到位
□个别人员不到位　□重点岗位人员不到位</td></tr>
<tr><td>履职情况</td><td>□职责明确，操作熟练　■职责明确，操作不够熟练
□职责不明，操作不熟练</td></tr>
<tr><td>物资到位情况</td><td>现场物资■物资充分，全部有效□现场准备不充分□现场物资严重缺乏
个人防护□全部人员防护到位□个别人员防护不到位□大部分防护不到位</td></tr>
<tr><td>协调组织情况</td><td>整体组织□准确、高效■协调基本顺利，能满足要求□效率低，有待改进
应急小组分工□合理、高效■基本合理，能完成任务□效率低，没有完成任务</td></tr>
<tr><td>实战效果评价</td><td>□达到预期目标　■基本达到目的，部分环节有待改进
□没有达到目标，需重新演练</td></tr>
<tr><td>部门配合协作</td><td>报告上级　■报告及时　□报告不及时　□联系不上
配合部门　■配合、协作好，能及时到达　□配合、协作差，未及时到达</td></tr>
<tr><td>处理结果</td><td>■处理到位　□部分处理不到位　□大部分处理不到位</td></tr>
<tr><td>急救意识</td><td>■急救意识强　□急救意识薄弱　□急救意识差</td></tr>
<tr><td colspan="3">存在问题及改进措施：________________。
总结：整体演练效果较好，人员能及时到位，物品准备充分，医师处理到位，患者安全意识强，护士严谨认真，处理到位，医护合作协调，团队意识，达到预期目标。
存在问题：
1. 处理流程欠熟练。
2. 由于是演练，整体人员不够重视。
改进措施：
1. 现场总结，将存在问题及时反馈给每个人。
2. 组织者根据反馈存在的问题，及时改进及调整演练流程；
3. 医护之间要加强有效沟通，团结合作。
记录人：××</td></tr>
<tr><td colspan="2">组织者签字：×××</td><td>评价人签字：×××</td></tr>
</table>

附录 S　××科停水停电应急预案演练记录

<table>
<tr><td>演练时间：
2021-02-23 17：00-18：00</td><td>演练地点：</td></tr>
<tr><td colspan="2">演练内容：停水停电的应急预案</td></tr>
<tr><td colspan="2">参加人员：
____。</td></tr>
<tr><td colspan="2">演练场景照片

____。
演练记录：
一、停水
1. 发现突然停水时，发现人员吴某及时与总务科（电话xxx）联系，汇报情况，总务科查询原因，尽快维修。
2. 责任护士张护士向患者做好解释工作，尽量协助解决因停水带来的不便。
3. 责任护士王护士马上关闭所有水管开关。
4. 各组责任护士加强巡视病房，安抚患者及家属。
5. 根据情况，必要时主班护士向医院总值班报告，争取协助解决。
二、停电
1. 通知停电后，责任护士崔护士做好停电准备，备好应急灯、手电、蜡烛等。
2. 突然停电后，主班护士吴护士开启应急灯，责任护士打开手电筒，点燃蜡烛。
3. 主班护士吴护士与医管家（电话xxxxxxxxx）联系查询停电原因，尽早排除故障或开启应急发电系统。
4. 各组责任护士加强巡视病房，安抚患者同时注意防火防盗。</td></tr>
</table>

续 表

<table>
<tr><td rowspan="8">演练效果评价</td><td>人员到位情况</td><td>■迅速准确 □基本按时到位
□个别人员不到位 □重点岗位人员不到位</td></tr>
<tr><td>履职情况</td><td>■责任明确，操作熟练 □责任明确，操作不够熟练 □责任不明确，操作不熟练</td></tr>
<tr><td>物质到位情况</td><td>现场物质□物质充分，全部有效 ■现场准备不充分□现场物质严重缺乏
个人防护□全部人员防护到位 □个别人员防护不到位□大部分防护不到位</td></tr>
<tr><td>协调组织情况</td><td>整体组织□准确、高效■协调基本顺利，能满足要求□效率低，有待改进
应急小组分工□合理高效■基本合理，完成任务□效率低，没有完成任务</td></tr>
<tr><td>实战效果评价</td><td>■达到预期目标 □基本达到目的，部分环节有待改进
□没有达到目标，需要重新演练</td></tr>
<tr><td>部门配合协作</td><td>报告上级 ■报告及时 □报告不及时 □联系不上
配合部门 ■配合、协作好，能及时到达 □配合、协作差，未及时到达</td></tr>
<tr><td>处理结果</td><td>■处理到位 □部分处理到位 □大部分处理不到位</td></tr>
<tr><td>急救意识</td><td>■急救意识强 □急救意识薄弱 □急救意识差</td></tr>
<tr><td colspan="3">总结：
整体效果比较好，人员基本能按时到位，每个人职责明确，物品准备不够充分，基本达到预期效果。
存在问题：
1. 现场设置过于简单，团队合作意识有待增强。
2. 对处理流程欠熟练，衔接不好。
改进措施：
1. 现场总结，将存在的问题及时反馈给每个人。
2. 存在的问题，及时改进及调整演练流程。
记录人：×××</td></tr>
<tr><td colspan="2">组织者签字：×××</td><td>评价人签字：×××</td></tr>
</table>

附录 T　医务人员职业安全防护制度

文件编号	LYDC-009-M-066-B-03-2021	文件名称	医务人员职业安全防护制度	适用范围	全体护理人员
制定部门	护理部	修订人		内审人	

1．目的

为维护医务人员的职业安全，有效预防医务人员工作中发生职业暴露感染疾病。

2．参考文件

2.1 《医院感染管理办法》2006.09.01。

2.2 《医院隔离技术规范》（WS/T311-2009）。

2.3 《标准预防的原则》2020.01.23。

3．定义

个人防护用品是指用于保护医务人员避免接触感染性因子的各种屏障用品。包括口罩、手套、护目镜、防护面罩、防水围裙、隔离衣、防护服等。

4．内容

4.1　医务人员职业安全防护措施应当遵照标准预防原则，对所有患者的血液、体液及被血液、体液污染的物品均视为具有传染性的病源物质，接触这些物质时，必须采取防护措施。

4.2　医务人员接触病源物质时，应当采取以下措施。

4.2.1　医务人员进行有可能接触患者血液、体液的诊疗和护理操作时必须戴手套，操作完毕，脱去手套后立即洗手，必须进行手消毒。

4.2.2　在诊疗、护理操作过程中，有可能发生血液、体液飞溅到医务人员的面部时，医务人员应戴手套、具有防渗性能的口罩、防护眼镜；有可能发生血液、体液大面积飞溅或者有可能污染医务人员的身体时，还应当穿戴具有防渗性能的隔离衣或者围裙。

4.2.3　医务人员手部皮肤发生溃破，在进行有可能接触患者血液、体液的诊疗和护理操作时必须戴双层手套。

4.3　医务人员在进行侵袭性诊疗、护理操作过程中，要保证充足的光线，并特别注意防止被针头、刀片等锐器刺伤或划伤。使用后的锐器应当直接放入耐刺、防渗的利器盒内，也可使用具有安全性能的注射器、输液器，以防刺伤。禁止将使用后的一次性针头重新套上针头套。禁止用手直接接触使用后的针头、刀片等利器。

4.4　使用紫外线消毒时，不得使用紫外线光源照射到人，以免引起损伤。

4.5　压力蒸汽灭菌设备的具体操作步骤、常规保养和检查措施应按厂方说明书的要求严格执行。

4.6　接触戊二醛等消毒溶液时应戴橡胶手套，防止溅入眼内，吸入体内或者皮肤黏膜上，一旦溅上，应及时用流动清水冲洗。

5．附则

5.1　本规定由护理部负责解释。

5.2　本规定自发布之日起施行。

附录 U 医护人员职业暴露的应急预案及处理流程

文件编号	LYDC-009-P-069-B-03-2021	文件名称	医护人员职业暴露的应急预案及处理流程	适用范围	所有护理人员
制定部门	护理部	修订人		内审人	

1．职业暴露的防护措施

1.1 医务人员进行有可能接触患者血液、体液的诊疗和护理损伤性操作时必须戴手套操作完毕，脱去手套后立即洗手，必要时进行手消毒。

1.2 在诊疗、护理操作过程中，有可能发生血液、体液飞溅到医务人员的面部时，医务人员应当戴口罩、防护眼镜、防护面屏，有可能发生血液、体液大面积飞溅或者有可能污染医务人员的身体时，还应当穿戴具有防渗透性能的隔离衣或者围裙。

1.3 医务人员手部皮肤发生破损时，在进行有可能接触患者血液、体液的诊疗和护理操作时必须戴双层手套。

1.4 医务人员在进行侵袭性诊疗、护理操作过程中，要保证充足的光线，并特别注意防止被针头、缝合针、刀片等锐器刺伤或者划伤。

1.5 使用后的锐器应当直接放入耐刺、防渗漏的锐器盒内；也可以使用具有安全性能的注射器、输液器等医用锐器，以防刺伤。禁止将使用后的一次性针头重新套上针头套禁止用手直接接触使用后的针头、刀片等锐器。

2．职业暴露应急预案

2.1 医务人员发生职业暴露后立即用肥皂液和流动水清洗污染的皮肤，或用生理盐水冲洗黏膜。

2.2 如有伤口，应当由近心端向远心端轻轻挤压，尽可能挤出损伤处的血液，再用肥皂液和流动水进行清洗。

2.3 受伤部位的伤口清洗后，用消毒液（如75%酒精或0.5%碘伏）进行消毒，并包扎伤口；被暴露的黏膜，应当反复使用生理盐水冲洗干净。

2.4 在处理伤口的同时，立即报告护士长弹性调配替代人员，通过HIS系统报医院感染管理科。

2.5 医院感染管理科结合暴露级别和暴露源进行评估。根据结果给予相关检验、疫苗接种及随访工作。

3．职业暴露紧急处理流程

接触性污染→清洗皮肤和黏膜→侵入性损伤→在伤口旁端轻轻挤压、清洗、消毒、包扎→报告护士长弹性调配替代人员→HIS系统报医院感染管理科→感染管理科评估→根据结果给予相关检验、疫苗接种及随访工作。